上图 / 1950年1月，孙家栋从哈工大报名参军
下图 / 1958年4月，孙家栋（后排中）与中国同学在苏联茹科夫斯基空军工程学院合影

上图 / 1984年，孙家栋与航天工业部副部长宋健在发射控制室
下图 / 1984年，孙家栋（前排右二）在卫星接插件试验现场研究解决问题

上图 / 孙家栋与任新民院士亲切交谈
下图 / 孙家栋（左二）与戚发轫院士（左三）讨论问题

上图 / 孙家栋、刘纪原、沈荣骏、王永志（从右至左）在西沙群岛永兴岛进行科学考察
下图 / 快乐的航天老总们（左起：吴朔平、梁守槃、蔡金涛、屠守锷、孙家栋、黄纬禄、杨嘉墀、王希季）

上图 / 20世纪80年代，孙家栋、闵桂荣与苏联女航天员交流
下图 / 1993年2月，孙家栋与美国驻华大使芮效俭分别代表本国政府签署《关于卫星技术安全协议备忘录》

上图 / 2010年1月11日，孙家栋夫妇与谷超豪夫妇在国家科学技术奖励大会开幕前合影
下图 / 2012年6月4日，孙家栋（右七）参加国家最高科学技术奖获奖者小行星命名仪式

上图 / 年轻时的孙家栋与魏素萍

中图 / 1983年孙家栋的全家福

下图 / 孙家栋与魏素萍在“2010 CCTV中国经济年度人物颁奖典礼”上合影

2000年10月，孙家栋在西昌卫星发射中心

孙家栋院士传记

Academician Sun Jiadong's Biography

《中国航天院士传记丛书》总编委会 组织编写

王建蒙 著

中国宇航出版社

·北京·

图书在版编目(CIP)数据

孙家栋院士传记 / 王建蒙著 ;《中国航天院士传记丛书》总编委会组织编写. --北京 ：中国宇航出版社，2014.3
(2020.12 重印)
(中国航天院士传记丛书)
ISBN 978-7-5159-0474-0

Ⅰ. ①孙… Ⅱ. ①王… ②中… Ⅲ. ①孙家栋一传记
Ⅳ. ①K826.16

中国版本图书馆 CIP 数据核字(2013)第 198407 号

责任编辑　黄　莘
责任校对　牟宁宁　　　　**装帧设计**　文道思

出版发行　中国宇航出版社
社　址　北京市阜成路 8 号　**邮　编**　100830
(010)68768548
网　址　www.caphbook.com
经　销　新华书店
发行部　(010)68371900　(010)88530478(传真)
(010)68768541　(010)68767294(传真)
零售店　读者服务部　北京宇航文苑
(010)68371105　(010)62529336
承　印　三河市君旺印务有限公司

版　次　2014 年 3 月第 1 版
2020 年 12 月第 5 次印刷
规　格　787×960
开　本　1/16
印　张　21.25　**彩　插**　8 面
字　数　306 千字
书　号　ISBN 978-7-5159-0474-0
定　价　68.00 元

《中国航天院士传记丛书》总编委会名单

《孙家栋院士传记》
编审委员会名单

编审委员会

主　任　包为民

副主任　江　帆

委　员　周晓飞　贾　可　陈学钏　邓宁丰　霍明儒
王双军　白燕强

编审委员会办公室

主　任　周晓飞

成　员　张铁钧　杨利伟　戴品华　于　宁　刘　毅
李　钢　李卫东　徐　睿　丁雅清　李念滨
苏大亮　黄　莘

序　一
Preface I

中国航天事业自1956年创建以来，已经走过50多年的发展历程。在党中央、国务院、中央军委的亲切关怀和英明领导下，中国航天人团结一心、顽强拼搏、勇于创新、无私奉献，不仅取得了以“两弹一星”、载人航天工程和月球探测工程为代表的辉煌成就，孕育形成了航天传统精神、“两弹一星”精神和载人航天精神，也造就了一支技术精湛、作风优良的航天人才队伍。

航天系统的中国科学院院士和中国工程院院士就是这支队伍的杰出代表。中国航天科技集团公司和中国航天科工集团公司先后有50多位科学家和航天工程专家当选为两院院士。其中，有7位院士获得过“两弹一星”功勋奖章，2位院士获得过国家最高科学技术奖。他们不仅是航天成就的主要创造者，也是航天精神的重要孕育者和忠实践行者。

中国航天事业是在新中国成立不久，工业实力、科技实力、综合国力都很薄弱，帝国主义严密封锁，苏联撕毁协定、撤走专家的情况下发展起来的。以航天院士为代表的中国航天人，自力更生，艰苦奋斗，奋发图强，顽强拼搏，在一穷二白的基础上，独立自主地创建起了中国的航天事业。

航天型号研制是复杂的系统工程，涉及很多领域，需要众人参与，必须大力协同、集智攻关才能完成。以航天院士为代表的中国航天人，在航天工程研制实践中，齐心协力，密切配合，实现了一次又一次技术突破，铸造了一项又一项辉煌成就。他们为祖国的航天事业作出了巨大贡献，却淡泊名利，不计得失，将个人利益置之度外。

航天事业属于尖端技术领域，难度大、风险高、技术复杂，在发展历程中碰到过很多难题，经历过各种坎坷，甚至遭受过重大失利。以航天院士为代表的中国航天人，在困难和失败面前不动摇、不退缩，树立百折不挠、锲而不舍、脚踏实地、严谨务实的工作作风，不断攻坚克难、勇攀高峰，取得了一个又一个胜利，树立了一座又一座丰碑。

今天，在由航天大国向航天强国迈进的征程中，航天院士的科学思想、创新意识、坚定信念和爱国情怀是全体航天人宝贵的精神财富。中国航天科技集团公司和中国航天科工集团公司决定出版《中国航天院士传记丛书》，不仅是为了宣传航天院士的科研成就，总结航天院士的成长规律，更是为了传承航天院士的宝贵精神，使之生生不息、薪火相传，为“续航天梦、筑强军梦、圆中国梦”的伟大实践提供精神动力和思想源泉。

许达哲

2014 年 1 月

序　二
Preface Ⅱ

中国航天事业创建半个多世纪以来，培养和塑造了一大批功勋卓著、德高望重的中国科学院院士和中国工程院院士。他们具有坚定的理想信念和强烈的爱国情怀，理论功底深厚，技术水平高超，善于引领科学发展和技术创新，在中国航天事业发展的关键时期发挥了重要作用，为中国航天事业取得辉煌成就、孕育航天精神作出了突出贡献。

为了全面、系统地总结航天院士的成长规律，把航天院士的科学思想和创新方法记录下来、传承下去，为中国航天事业积累精神财富，为航天强国建设提供有益借鉴，中国航天科技集团公司和中国航天科工集团公司研究决定，组织编写一套《中国航天院士传记丛书》（以下简称《丛书》）。

党的十八大描绘了坚持中国特色社会主义道路、全面建成小康社会、实现中华民族伟大复兴的宏伟蓝图，同时也为加强国防和军队现代化建设、推进我国由航天大国向航天强国迈进指明了方向。在中国航天事业“续航天梦、筑强军梦、圆中国梦”的新形势下，出版这套《丛书》，具有重大的现实意义和深远的历史意义。

记载航天历史。航天院士是中国航天事业的宝贵财富，他们的成长历程反映了航天事业的发展轨迹。这套《丛书》不仅是航天院士个人的传记，也从不同侧面记载了中国航天从技术到管理、从思想到精神的真实历史。

弘扬航天文化。宣传航天院士，就是站在科学的高度，向社会各界全面宣传航天事业，弘扬航天文化，使其成为中华民族文化宝库的重要组成部分，增强中华民族的自信心、自豪感和凝聚力，提升国家的软实力。

传承航天精神。航天精神是包括航天院士在内的几代航天人，在中国航天事业发展历程中，不断积累、提炼、传承而逐渐形成的，是民族精神、时代精神与航天实践相结合的产物，是中国航天事业之魂。《丛书》全面反映了航天院士的学术成就、科学作风和思想品格，有助于航天精神薪火相传。

培育航天人才。中国航天事业已经完成了新老交替，一代航天新人正在茁壮成长。《丛书》是泽被后世的人才工程，对于培育航天人才、发展航天事业、铸造新的辉煌将产生积极的促进作用。

总之，《丛书》是一套具有航天特色的爱国主义教材，是不可多得的精神食粮。相信这套《丛书》的出版发行，必将吸引更多的年轻人热爱航天、投身航天、奉献航天，以饱满的热情和昂扬的斗志再攀高峰，使中国航天事业后继有人，蓬勃发展，续写辉煌。

2014 年 1 月

目　录

Contents

孙家栋

孙家栋院士传记

Academician Sun Jiadong's Biography

第一章

求学之路

孙家栋从小努力用功，少年时梦想学好本事将来建高楼、筑水坝、修大桥，机遇和用功却成就他踏上了新中国空军的从军路。

1. 先祖北上闯关东

闯关东的说法在中国大地流传了数百年。据史料记载，顺治元年（1644年），清世祖爱新觉罗·福临起驾由盛京（今辽宁沈阳）迁都北京，沿途发现东北地区地广人稀，土地肥沃，心生一念，若移民开垦，岂不带来滚滚财源？顺治八年（1651年）清廷下令："令民愿出关垦地者，山海道造册报部，分地居住。"清廷一纸告示，吸引了大批山东人在白山黑水间淘金、垦荒、放山。所谓放山，就是挖人参。人参比金子还贵重，挖人参辛险异常。

有民间传说，闯关东中的第一个放山人是山东莱阳人孙良。他原是个穷苦的长工，听说长白山有种名叫"棒槌"的植物，便与同乡张禄跋山涉水到了长白山，翻山越岭去挖人参。俩人干了三年，挖了不少人参，商定再分头干三天，然后打点行装回山东老家去。谁知张禄一去，再也未归。孙良急了，到处寻找，找了七天七夜也没找到。干粮早吃光了，他又累又饿，昏倒在蝲蛄河旁边。不知过了多久，他醒了过来，捧了几口河水喝，看见水底有只蝲蛄，抓来活嚼生吞了。待身上有了点力气，他抓起一块尖石，在一块大石头上刻画着：家住莱阳本姓孙，漂洋过海来挖参，路上丢了亲兄弟，沿着古河往上寻，三天吃个蝲喇蛄，不见兄弟不甘心！写完，便昏死过去，再也没有醒来。此传说有多少演绎无从考证，但山东人诚实、尚义、节俭、好客、粗犷、豪放的鲜明特征却也有证可查。在当时天灾人祸的逼迫下，山东人闯入关东得以在东北与人和睦相处，赢得了人们的尊敬与信任，获得了生存的空间。

相传，孙家栋的祖上第七代兄弟俩不堪家中的贫穷日子，结伴由山东牟平逃荒闯关东，一路北上来到东北辽宁省。兄弟俩刚刚见到黑土地，还没有来得及分享拓荒屯地的喜悦，就不幸彼此失散。从此孙家栋祖上爷爷，只身来到现在的辽宁省盖县安顿下来，转眼就是百年。

从那个年代开始，孙家祖上就在这极其普通的草甸子村安营扎寨，辛勤劳作。

草甸子村北被称作北岭，村南则被称作南山。大自然将北岭、南山打理得格外风调雨顺。

北岭黑壤沃土、草木茂密、蝶飞灵影、蜿蜒起伏，金秋季节抬眼望去，紫红的葡萄、鲜红的山楂、粉红的苹果、金黄的鸭梨……好一派大自然点缀的美景。

所谓南山，其实也就只有三百多米的高度，由于山体直立陡峭倒也有几分壮观。山上大树参天，灌木林密，飞鸟嬉闹，群兽争斗，山坡遍地桑木郁郁葱葱，映衬出一幅和谐的天然图画。

南山下来的潺潺溪流，经过草甸子村注入北岭，年复一年地养育着草甸子村的世代村民，浇灌了北岭的黑壤沃土。一方水土养一方人，孙家栋的祖父虽然是面向黄土背朝天的农民，但在草甸子村方圆百里却是公认的思维清晰的明智人。他屯垦劳作、圈禽养畜，把日子调理得有声有色，令草甸子村人家大为羡慕。星移斗转，凭借自己的辛劳耕作和与邻为善的美德，孙家在这块风水宝地里繁衍后代，人丁兴旺。百余年过去，到了孙树人这一代，孙家的本家弟兄、叔伯大爷加在一起已有四十好几口子。

孙家栋的祖父生育了五个孩子，前四个都是闺女，到了老五终于得到了期盼已久的宝贝儿子。十年树木，百年树人。孙家栋的父亲出生后，祖父给他取名为孙树人。

别看孙家栋的祖父目不识丁，但潜意识里敬佩那些有文化的读书人，立志要送儿子进学堂读书。当时，孙家正值鼎盛年代，但却没有一个人入过学堂，于是，孙树人到了读书的年龄即被父亲送出去读书。

孙树人又名孙成谋，字百如。孙家栋的祖父送他到距草甸子村两里路的马甸子私塾上学。孙树人苦读死背《百家姓》《三字经》《千字文》，在这些“之、乎、者、也”的知识典库里，聪明好学的孙树人积累了学问，他知书达礼，成为草甸子村名副其实的“状元”。

孙树人读书一直读到了谈婚论嫁的年龄。19岁的孙树人高大英俊、仪表堂堂。而离草甸子村二十多里外有一个远近闻名的石门子村，村子里有一位也很闻名的张姓石匠。恰时，张石匠有一个19岁妙龄的掌中娇女深藏闺中。经媒人之约、双方父母首肯，孙树人与张家闺女喜结良缘。孙树人家有四女一男，而张石匠家却有四男一女，当时，两家人一个独子、一个独女的亲事，在人们的眼中可谓是天赐良缘、般配致极。

张家闺女生长在大山，伴随父亲采石雕石长大，有大山一样的爽快性格，有百灵一样的玲珑身材，又有针缝刺绣的一双巧手，还有逢迎化吉的好人缘，嫁到孙家后，深得孙家上下老小的赞赏和厚爱。

孙树人在当时已经成了文化人，此时家境良好，娶妻成家后受大家族的推举，远赴沈阳求学。孙树人跪拜先人，告别父母、爱妻，离家前往张学良创办的沈阳师范学校就读。

山外有山，城外有城。草甸子的清静，沈阳城的嘈杂，却也各有特色，各具千秋。孙树人在省城开阔了眼界，耳闻目睹了大千世界的人情世故，充填了各方面的知识。他果然不负众望，完成了在师范学校的三年学业，受聘任教于地处盖县县城的盖平师范学校，六年后升任盖平师范学校校长。此时他已经有了三儿两女，当了校长后，他把妻子、女儿和一个儿子接到了盖县县城，与自己一起生活，考虑到生活和其他原因，另外两个儿子仍然留在家乡。

2. 步步登高求学路

1929年春节过后，孙家就在为即将出世的孩子而忙碌。农历2月29日（阳历4月8日），虽然是兵荒马乱的军阀混战年月，但盖县这个小县城里倒也显得很安宁。随着一声声婴儿有力的啼哭，孙家又添了一口人，是个期盼之中的儿子，排行老六，这便是日后成为著名航天工程技术专家的孙家栋。

孙家栋刚降临人世，大家纷纷说这孩子有好命，这辈子都不会挨饿了。原来老孙家近期在酝酿按人头分家，孙家栋4月8日出世，恰逢祖上4月9日正式分家，所以，孙家栋这张嗷嗷待哺的小嘴刚一张开，就理所当然地得到了一份口粮。

孙家栋在辽宁省盖县盖平师范学校随父母度过了三年童年生活。在这三年里，孙家栋的父亲主持学校工作已经得心应手，孙家栋的母亲操持家务里里外外一把手，把家打理得红红火火。之后由于工作变迁，孙家栋的父亲要离开盖平师范学校前往哈尔滨，就职北满政府设在哈尔滨市的地亩管理局职员。1932年，孙家栋全家迁往哈尔滨市。1936年3月，7岁的孙家栋就读于离家不远的建设小学，1939年随父亲工作调动离开哈尔滨市迁居营口市，转入同德学校读完了高小。

1942年6月，13岁的孙家栋以优异的考试成绩被哈尔滨第一高等学校土木系录取。哈尔滨第一高等学校是一所四年制的专科学校，有电器系、土木系和机械系。此时，孙家栋一门心思想学好本事，成就将来建高楼、筑水坝、修大桥的宏伟理想。

全国抗日烽火风起云涌，在日本人统治下的哈尔滨人民更是对侵略者怀着满腔仇恨。哈尔滨第一高等学校是一所由日本人开办的学校，日本教师在授课中的侵略意识以及奴化意识引起学生的强烈愤恨，孙家栋为流露出的不满情绪吃过不少苦头。

战争给人们带来了巨大灾难，城里战乱，学校停课，父母回老家去了，孙家栋也无书可读。1945年的寒冬，他只好踏上了回老家的路。穿过大片桦树林，滑过一望无际白雪皑皑的山坡，他沿着铁皮木轱辘车碾压出来的羊肠道，一路摸索回到了从未去过的草甸子村。

孙家栋到家后才知道，父亲已离开老家去了沈阳，经朋友介绍在沈阳的一所学校任教。数日后，孙家栋离开老家前往沈阳，几经辗转来到父亲任教的学校，方知父亲又到了海城师范学校谋职。孙家栋找到父亲后，便急切地提出要继续求学。父亲找人帮忙，终于在1946年9月让他进入了国民党政府在锦州开办的锦州大学先修班就读。这个大学名义上是大学，实际上只是设立了个架子，教学条件和师资力量明显不配套，并且还要先入“预科”补习两年中学课程。

1948年9月，辽沈战役的炮声在锦州大地隆隆响起，中国人民解放军第四野战军以迅雷不及掩耳之势在东北快速推进，国民党军队兵败如山倒，人民生活在水深火热之中，饱尝战争之苦。在锦州，这“预科”的书也没办法继续读下去了。

孙家栋听到哈尔滨工业大学要招生的消息，立即前往探听虚实，并于1948年9月考入哈尔滨工业大学预科班。当时的哈尔滨工业大学由苏联人管理，学校制度健全，有一套严厉的管理办法。就读哈工大必须经过严格的考试，并且还要出具其前相等资格的毕业证书。哈工大虽然承认日本中学的资格，可由于伪满时期的中学学制是四年，而苏联中学学制是六年，孙家栋虽然通过了学校的各项考试，但必须再次重新复读“预科”。

当时，哈工大老师都用俄语授课，要想听得懂、学得通大学课程，精通俄语是必由之路，因此预科的主要课程是学习俄语。这条路对孙家栋来说既是一次机遇，也是一次挑战。

哈尔滨工业大学始建于1920年，当时校名为"哈尔滨中俄工业学校"。当年，白俄罗斯人进入东北，为了运送东北丰富的矿产资源，开始建设绥芬河至满洲里最终通往旅顺口的铁路，学校正是为培养修建铁路所急需的技术人才而创建的，当时开设了铁路建设和电气机械工程两个科目。首届三个班共招收了103名学生，实行学分制，学制四年，一律用俄语教学。1922年4月2日，学校改名为中俄工业大学校，学制由四年改为五年，原设两个科目分别改为铁路建筑系和机电工程系。毕业生经考试委员会答辩合格后将被授予工程师称号。1928年2月4日，学校隶属关系发生变化，改由中华民国东省特区领导，校名改为东省特区工业大学校，东省特区行政长官张寰湘担任校理事会主席，东北政府国民教育部总长刘哲任校长，他成为这个学校的第一位中国校长。1928年10月20日，学校将法政学院和商学院并入，正式定名为哈尔滨工业大学。

孙家栋进入学校不久，就迎来了新中国的成立。哈尔滨工业大学进入了一个新的历史发展时期。1950年6月7日，中共中央电告东北局：俄方已决定将哈工大交给中国政府管理，并指示哈工大"应着重招收国内各大学理工学院的讲师、助教和研究生。

主要学俄文，两年毕业即分配到各大学任教”。这是哈工大在新中国成立后进入全面改造和扩建阶段的重要标志，学校由此决定，将每年的6月7日定为哈工大建校纪念日。

俄语繁杂的语法、多样的变格、绕舌的发音，令初学者目眩，俄罗斯人的名字也是九曲十八弯，绕了自己的名和姓不说，还要把祖上那长长的名再绕进去，真是难读难记。但孙家栋对学习渴望已久，他觉得，语言毕竟是一种活生生的工具，很重要，语言同时又是表达事物和思维的工具，是文化的一种载体，一定要把俄语学通才能继续下一步的专业课程。孙家栋不愧是学习高手，在很短的时间里就理出了头绪，进入了良好的学习状态，找到了学习的感觉。他在哈工大预科班学到了不少知识，使他终身受益。

3. 机遇成就有心人

古往今来，人们总说机遇只留给有准备的人；总说愚者错失机遇，智者善抓机遇，成功者创造机遇。然而，能否抓住机遇、利用机遇，关键在于个人的努力勤奋和准备程度。

孙家栋说过：“我这辈子还真是喜欢吃红烧肉，不仅仅是口味的问题，还有一些与红烧肉相关的其他原因促成了我喜欢红烧肉，比如我的人生道路选择就是由一顿红烧肉而促成的。”

1950年农历正月十五，是中国的传统节日——元宵节。这天，孙家栋本来准备午饭后去住在哈尔滨的姐姐家，但听说晚饭加餐有红烧肉，便改变了主意，那年月能吃上红烧肉可不容易。正是为了这顿红烧肉，他决定等吃了晚饭后再去姐姐家。

吃晚饭时，学校主管人员来到饭堂向学员们宣读通知：为了加快建设中国空军的步伐，中国人民解放军空军要在他们这批学生中挑选人员去空军航校，有意者可立即自愿报名接受挑选。

为了组建航空兵部队和培养航空兵部队所需要的中、高级飞行指挥干部，空军司令员刘亚楼在列席中共七届三中全会时，当面向毛泽东主席提出扩大航校培训规模和从陆军选调一批营、团干部入学学习飞行的建议，毛泽东当即表示同意。刘亚楼的这一举措，为空军的进一步发展准备了骨干。

1949年10月30日，中央军委和毛泽东主席作出决定：第一航校设在哈尔滨，第二航校设在长春，第三航校设在锦州，第四航校设在沈阳，第五航校设在济南，第六航校设在南苑。

1949年11月11日，中央军委正式宣布中国人民解放军空军成立。

1949年12月至1950年2月，毛泽东在苏联访问，一天，毛泽东紧握拳头对同在莫斯科的空军司令员刘亚楼说："必须加强空中力量！"

不满21岁的孙家栋，联想到几个月前毛泽东主席在北京天安门城楼上向全世界宣告"中华人民共和国成立了！中国人民从此站起来了！"的动人情景，想到中国人民解放军伴随嘹亮的军歌，迈着雄壮的步伐在天安门广场接受检阅的威武军姿，这个血气方刚的年轻人心里泛起一阵阵的激动。

孙家栋毅然填报了从军申请，当天报名、当天获得批准，当晚便怀着对祖国、对未来的无限憧憬，登上了前往中国人民解放军空军第四航校的列车。1950年1月，孙家栋由一名踌躇满志、单纯的学生，一夜之间穿上军装、戴上制式帽，精神抖擞地成为了一名军人。

当时空军的几个航校都急需俄语翻译人才，孙家栋优秀的俄文成绩又一次派上了用场。报到后，四航校分配孙家栋给苏联航空教官当授课翻译。孙家栋后来回忆说，当时我国空军的一批优秀飞行员，如赵宝桐、张积慧、王海、刘玉堤等都是在这所学校里学成后参加战斗的，这些出名的飞行员充分发挥了他们个人的聪明才智，在战场上建功立业，为国家和人民争得了荣誉，成为震惊世

1950年1月，孙家栋从哈工大报名参军

界的战斗英雄。

出于对新中国空军的热爱和对事业的追求，孙家栋各项工作都很出色，平时的勤奋与努力，迎来了机遇的召唤。

如果说，孙家栋是由这顿偶然的红烧肉而抓住机遇，走上从军道路，那么，下一个机遇则为孙家栋提供了走向尖端科学技术的阶梯，为他日后成为著名航天工程技术专家提供了一个重要前提。

孙家栋

孙家栋院士传记

Academician Sun Jiadong's Biography

第二章

苏联寒窗

孙家栋在空军经层层选拔胜出，被派往茹科夫斯基空军工程学院深造。他8年寒窗苦读，荣获“斯大林金质奖章”。

1. 牛皮箱包忆往昔

新中国刚刚建立，百废待兴，百业待举。为迅速改变中国贫穷落后的面貌，党中央、毛泽东高瞻远瞩，决定向苏联、东欧社会主义国家派出大批留学生，学习他们先进的科学文化和管理经验，并把这项工作纳入国家科学教育发展十年规划。中央设立了由聂荣臻、李富春、陆定一组成的留学生领导小组，每年的选派人数、专业都由周恩来总理亲自审批。从20世纪50年代到60年代，中国共向苏联派出了近万名留学生，向东欧等社会主义国家派出了1000多名留学生，1956年后又向与中国建交的西方国家和周边国家派遣了留学生。

1951年7月，经过多轮考核、层层选拔审批，孙家栋以优异的工作业绩与另外20多名军人前往北京，接受去苏联留学的最后一轮面试选拔。那时，北京的空军招待所在前门附近，全军选送来的300多名优秀军人在这里接受多种内容的考核。炎热的盛夏，英姿飒爽的年轻军人在棋盘街（现为天安门广场南侧毛主席纪念堂处）进行操课，最终有30人被选送去苏联茹科夫斯基空军工程学院读书，孙家栋荣幸中选。这30人中有10名从新四军中选出，有10名从八路军中选出，还有10名从哈工大和航校中选出。这样的人员搭配主要是考虑到文化

1958年4月，孙家栋（四排中）与中国同学在苏联茹科夫斯基空军工程学院合影（一排右一刘从军，二排右二于龙淮、左二李伯勇，三排右二孙敬良）

水平和基础知识参差不齐，从新四军、八路军中选拔出来的学员虽然大多有过战斗经历，但文化水平低，而孙家栋他们这些从哈工大或航校选拔来的学员正好可与他们结对互助。孙家栋被确定在学院的飞机设计维修及管理专业学习。

孙家栋与被选定的学员们立即开始了奔赴苏联的行前准备。在当时物资匮乏的年代，空军方面特地选择了质地最好的毛哔叽衣料为被选定的学员量体裁衣，定做了合体笔挺的军装。一米八个头的孙家栋本来就身材魁梧，穿上定做合体的新军装后，更加显得英俊潇洒。在那个艰苦朴素的岁月，试穿新军装时引起了许多人的好奇。不仅在国内，以至后来在莫斯科街头，身着笔挺军装的这群人也常常会招来异国他乡的人们尤其是漂亮的俄罗斯姑娘扭头注视的目光。

组织上除了为这批前往苏联的留学生配备合体的军装外，还为每人配备了一个当时很时髦的牛皮箱和上课用的牛皮文件包。孙家栋的牛皮箱里装着他的

1951年，孙家栋奔赴苏联前与三哥合影

孙家栋在苏联留学时使用的牛皮文件包

一片憧憬，装着他的满腹理想和拳拳报国之心。所以，孙家栋对这只牛皮箱和牛皮包情有独钟。

几十年后，孙家栋搬家时，帮助搬家的人在堆放的行李中看见一个颜色发旧、瘪瘪塌塌的旧式旅行箱与几个新式旅行箱十分不协调地排放在一起，便提议把这个旧箱子扔了。孙家栋眯着眼睛笑了笑：“哎，这个可不能扔。再说这房子也不缺放它的一块儿地方嘛。”孙家栋的老伴赶紧说：“别看这个箱子旧，但千万不能扔，这可是我们老孙的宝贝疙瘩，我可是一直都没敢怠慢它。”说完，悄悄向孙家栋瞥了一眼，慈祥友善的目光里充满着几丝神秘。

原来，这个牛皮旅行箱和上课用的牛皮文件包是空军司令员刘亚楼送的。司令员不仅亲自与他们这些优选到苏联上学的幸运者单独谈话，还特别下令给每个人添置这两件奢侈品。后来，孙家栋把这个旅行箱从北京带到莫斯科，又从莫斯科带回北京，这宝贝家当一直伴随了孙家栋几十年。现在，它已经成为孙家栋永恒的纪念。

2. 过关闯将读预科

1951年秋天，北京城格外清新凉爽。孙家栋踏上了北上莫斯科的火车，奔向他向往已久的茹科夫斯基空军工程学院。

一路上的风景是那么的新奇，每到停车时间稍微长点儿的车站，孙家栋他们都会下车，或是活动筋骨，或是与当地人闲聊几句。孙家栋来之前曾做过苏联专家的翻译，所以与当地人对话没有什么困难，但他们中的许多人就不同了。尽管出国时经过严格的考核，理论成绩很好，口语能力也不错，可与母语是俄语的人对起话来就完全不是那么回事了，自以为说着标准的俄语，对方竟然听不懂。大家问孙家栋，这是怎么回事？孙家栋谦虚地说："可能是咱们说的还没有口语化，用词的习惯也不太一样，与苏联教官在一起的日子里，我也有过尴尬，体会太深了，不过没关系，很快就会适应的。"

历经七天七夜的日夜兼程，孙家栋等学员终于到了莫斯科。他们感到苏联是一个伟大的社会主义国家，从市政设施、房屋建筑到公路交通、工厂规模都是那么宏伟有序。虽然在国内看过苏联和莫斯科的简介，出国教育时也听过莫斯科的轶闻趣事，但百闻不如一见。克里姆林宫对面那个外形像宫殿一样的建筑很是特别，一打听，原来竟是一座百货商场。来苏联前只是听说过地下铁路，却从未见过。

来到距地面十几米的地下，他们被庞大的地下工程所折服，尤其是红场下面上下三层的地铁站像迷宫一样纵横交错，这些所见所闻让他们感到了科学技术的神奇。乘坐地铁，他们还闹过一个笑话。初到莫斯科，孙家栋和几个同学一起坐着长长的滚梯，伴随着轰隆隆的声响，瞬间就从阳光明媚的地面下到了地下十几米的站台。虽然是地下，但也是灯火辉煌，站台上那些光彩夺目的彩色壁画令人顾盼不暇，正在这时，一辆地下火车风驰电掣地驶入站台，车厢门在他们面前“哧”的一声打开了，几个同学绅士般地互相谦让，“你先上，你先上”，没想到还没有谦让完，车厢门却“哐”地一声关上了，等他们醒过神来，火车已经离开了他们的视线，呼啸而去。孙家栋和同学们你望着我、我望着你，面面相觑、茫然不解，后来才知道，车厢门是自动开关的。20世纪50年代，苏联就已经使用了自动开关车门技术，这怎能不使初来乍到的中国留学生们感到科学技术的神奇，不大开眼界？

孙家栋暗想，绝不能浪费光阴，一定要在莫斯科刻苦学习先进技术，利用好这个机会，实现报效祖国的美好愿望。

人们常用“过五关斩六将”来形容做成一件大事的难度，学习又何尝不是如此。孙家栋他们入学以后也要过三关：第一是学习关，第二是生活关，第三是身体关。茹科夫斯基空军工程学院是军校，大家过着纪律严格的集体生活，学校共青团组织还专门指定苏联同学帮助中国同学。比如，在中国留学生课堂笔记记不下来的时候，苏联同学会很主动地把笔记整理好送来，这些都使孙家栋体会到苏联同学的淳朴热情。另外，他们感到苏联的生活福利比国内好得多，不要说是军校的学员，就是普通老百姓的供应包括公费医疗制度，在国内都是不可想象的。经过半年多的磨练，他们不仅很快对周围的情况熟悉起来，而且与当地同学打成一片。

为了日后学业的顺利进行，校方非常重视这批中国留学生的语言训练和基础知识学习。为此，孙家栋在茹科夫斯基空军工程学院又读了第三次“预科”。孙家栋他们这30名学员属于军官学员，但由

在苏联读书时的孙家栋

于文化基础的差别，学校按数理化水平，将他们分成了三个班，孙家栋被编入高班。学校同时还抽调了最好的高中教师，为他们教授数学、化学、物理和俄语。孙家栋的文化基础本来就比较扎实，利用这次预科学习机会，他又进行了一次巩固和提高。整整一年的预科学习，使他和他的同学们系统完成了基础理论的学习，1952年9月，30名中国学员正式进入本科学习。

3. 苏联留学情满怀

国家的关怀、部队的重托、学院良好的学习条件以及在当时可算为优厚的生活待遇，激励着孙家栋刻苦学习。学校所开设的课程种类繁多，仅飞机设计、维修及管理专业的基础课程就有发动机理论、飞行动力学、空气动力学、飞机结构力学、液体火箭发动机原理、流体力学、热力学、理论力学等。苏联对军事院校的政治教育抓得很紧，对政治课程要求也很严格。比如，所开设的联共党史课，总共有14章课文，第一年进行前7章的学习，第二年进行后7章的学习。政治课老师授课极其认真，他们早已准备好标注得清清楚楚的教案，照本宣科，绝不超越雷池半步，所以课堂显得极其呆板、枯燥。虽然大家对政治课不像学专业课那样有精神，但谁也不敢放松对政治课的学习。因为联共党史课的考试成绩非常重要，如果不及格，就会被戴上“政治不合格”的帽子，因此不管你是死记也好、硬背也罢，都必须机械地达到政治课要求的分数标准。孙家栋虽然对政治课也发憷，但通过努力，仍然拿到了政治课满分的好成绩。

在学习上，孙家栋总是不断地自己给自己加码，每天除了白天上课，晚上基本都在做练习，巩固当天学习的知识、预习明天的功课，直到第二天凌晨一两点钟。所以，伴随着他学习的灯光总是亮着。

无论是在莫斯科大学，还是在其他学院，起床最早的基本都是来自中国的学生，自习课学到最晚的也是他们，熄灯最迟的还是他们。孙家栋他们对学习抱有非常大的兴趣，他们觉得能够来到这个在苏联、在军界首屈一指的世界知名的学校深造，心中有莫大的荣誉。

中国学员在学习上不示弱，军体、绘图、军事地理样样领先。学校每周有一个下午的军体课，四个小时，所有器械、田径等科目都要全部做一个来回，活动量非常大。尽管这样，军体教官对中国学员仍然高标准、严要求，比如双杠运动，上杠要挺拔利索，杠上收腹抬腿必须达到标准的90度角，否则军体教官会对着你的大腿或胳膊给一巴掌，被拍过的地方立刻红肿起来，但孙家栋从来没有受过如此“待遇”。孙家栋的身体素质本来就很不错，为了保持旺盛的精力和更强壮的体魄，夏天，在田径场、篮球场、排球场或体操器械旁总能看到他的身影；冬天，滑冰场、滑雪场也少不了他。严冬季节，茹科夫斯基空军工程学院附近的浩渺森林一片白雪皑皑，平地滑雪是非常耗费体力的一项运动，有人偷懒不按规定路线完成科目而抄近道回到目的地，但孙家栋从来都是按照规定不折不扣地完成。他那活泼向上、朝气蓬勃的精神头，显现出了年轻人报效祖国的雄心壮志。

由于孙家栋刻苦好学、反应敏捷，许多老师都对孙家栋比较偏爱。孙家栋认为是学校的良好环境将他带入了知识的海洋，老师给他充填了极为丰富的知

孙家栋在学院实验室做实验

识。在他的印象中，预科班主任茹科娃老师、讲授普通物理学课程的卡拉普托夫老师、讲授实用几何学课程的犹太人老师卡耳贝尔，还有力学课程老师、动力学课程老师以及体育课老师、教官、辅导员，他们既有丰富的实践经验，又有典型的学者风度，他们以身作则、为人师表的点点滴滴，都给孙家栋留下了深刻的印象。

孙家栋凭着良好的记忆力，将每门功课的内容在短时间内背得滚瓜烂熟，基本每次都有把握应对考试。每逢大的考试，学院都会组成考试委员会。面对诸多考官的提问，孙家栋胸有成竹，沉着应对，在报上自己的姓名后，他会冷静地说："请允许我回答……"于是，考官们提出的一个个稀奇古怪的问题，在他流利的回答面前迎刃而解。

在三年级航空发动机理论考试中担任主考官的涅卡耶夫是苏联科学院院士，也是苏联赫赫有名的大学者。涅卡耶夫采取一个一个分别进行的考试方法，轮到孙家栋上场时，恰好涅卡耶夫拿错了考卷，将从未学过“航空发动机静态下主要性能的推导”问题提给了孙家栋。这明明是强人所难，应当怎么办呢？孙家栋平时好学、好奇、好动脑的习惯此时派上了用场，他毫不慌张，引经据典地做出了正确回答。正当陪考官们惊诧不解时，涅卡耶夫也突然醒悟到自己拿错了考卷，他奇怪孙家栋怎么对没有学过的课程能做出正确的回答，涅卡耶夫院士和众多陪考官也纷纷对孙家栋投去赞赏的目光，他们为孙家栋的博学多识而高兴，为中国学生的勤奋学习精神而赞叹，为学院拥有这样的学生而自豪。

1956年2月的一天，对孙家栋他们这个中国班的学员来说，是一个值得纪念的日子。这一天，他们被授予中国人民解放军军衔。清晨，孙家栋一行奉命从学校来到中国驻苏联大使馆，此时大礼堂前已经聚集了许多学员，他们都是中国军校的留学生，有从军医大学来的，有从炮兵学院来的，还有像孙家栋这样从空军工程学院来的。他们列队依次进入礼堂，礼堂内播放着昂扬的解放军进行曲，主席台正中央坐着中国人民解放军总司令朱德元帅。授衔仪式开始了，学员们5人一组被点到名字后，来到主席台侧面的台阶前，登上6级台阶，迈着标准的军人正步来到主席台正中，由聂荣臻元帅亲自为他们逐一颁发领章和军衔肩章，孙家栋在中国人民解放军首次实行军衔制时被授予中尉军衔。英俊潇洒的小伙子配以裤线笔直合体的军服，此时又佩戴了耀眼的肩章，威武挺拔，意气风发。从那一天起，孙家栋他们穿上了统一制式、配戴军衔的中国式军装，中国军人以新的形象出现在苏联大地上。授军衔庄严的场面，个别学员对此感到异常紧张，有个学员在主席台上接受军衔，听到“向左转”“正步走”的口令后，竟一反平日熟练的步伐，手脚一顺且非常认真地从台上走了下来。台下的学员对这一幕看得真切，但在那个庄严的场合里没有人敢笑出声来，可苏联教官很是生气，悄悄举起拳头对这位学员来了个咬牙切齿的表情：平时我是怎么训练你们的，你竟然在这么庄严的场合给我开这样的低等玩笑，哼！

1956年8月6日，是孙家栋又一个忘不了的日子。由于他在各方面严格要求自己，学习拔尖，政治上进，军体优秀，留学生支部批准他光荣地加入中国共产党。

1957年11月17日，更是一个非同寻常的日子。时逢莫斯科的初冬，地上已经积了很厚的雪，正在莫斯科访问的毛泽东主席将要在这天与中国在苏联的留学生会面。毛泽东主席率领中国代表团到莫斯科，是为了参加十月革命胜利40年庆祝活动并出席各国共产党和工人党代表大会。毛泽东一生只跨出两次国门，两次出国去的都是苏联，这次是第二次。

参加毛泽东接见活动的地方院校的中国留学生们大多由学校统一组织乘坐大轿车前往，而孙家栋他们这些茹科夫斯基空军工程学院的军官学员则可以自行前往。从学校出发前，他们将皮鞋擦得锃亮，裤线压得笔直，军服上的黄铜扣子也擦得闪闪发光。他们一行人乘坐地铁倒了几次车，来到莫斯科大学的礼堂前，其他学校的留学生也都早早地从四面八方赶到了莫斯科大学，参加会见的学生大约有3000多人。莫斯科大学的大礼堂没有多余的座位，坐不下的同学就挤在过道上，孙家栋他们这些军官学员被安排在礼堂主席台最前方的位置，大家都在焦急而兴奋地等待着共和国领袖毛泽东主席的接见。

下午6时许，毛泽东迈着稳健的步伐走进了礼堂。后面紧跟着国务院副总理兼国防部长彭德怀、中共中央书记处总书记邓小平、国务院副总理乌兰夫以及杨尚昆、胡乔木等领导，这时全场沸腾，欢声雷动。毛泽东高兴地走到主席台的前沿和两端，频频地向大家招手致意。

这一刻，孙家栋近距离地见到了祖国的亲人，见到了敬仰已久的伟大领袖毛泽东主席。毛泽东向大家招手致意后，亲切地发表了演说。他用浓重的湖南口音讲到："世界是你们的，也是我们的，但是归根结底是你们的。你们青年人朝气蓬勃，正在兴旺时期，好像早上八九点钟的太阳，希望寄托在你们身上。"他还教导同学们说：青年人应具备两点，一是朝气蓬勃，二是谦虚谨慎。讲话中，毛泽东纵论天下，旁征博引，还说出了"世界上怕就怕'认真'二字，共产党就最讲认真"的名言。毛泽东的讲话亲切和蔼，风趣幽默。台上台下，有问有答，其乐融融，大厅内充满了欢声笑语。

为了满足更多同学亲睹领袖风采、聆听领袖教诲的愿望，毛泽东又特地从大礼堂来到学生俱乐部。当他看到那么多的中国留学生，看到学生们热切的表情，又兴致勃勃地即席对早已聚集在那里等候的数百名留学生说："第一，青年人既要勇敢又要谦虚；第二，祝你们身体好、学习好、工作好；第三，和苏联朋友要亲密团结。"

毛泽东近一个半小时的会见和讲话，使孙家栋他们沉浸在无比激动和幸福之中，“为党奋斗50年”“为祖国工作50年”的口号声响彻天空。

毛泽东的这个讲话，不仅鼓舞着孙家栋他们这些留学生，而且一直鼓舞着中国当时的整个一代人。

4. 品学兼优上榜首

孙家栋在沈阳空军第四航校，听苏联教官讲解专业定理时，经常能听到一些陌生的名字。在谈到航空领域的事情时，苏联教官常常会说某某教授是怎么讲的，某某定义在茹科夫斯基空军工程学院的教科书是如何写的。到茹科夫斯基空军工程学院后，孙家栋慢慢了解到，苏联空军主帅 K·A·韦尔希宁、П·Ф·日加列夫，空军元帅 Ф·A·阿斯塔霍夫、Г·A·沃罗热伊金、C·Ф·扎沃龙科夫，著名飞机设计师 A·И·米高扬、A·C·雅科夫列夫等都是从茹科夫斯基空军工程学院毕业的。赫赫有名的战斗机专家、中国空军副司令员常乾坤也是从茹科夫斯基空军工程学院毕业的，常乾坤不仅能够驾驶飞机，而且会领航，懂航空工程，是中国空军出色的专家型指挥员。茹科夫斯基空军工程学院培养出那么多优秀人才，是那么地令人敬佩和向往，如今，攀登科学技术高峰的愿望就在眼前，孙家栋怎能不倍感珍惜。

苏联茹科夫斯基空军工程学院的校址在莫斯科，它是苏联武装力量培养空军各类航空专业工程师的高等军事学院，也是研究航空技术装备及其技术维护与战斗使用方面问题的科研中心。学院的前身是1919年根据俄国著名学者H·E·茹科夫斯基倡议建立的莫斯科航空技术学校。1920年9月航空技术学校移交给军事主管部门，改为红色空军工程师学院。H·E·茹科夫斯基教授被选为该院院长，他参加组织教学工作并亲自授课。1922年9月，学院改为茹科夫斯基空军工程学院，1925年4月2日举行了第一期工程师毕业典礼。毕业典礼后不久，学院又根据苏联革命军事委员会的命令，改名为工农红军茹科夫斯基空军工程学院。1940年，学院以指挥系、战役系、领航系和首长进修班为基础，成立了指挥员和领航员学院（1968年改名为加加林空军学院）。

茹科夫斯基空军工程学院拥有配套先进的教学设备和科研实验室，其中包括：装有亚声速风洞和超声速风洞设备的大型空气动力学教学实验室，供研究涡轮喷气式发动机、空气压缩机、涡轮机及其他航空动力装置部件的完备的实验基地训练机场，供停放现代化战斗机和军用运输机的大型停机坪。实验室装备有现代化的电子计算设备、各种实验装置、练习器材和供进行飞机结构构件静力和动力试验及其他多种研究项目的整套试验设备。学院有一座教学实验工厂，供学员进行生产实习和进行各种设备的操作演练。

孙家栋在茹科夫斯基空军工程学院读书期间的院长是B·И·沃尔科夫将军。沃尔科夫将军从1947年开始担任院长，一直到1969年，任院长职务长达22年。沃尔科夫1947年担任院长时是一名航空工程勤务少将，1949年5月11日晋升为中将，1958年2月18日晋升为上将。学院培养了大批的优秀专业人才，孙家栋能够在这所学校深造，确实是一个机遇，他十分珍惜。

孙家栋不仅学习成绩名列前茅，在体育运动、学校组织的社会活动方面也都表现得很出色，随着时间的推移，孙家栋不知不觉在学院已小有名气。

在苏联的高等院校里，有一种类似光荣榜的橱窗，被学生们称作“明星榜”。

那一年，在茹科夫斯基空军工程学院一进大门最显眼的“明星榜”上，出现了孙家栋的大照片。原来，茹科夫斯基空军工程学院有一个激励学生上进的传统做法，就是把每年年终考试获得全优的学生照片放入“明星榜”，如果这个学生年年都能保持全优，他的照片便会一年往上挪一次，并且照片一年比一年大。随着照片越来越大，能在“明星榜”上出现的照片数量也就越来越少，排到顶尖的照片所剩无几。照片到了顶尖，也该毕业了。此时，顶尖照片的获得者将会获得一枚纯金质的“斯大林奖章”，这枚奖章对学生来讲可以说是梦寐以求的，因为毕业时如果能获得这种奖章，不仅可以比普通学生的军衔高一级，而且可以优先选择自己满意的工作，还可以带双份工资享受3个月的休假。

孙家栋在茹科夫斯基空军工程学院的学习中，不仅学业有成，而且年年全优，所以年年榜上都有他的“明星照”。孙家栋的同窗刘从军说：“孙家栋自进入茹科夫斯基空军工程学院读预科开始，一直到本科毕业的7年里，他的各科考试成绩从来没有得过4分、3分，门门是5分，年年是5分，是真正全部5分的全优生。”孙家栋的刻苦好学和聪明才智，得到了老师与同学们的赞赏和钦佩。

1958年3月10日，孙家栋以留学苏联期间的优秀成绩，荣获了最高苏维埃颁发的“斯大林奖章”。他登上苏联红军俱乐部的领奖台，郑重接受了颁发给他的那枚值得纪念和来之不易的纯金奖章。在那一年全苏联军队院校毕业的学员中，总共只有13名学生获得“斯大林奖章”，中国留学生在当时能够得到最高苏维埃颁发的“斯大林奖章”，可真是来之不易，孙家栋又一次赢得了众多老师、同学的赞赏，又一次成为众人羡慕眼光的聚焦点，当然也有一些漂亮女孩向孙家栋投去了爱慕的眼神。但此时的孙家栋心中只有一个念头：毕业后立即回国，祖国急需人才，用学到的知识，报效祖国和建设祖国！

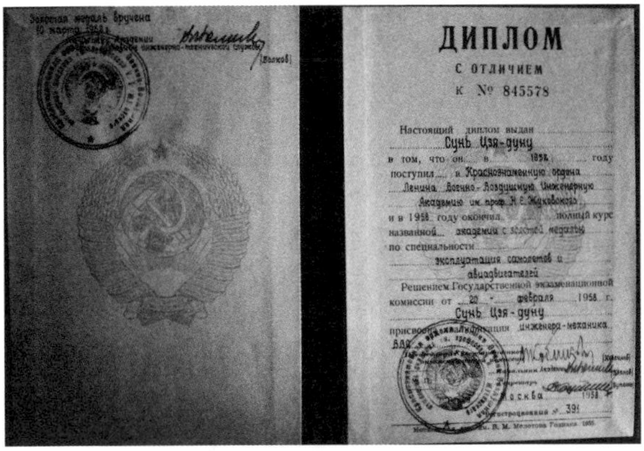

孙家栋获茹科夫斯基空军工程学院毕业证书

孙家栋荣获“斯大林金质奖章”

1958年4月，西伯利亚的阵阵寒风虽然在呼啸，但祖国社会主义建设的高潮正如火如荼。孙家栋与22名同窗战友，结束了在苏联6年零8个月的苦读苦练，怀揣着真知学识，练就了强健体魄，迈着坚定的步伐，在新一年春暖花开、万物复苏、阳光明媚的日子里，登上了归国的列车。

在“隆隆”的火车行进声中，孙家栋告别了异国的老师、同学、战友，谢绝了众人的思恋与挽留之情，归心似箭地踏上了返回祖国的路程。他深情地望着车窗外：祖国啊，我回来了！ 我终于要回到祖国的怀抱了！

孙家栋

孙家栋院士**传记**

Academician Sun Jiadong's Biography

第三章

导弹刺天

孙家栋回到祖国，立即加入中国新组建的导弹研制队伍。从设计室到生产车间，从导弹总装厂到发射场，孙家栋是中国航天事业的开拓者和见证者。

1. 攻读飞机缘导弹

早在1956年年初，毛泽东主席在国家最高国务会议上就豪迈地提出：我国人民应该有一个远大的规划，要在几十年内，努力改变我国在经济上和科学文化上的落后状况，迅速达到世界先进水平。

中国导弹事业的发展已正式列入国家发展计划，导弹武器研制已正式起步。人才，人才是事业发展第一宝贵的财富！

"时势造英雄，英雄造时势"，这是孙家栋以后经常说的一句口头语。事业需要学有所成的孙家栋，事业也给孙家栋提供了施展才华的环境。孙家栋等23位留学生回国前夕，新组建的国防部五院急需技术人才，聂荣臻元帅向空军司令员刘亚楼上将提出要人，刘亚楼心疼地诉苦说："聂帅，你提出要人，我怎么也不敢不给，但给你三分之二，给我留8个行不行？"聂荤臻元帅真就给刘亚楼上将留了8个人，孙家栋的名字被圈点到了国防部第五研究院的名单里。国家需要搞导弹，孙家栋带着他近7年寒窗积累的飞机设计理论，开始了新中国导弹总体设计工作。

与孙家栋一起分配到国防部五院的同窗战友来到用武之地后，立即投入紧张的工作。他们这些同窗战友，日后大都成为中国航天领域的知名专家。

孙敬良，著名液体火箭发动机与运载火箭设计专家，受命统领中国三个卫星工程总设计师，1995年当选为中国工程院院士。

李伯勇，曾任中国运载火箭技术研究院院长。以后担任过四川省省委副书记、省长，劳动部部长和全国人大常委会常委、法律委员会副主任委员等职务。

于龙淮，1961年担任东风二号导弹发动机副主任设计师，后从设计部调到火箭研究院科技部，主要从事火箭型号研制的指挥、计划、生产、调度等工作。曾任中国运载火箭技术研究院副院长，长征二号E捆绑式运载火箭总指挥。

刘从军，曾担任国防部五院火箭总体部副主任，第三研究院副院长、二院院长。

……

1958年4月20日，孙家栋拿着报到通知书来到国防部五院一分院导弹总体设计部，开始了新的人生轨迹。

在那个年代，人们对所谓的导弹还很陌生，拿来外文资料后，就连有丰富外语经验的翻译也不知该如何翻译 guided missile 这个名词。因为在当时的英汉词典里还没有这个名词。有人将这个词译作“飞弹”，有人将它译作“带引导的弹”，但都不标准也不形象，最后还是由钱学森译作“导弹”。

后来，《中国大百科全书》里就有了“导弹”一词：依靠自身动力装置推进，由制导系统导引、控制其飞行路线并导向毁伤目标的武器。它既可以在地球大气层中飞行，也可以在没有氧气的外层空间飞行。

火箭是靠火箭发动机喷射工质（工作介质）产生的反作用力和向前推进的飞行器，它自身携带全部推进剂，不依赖外界工质产生推力，它可以在地球大气层内飞行，也可以有一个飞行阶段在大气层外飞行。

火箭起源于中国，火药是中国古代四大发明之一。导弹的起源与火药和火箭的发明密切相关。世界上第一枚用火药推进的火箭，是中国宋朝人在公元970年发明的，它的基本原理是利用火药在竹筒或纸筒内燃烧产生迅速膨胀的高压气体，气体高速喷射后产生推力，推动火箭前进。大约13世纪时，中国的火箭技术开始传入阿拉伯地区及欧洲国家。到了20世纪初，俄国的齐奥尔科夫斯基提出了制造液体火箭的构想及火箭的基本原理，使火箭技术无论是在理论上还是在工程应用方面，都有了很大的突破。1926年，美国的戈达德发射成功了世界上第一枚液体火箭。之后，德国的布劳恩开始了导弹研制工作。20世纪30年代的工业革命，促进了电子技术、材料技术、化学技术的发展，极大地推动了火箭和导弹的应用。那时，德国建立了较大规模的生产基地，加大了火箭和导弹技术的研究力度，于1939年率先发射了V-1、V-2、V-3火箭。

20世纪50年代的中国，经济和技术都比较落后，在一无设备、二无资料的条件下，建立和发展导弹事业可谓是一张白纸，两手空空。新中国的领导人从党和国家的最高利益出发，高瞻远瞩地制定了一系列战略决策，把导弹武器的研制列为国家的重点工程，缺资金给资金，缺人才立即调配。在创业之初的短短几年，国内比较知名的技术专家云集国防部第五研究院，国家还调集了数以千计的大、中专毕业生，充实到科研生产的第一线。

北京沿紫禁城中轴向南延伸的京城南郊，曾经是封建帝王跑马骑射的猎场，后来还曾是北洋军阀的兵营。20世纪50年代，这里除了散落着几处零零落落的破旧平房外，是一片未开垦的荒凉之地。而在很短的几年之后，一个初具规模的科研生产基地便拔地而起，一座座大楼如林耸立，一排排厂房坐落有序，与之配套的实验室也一个接一个地投入了使用。当时正是三年自然灾害、国民经济严重困难时期，国家被迫下令停建、缓建了许多工程，唯独导弹研制工作没有受影响，相反，还在加快进度。难怪当时有外电猜测，在北京的南郊有一个神秘的大院，白天车水马龙，夜晚灯光闪亮，也不知道新中国在搞什么大的行动?

是的，新中国在搞大行动！在搞一场让世人震惊的大行动！

在一次国务会议上，当研究到我国搞尖端武器的议题时，毛泽东主席习惯性地将大手一挥，斩钉截铁地说：我们要下决心搞尖端！这个决心不能动摇！

外交部部长陈毅元帅昂起发亮的大脑门，瞪着眼睛，用浓重的四川口音一字一顿道：一定要搞尖端技术！就是当了裤子，也要把原子弹搞出来！我这个外交部长的腰杆还不太硬，你们把导弹、原子弹搞出来，我的腰杆就硬了。

自从第二次世界大战期间导弹问世以来，它在军事、政治和经济等各方面产生了巨大和深远的影响，已成为影响世界政治格局、决定战场态势、左右战争胜负的很重要的因素之一。导弹技术的发展既依赖于科学研究和工业技术的进步，反过来又可以促进和推动科学技术的发展。导弹技术集中体现的是现代科学技术，它成为一个国家综合国力、综合科学技术水平和国防现代化程度的重要标志。

那时候，研制导弹的单位对外严格保密，孙家栋回忆当年国防部五院对保密工作要求的情景时说："我们的单位对外称呼叫0038部队，入伍的人不能对父母和妻儿泄漏任何有关单位性质和驻地的情况。那时候还没有打电话的习惯，何况像我们这样的年轻人也根本不可能那么随便接触到电话。见到过去的同学朋友，他们肯定都要问问你到哪儿去了？我就编，有时候第二次再见到那个同学，自己也忘了上次编的话，就又编一个，人家感觉你这人很奇怪。有的同志写信时不小心说出去了，就受处分了。有的同志出去谈女朋友，一谈起做什么工作的，经常吞吞吐吐地把女方弄得莫名其妙，最后不少人都吹了。国防部五院对保密工作非常严格。每人都有个保密包，单位专门做了一个绿色帆布的大口袋，再给每人发个保密本，领本的时候要签字。保密包的封口有两根细绳，有块橡皮泥把两根绳按上。按上以后自己盖个戳，交到保密室。下班后只要你离开这个楼，你文件包里所有的文件都要交到保密室，保密室一天24小时都有人值班。第二天你上班的时候，要办个签字手续，才能领出包来。领包时还得看一下，我昨天盖的那个戳有没有人动过，证明没人动过，再领出来。”

2. 良师益友钱学森

孙家栋经常说：“我从苏联回来搞导弹，得益于当时许多开创我国导弹事业的师长，他们对新中国导弹事业的执著追求、精益求精的工作作风、为人师表的刻苦攻关精神，不仅给了我们很大的帮助，而且为我们树立了很好的榜样。钱学森更是我尊敬的领导和良师益友。”

孙家栋在苏联学习时就曾听说过“钱学森”的名字，当时钱学森已经是国际知名的科学家，没想到回国这么短时间，自己就可以在钱学森的身边工作。他心中暗想，这可是个好机会，有这样的老师在身边，遇到不明白的问题一定要及时请教，如果学不成，一定是自己不用功。

1955年9月17日，钱学森冲破美国设置的重重障碍，乘坐“克利夫兰总统号”邮轮经美国夏威夷、日本横滨、菲律宾马尼拉等地，历经辛劳，抵达香港，然后换乘火车经广州于10月12日回到上海。10

月28日，钱学森一家到达北京。

1956年1月30日至2月7日，回国仅3个月的钱学森，应邀出席了中国人民政治协商会议第二届全国委员会第二次全体会议，在此次会议上，钱学森被增补为全国政协委员。2月1日，毛泽东主席设宴招待全体政协委员，钱学森收到了一份由毛泽东亲自签名的大红请柬。那天，当钱学森进入宴会厅后，工作人员按照已经印制好的名单，引领钱学森来到预先安排的第17桌，却没有找到钱学森的座位签。原来，当宴会座次安排送呈毛泽东时，毛泽东用红铅笔在第17桌钱学森的名字上画了个圆圈，一个弧线箭头就把钱学森安排到了第一桌紧挨着毛泽东右手边的位置，宴会上，毛泽东与钱学森进行了亲切交谈。

2月17日，根据周恩来的意见，钱学森给国务院写了关于《建立我国国防航空工业的意见书》，在《意见书》中明确指出，健全的航空工业（当时为了保密起见，用国防航空工业代表导弹）除了制造工厂之外，还应该有一个强大的为设计服务的研究及试验单位，应该有一个做长远及基本研究的单位。这几个部门应该有一个统一的领导机构，作全面规划及安排的工作。《意见书》还开列了一份可以调来做高级技术工作的21名专家的名单，包括任新民、罗沛霖、梁守槃、屠守锷、胡海昌、庄逢甘、罗时钧、林同骥等人。这份意见书，进一步引起了中共中央和中央军委对发展中国导弹事业的高度重视。

3月14日上午，周恩来在解放军总参谋部的方楼会议室亲自主持了一次具有特殊意义的中央军委会议。总理用他那浓黑眉毛下炯炯有神的眼睛，环视着他面前的共和国元帅、将军们，对他们点头示意，然后用亲切的口吻宣布开会，他说今天的军委会议只有一个议题，就是请钱学森同志来谈谈我国发展导弹技术的设想和规划。

总理的话音刚落，参加会议的元帅、将军们纷纷把目光投向坐在会议桌一端的钱学森。

钱学森从座位上站起来，按照深思熟虑的思路从导弹的发展历史讲到了目前的现状，从军事应用讲到国家的综合实力，他以科学家的远见卓识，深入浅出地提出了中国导弹事业发展的具体建议。

1956年4月，我国决定组建导弹科学研究的领导机构——航空工业委员会，直属国防部，尔后任命聂荣臻为主任，黄克诚、赵尔陆任副主任，委员有王士光、王诤、安东、刘亚楼、李强、钱志道、钱学森，安东任秘书长。之后不久，中央军委又决定由航委负责，组建导弹管理局（国防部五局）和导弹研究院（国防部五院）负责中国导弹事业的发展建设，下设三个机构：设计机构、科研机构和生产机构。

1956年10月8日，是中国航天发展史上一个值得纪念的日子。中国第一个火箭、导弹研究机构——国防部第五研究院正式成立，聂荣臻元帅亲自出席研究院成立仪式，钱学森被任命为院长。

1957年10月4日，苏联将世界上第一颗人造地球卫星成功地送入太空，它集中体现了苏联科学技术的实力水平，在国际上引起了一场不小的震动。

11月16日，中央正式批准成立国防部第五研究院一分院，即现在的中国运载火箭技术研究院。周恩来总理任命钱学森兼任一分院院长。在国家的高度重视下，中国的导弹事业有规划、有步骤、有机构、有组织地全面展开。5个月后，孙家栋来到一分院下辖的导弹总体设计部，开始了他的导弹研制生涯。

2005年9月，孙家栋在参加钱学森归国50周年座谈会上，对采访他的记者恳切地谈了许多感想。他说，钱学森在他的心目中是一位非常伟大的人物，自己为能在钱学森的直接领导下工作，感到十分幸运。

孙家栋回忆说，1958年从苏联留学刚回国，跟着钱学森搞火箭、搞导弹，真是又高兴又担心。高兴的是，能在新中国刚刚创立两年的国防尖端科技部门工作，可以为国家干一番事业。担心的是，自己学的是飞机设计专业，导弹是什么样子，怎么设计，怎么制造，心里一点底也没有。当时周围的同志，有学力学、数学、化学、纺织、文史的，就是没有学导弹专业的，孙家栋所学的飞机设计专业还算与导弹专业离得最近。那时候，钱学森编制课程大纲，亲自讲授导弹概论，并请庄逢甘教授讲空气动力学，梁守槃教授讲火箭发动机，朱正教授讲制导……

钱学森以他的远见卓识，制定了正确的发展规划，走出一条多快好省的路，避免了许多弯路。孙家栋回忆中国航天走过的历程，感到钱学森在中国航天初创时建立在科学思考基础上的决策建议和为国家、为民族不怕担风险的大无畏精神，对孙家栋以至那一代人都具有非常大的影响。在一分院工作时，孙家栋先后担任了工程总体组长、总体室主任、总体部副主任，直接在钱学森的领导下从事导弹设计、研制、试验工作，可以说是耳提面命，感触颇多，受益匪浅。中国空间技术研究院成立后，孙家栋参加了钱学森主持制定的“三星规划”（东方红一号、返回式卫星和地球同步轨道通信卫星）工作，这些规划为中国空间技术的发展奠定了基础。孙家栋担任中国空间技术研究院院长后，体会更加深刻。钱学森在技术发展途径中所起的作用是别人无可替代的，但钱学森却非常谦虚，每当讲到成绩，他从来都是把周恩来总理、聂荣臻元帅等党和国家领导人的具体指导放到前面，把广大科研人员的辛勤创造放到前面。钱学森高尚的科研道德和人格魅力，无时无刻不影响着孙家栋。

钱学森平易近人，对青年人关怀爱护。他在很长一段时间里坚持每周都要抽出时间，与孙家栋等设计人员讨论技术问题，若有什么不妥，他会耐心引导、解释，很少直接批评，总是给以启发式的教育。即使在一些小节上也不例外。记得有一次开会，时间是年底，那个季节，北京的天气比较冷，门窗都关着，因为有人抽烟，钱学森看到有些人被呛得咳嗽，便起身走到窗前，打开一扇窗户散气，抽烟的同志感到自己的不妥，立即把烟给熄灭了。

钱学森严谨的工作作风，令孙家栋终生难忘。20世纪60年代后期，中国自行研制的一种新型火箭即将运往发射基地，按惯例，产品出厂前要完成装配、测试工作。其中，惯性制导系统平台上的4个陀螺测试时要精确地装好，测试完后再拆开、包装好运往发射基地。由于时间紧，车间师傅跟孙家栋说，4个陀螺是同一批次生产的，第一个能装上，其他3个应该没问题，因时间紧，是不是可以不再装了？孙家栋觉得师傅说的有一定道理，便同意了。可万万没想到在发射场装配时却出现了问题，怎么也装不上，他只好立即向钱学森院长报告。钱学森听了汇报后并没有批评孙家栋，而是出主意进行仔细研磨后再试装。加工研磨时，钱学森亲自来到现场仔细察看排除故障的情况。那种精密部件的研磨很费时间，钱学森不说话，背着手走来走去。孙家栋和工人师傅从下午1时一直干到第二天凌晨4时才装好，钱学森在现场就一直陪到凌晨4时。大家几次劝他回去休息，但他就是不走。钱学森虽然没有直接讲出任何批评的话，但那种无声的力量让人感到比批评更严厉。从此，大家从点滴小事做起，不敢有丝毫的马虎。后来，孙家栋把这种严格要求的作风带到了中国空间技术研究院。有人说孙家栋太严厉了，孙家栋便解释说，钱学森为我们树立了严谨的好作风，我们必须认真办好每件事。

钱学森敢于负责、勇于替下属和青年同志承担责任的作风，也为孙家栋树立了榜样。1962年，一次导弹发射失败了，搞总体设计的人压力非常大。在分析故障原因时，钱学森看到孙家栋他们灰溜溜的，就主动以自己承担责任的方式为大家减压。钱学森说："如果要有考虑不周的原因，首先是我考虑不周，责任在我，不在你们。你们只管研究怎样改进结构和试验方法，大胆工作，你们所提的建议如果成功了，功劳是大家的；如果失败了，大家一起来总结教训，责任由我来承担。"钱学森一席话，一下子把设计人员的顾虑都打消了。孙家栋当了领导后，看到年轻人工作上有什么差错，也常常像钱学森那样，替他们担责任，鼓励他们放下包袱，把事情办好。

2004年12月10日，钱学森93岁生日前，孙家栋去家中看望钱学森。由于钱学森年事已高，大家都很不容易见到钱学森，当孙家栋看到钱学森的精神相当不错时，打心里高兴，钱学森问这问那，也显得很兴奋。钱学森曾经说过："我作为一名中国的科技工作者，活着的目的就是为人民服务。如果人民最后对我的一生所做的工作表示满意的话，那才是最高的奖赏。"这段简短的人生座右铭，就是他为祖国为人民鞠躬尽瘁、一生以科学态度追求真理的真实写照。此时，孙家栋对钱学森的内心世界一定与别人有不同的理解，因为孙家栋与钱学森有过别人所没有的工作和交往经历，孙家栋更能理解钱学森的人生追求和思想境界。

2009年3月5日，孙家栋的秘书李钢面带喜色，兴奋地递给孙家栋一封贺信，那是钱学森祝福孙家栋80岁生日的亲笔签名信：

孙家栋院士：

您是我当年十分欣赏的一位年轻人，听说您今年都80大寿了，我要向您表示衷心的祝贺！

您是在中国航天事业发展历程中成长起来的优秀科学家，也是中国航天事业的见证人。自第一颗人造地球卫星首战告捷起，到绕月探测工程的圆满成功，您几十年来为中国航天的发展作出了突出贡献，共和国不会忘记，人民不会忘记。我为您取得的成就感到骄傲。

希望您今后要保重身体，健康生活，做一名百岁航天老人。

谨祝生日快乐！夫人面前代致问候！

钱学森

二〇〇九年三月三日

孙家栋一字一句地认真看着信，心里涌动着阵阵激情，孙家栋深为几近百岁老师的赞赏和祝福所感动。他的思绪一下子回到了钱学森带领大家搞航天的那个年代，几十年过去了，孙家栋忘不了钱学森在中国航天开创年代带领大家艰苦创业的日日夜夜。同样，中国航天取得的巨大成就也鼓舞着两位航天科学家。

孙家栋即刻给钱学森家里去了电话："对老师的祝福我从内心表示深深的感谢，更为钱老在信中7次出现'您'这个称呼所感动，钱老称我80岁为大寿更是不敢当。钱老对待科学、对待事物都是那么谦虚，几十年过去了对我这个学生仍然是关怀备至，他严谨认真的一贯作风，值得我们一生受用。"

钱老办公室的人员说："按照钱老的意思拟好信，钱老修改后又给钱老读了一遍。钱老一字一句认真听完后，签上了自己的名字，然后颇有感触地说，家栋都快80岁了，在我的眼里，他还是一位28岁的年轻人呢。"

孙家栋的内心陷入了沉思，他衷心祝愿钱学森这位"国家杰出贡献科学家"健康长寿……

2009年10月31日，大地呜咽，天地同悲，中国航天事业的奠基人钱学森的心脏停止了跳动。11月1日，北京的第一场大雪突如其来，仿佛在诉说着无尽的哀思。寒冷的空气弥漫着凝重与伤感。孙家栋与夫人魏素萍各自手持一束洁白的菊花走进钱学森家中，他们面色悲恸，在钱学森遗像前深深鞠躬，表达对钱学森的无限哀思。作为钱学森的学生和同事，孙家栋一直把继承钱学森的科学精神作为自己的毕生追求。

钱学森从1960年起就居住在北京市海淀区阜成路8号的航天部大院，低调简朴地度过了近半个世纪的春夏秋冬，直到走完人生旅程。钱学森搬进这栋小楼时带来的一棵小树苗，如今已长成参天大树。被鹅毛大雪压弯了的树枝低垂着，仿佛在向这位科学老人默默致哀。

孙家栋是在头天下午1时多的电视新闻中获悉钱学森去世的。看到这条消息，孙家栋震惊不已，拿筷子的手僵持了许久才放下。因为几天前他还问过钱学森身体怎么样？钱学森的秘书回复说，钱老身体很好，精神也非常好。再过一个多月，12月11日，就是钱学森98岁寿辰，孙家栋还在寻思着怎么向钱学森表示祝贺。每年钱学森过生日，他都会送上一张贺卡。此时看到这条消息，他真的不敢相信自己的眼睛和耳朵，甚至怀疑中央电视台是不是报错了。他马上打电话给钱学森的儿子钱永刚，不通；打钱学森家里电话，也不通；又给钱学森的秘书打电话，总算打通了，证实电视里的消息没有播错。

孙家栋站在钱学森家中的灵堂，端详钱学森慈祥微笑的遗像，仿佛回到了钱学森带领大家搞航天的导弹测试现场。十年树木，百年树人。钱学森不仅是一位杰出的科学家，同时也是一位眼光高远、诲人不倦的导师。在航天科技事业岗位上，当年在钱学森辛勤培养和真诚关怀下的年轻一代科技工作者，早已成为航天科技事业的栋梁之才。孙家栋跟着钱学森从新中国第一枚导弹、第一颗卫星干起，走过了半个世纪的风云岁月，往日的情景历历在目、思绪万千，孙家栋饱含深情地说："钱学森是我尊敬的领导和良师益友。"

3. 自主神剑刺破天

孙家栋加入到了中国导弹研制大军的行列，但导弹从研制到装备部队使用，是需要诸多环节的配套才能实现的。导弹综合试验靶场是完成导弹武器试验非常重要且必不可少的设施。导弹研制与导弹试验场的建设密切相关，孙家栋作为导弹总体组的设计负责人，积极参与导弹综合试验靶场的协调配套，依据导弹的总体技术要求，提出导弹综合试验靶场建设一系列配套指标。中国研制导弹武器必须建立导弹武器发射试验场。中央军委作出决定，立即组织强有力的队伍展开导弹武器发射试验场建设。1958年3月，中国第一个导弹综合试验靶场的位置——内蒙古额济纳旗宣告确立。1960年8月，经过两年零六个月艰苦施工，完成了导弹试验靶场数千座建筑设施。1970年代后期，中国第一个导弹综合试验靶场演变为酒泉卫星发射中心。

孙家栋自1958年4月20日来到国防部五院一分院总体设计部从事导弹研究，至1967年7月29日离开一分院开始人造卫星的总体研究，历经9年时间。弹指一挥间，我国导弹事业从无到有，发生了翻天覆地的变化，中国不仅自主研制成功导弹武器，而且成功进行了导弹、原子弹“两弹结合”飞行试验。中国拥有导弹核武器这一重大事件轰动了世界，长志气、扬国威，大大提高了中国在国际上的地位。孙家栋参加了这期间的导弹研制工作，并且由导弹总体设计员、总体组长、总体设计室主任一直升任为总体部副主任。

中国最初的导弹研制是从仿制苏联送给中国的两枚“P-2”型近程导弹开始的。历史如此具有戏剧性：200年前，中国的康熙皇帝曾送给俄沙皇两箱中国古代的火箭，200年后，苏联“老大哥”回赠了两枚“现代火箭”，就是这两枚火箭与孙家栋的命运联系在了一起。

然而，仅仅1年多时间，1959年7月16日，苏联突然照会我国，单方面决定撤回在中国工作的全部专家。从7月28日起，不等中方回复，苏方在不到一个月的时间里，就撤走了1390名专家，撕毁了中苏两国政府签订的12个协定、两国科学院签订的1个议定书和300多个援助合同，废除了200多个科学技术合作项目，使我国的经济建设蒙受了巨大损失。

孙家栋对中苏关系从亲密到分裂，赫鲁晓夫突然下令撤走在华全部苏联专家，带走所有资料，停运所有设备感到震惊。多年后，孙家栋回忆说：“研制导弹这么大的工作，口口声声说是援助，大张旗鼓说是支持，可是那么大的摊子，那么多搞到半截子的工程，什么也不说，第二天早上拍拍屁股就走了，这叫人特别不可理解，这对我们工作造成的损失确实是太大了。就从这一点来讲，我们辛辛苦苦地向你们学习，你扔下我们就走，你这不是坑人是干什么呢？所以，苏联撤走专家，反倒激起了我们一股干劲儿，一鼓作气自己把导弹干起来。”

孙家栋一来到导弹总体部，立即参加到了苏联“P-2”导弹的仿制和改型设计的工作中。当时的导弹总体设计部主任是中国导弹与航天事业开创人之一的屠守锷，孙家栋来到屠守锷领导下的导弹总体部直接开始了仿制导弹的研究。

在屠守锷的带领下，孙家栋他们这些年轻的科技人员昼夜加班加点，以最快的速度完成了图纸描红，原理研究，仿制，消化、吸收反设计，改进创新的艰苦历程。当时屠守锷是导弹总体工作的负责人，孙家栋是工程总体设计员，他凭着在苏联获得的扎实的基础理论知识，很快就崭露头角。

新中国的航天事业刚刚起步，犹如一张白纸，没有任何积累。孙家栋从苏联学成归来踌躇满志，风华正茂，他日夜不停地趴在摞得像小山一样高的资料堆上翻译资料，资料翻译出来还要系统地归类，尤其是对总体技术指标和总体技术数据还要进行验算，通过模仿设计，把导弹技术吃透，力争掌握苏联的导弹设计思路。聂荣臻元帅曾把仿制形象地比喻为“爬楼梯”，意思是要通过仿制把导弹技术研究透，为以后的自行研制奠定基础。孙家栋等总体设计人员在翻译资料的同时，还以苏联导弹的技术指标为基础，用正常的设计程序进行反设计。这样，利用每一阶段的实际计算结果与苏联提供的资料数据进行比对，以此验证计算方法和计算公式的正确性，为以后的自行研制摸索经验。

1960年8月，孙家栋被任命为导弹型号总体设计室主任，他随东风一号导弹试验队赴酒泉发射基地参加发射任务。11月5日，中国进行第一枚仿制近程地地导弹发射试验，获得圆满成功。国家航空委员会主任聂荣臻元帅亲临导弹发射现场。当导弹点火升空，按预定计划圆满完成飞行试验后，坐在指挥台旁的聂荣臻元帅激动地站起来说：“在祖国的地平线上，飞起了我国自己制造的第一枚导弹，这是毛泽东思想的胜利，是工人、技术人员、干部以及解放军指战员辛勤劳动的结果，也是我军装备史上一个重要的转折点！”确实像聂荣臻元帅所说，中国没有洋拐棍，依然可以昂首挺立，中国导弹的发射成功，把一个饱受欺凌的民族的尊严和志气书写到了浩瀚无边的太空。

中国从此拥有了自己制造的导弹，填补了尖端武器的空白。孙家栋此时的心情异常激动，这成功的背后也有他的心血。与此同时，中国自行设计的中近程导弹也进入了紧张的组装阶段。

1962年3月21日，我国自行设计、研制的第一枚中近程导弹首次发射，由于控制系统失稳，导弹刚刚起飞就坠毁在导弹发射台附近。孙家栋立即投入到故障查找、故障分析和方案设计改进的紧张工作中。他们从总体方案入手，使用剥竹笋一样的方法，一层一层地对各个分系统的技术状态以及可靠性进行分析试验，并且根据故障现象反复进行模拟验证，很快找出并确定了导致失败的原因。失败的原因虽然找到了，但改进设计的处置办法又成为难题，尤其是导弹飞行产生的弹性振动对控制系统的影响，涉及到要在许多方面进行试验验证和改进。他们从失败中找出教训，认真修改设计，经过改进后的导弹，先后完成了发动机性能试验，发动机可靠性试车，控制系统仿真与综合试验，控制系统与遥测系统匹配、模拟试验，导弹全弹振动试验等17项大型地面试验。

虽然当时孙家栋在导弹研制队伍里还是一个年轻小伙子，但在安排工作时，领导却不断地给他“加码”，实际上是在有意培养他。

孙家栋留学苏联的同窗刘从军回忆说，在中国研制导弹武器的初期，他与孙家栋同在总体部从事导弹总体工作，为了加快中国导弹事业的发展速度，上级抽调了4名技术骨干进行地地导弹发展规划的编制，刘从军和孙家栋都被抽调过去，当时刘从军担任总体部副主任，孙家栋担任总体室主任。在发展规划编制过程中，孙家栋思路开阔，出了许多好主意。比如，导弹外径尺寸的确定，导弹推进剂使用可贮存的化学推进剂，导弹控制系统采用惯导，遥测加大数据量，导弹结构强度按桁条薄壳理论计算，以及导弹中程、远程、洲际射程的距离界定，多级导弹的级数，导弹发动机推力等，都是孙家栋最早提出建议的。时过境迁，历史车轮转过近50年，但这些基础方案却一直发挥着作用。刘从军说，他作为当时规划编制报告的执笔人，对孙家栋所起的作用和功绩最清楚。报告报给钱学森后，钱学森将报告定名为《弹道导弹发展技术途径》，之后上报国防部五院批准实施，对我国导弹、火箭的后续发展起到了重要作用。

刘从军说：“那时候，国家导弹武器研究刚刚开始，由于初次接触新事物，大家都没有经验，在许多方面都是空白，谁的脑子好使，谁的点子多，谁就是发明者，孙家栋的聪明度就是胜别人一筹，他首先提出新颖的设想，有了这样一个基本的点子后，大家再在一起讨论，常常就萌发出了新思路，然后一步步循序渐进地出了成果。当点子变为现实，方案成为成果后，却大多没有孙家栋的名字，几十年来，从来没有见过孙家栋居功自傲，没有听过他有任何埋怨。”

1964年6月29日，孙家栋在酒泉发射基地参与了东风二号导弹的发射试验任务。经过修改设计后的导弹在导弹发射台点火起飞，飞行试验获得圆满成功。这次成功，对于中国导弹事业的发展具有非常重要的里程碑意义，中国科技工作者不仅掌握了导弹研制的关键技术，并且系统地摸索总结出了导弹研制的科学规律，提出了强化总体设计的概念，认识到必须在可行性论证和地面试验的基础上，以可靠性为出发点进行方案设计。就是从这时起，导弹总体设计队伍的建设趋于成熟，总体设计的模式趋于合理。7月，孙家栋被任命为中国第一枚自行设计的中程导弹的总体主任设计师，之后，孙家栋又升任导弹总体部副主任。在短短的几年内，孙家栋由设计员升任总体部副主任，充分说明了他在工作中的突出表现和在领导、同事们心目中的地位。

孙家栋对航天总体工作深明要意，他说：“所谓总体，就是要用最可靠的技术、最小的代价、最短的时间、最有利的配合、最有效的适应性和最有远见的前瞻性，制订出最可行的方案，保证获得最好结果的一种方法和体制。工程总体主要解决总体集成，根据国情进行切实可行的总体编制和总体设计，总体要建立在已有基础和现有条件的基础上，还要为后续发展留有充分余地。新产品、新技术要提前安排攻关、研制计划，要与整个总体计划相吻合，中国航天几十年来走过的成功历程充分说明了总体工作的重要性。”孙家栋还解释道：“比如航天产品在研制过程中，某系统出现的问题影响到了其他系统的工作，就要立即进行协调。有时候，某分系统或子系统出现的问题看似很小，而与其他系统进行总体匹配后，就有可能出现想象不到的复杂问题。如同桌子与椅子的配合，如果在桌子太高而椅子虽矮但属于正常尺寸的情况下，一般的处置方法是降低桌子的高度，可如果降低桌子高度所花费的时间过长、实现的难度过大时，就要从总体角度出发满足最后的目标，所以就有可能用不降桌子而升椅子高度的办法来实现桌椅之间的协调。”那时，各级领导都非常重视总体工作，钱学森不论工作多么繁忙，每周都要到孙家栋这个总体组来了解情况，孙家栋遇到问题也经常随时敲门直接找钱学森，那种融洽的上下级关系，很令孙家栋感怀。

随着国家整体科学技术水平的提高，中国依靠独立自主、自力更生的建国方针，大胆采用新技术、新工艺、新材料，很快就具备了将自行设计制造的导弹发射上天的能力。

1965年2月，中央专委决定对中近程地地导弹进行改进，以增大射程。孙家栋领导的一院总体设计部与有关分系统的设计单位用了半年多时间，完成了中近程地地导弹的改型工作。经过改进设计，减轻了全弹的结构重量，增加了推进剂自动补加装置，将惯性和无线电混合的制导体制改为全惯性制导体制等，使导弹射程增大了20%，战术技术性能也有所改善。

3月，中央专委批准并下达研制液体中程地地导弹的任务，孙家栋作为导弹总体设计部技术负责人，主持了总体方案论证和总体设计工作。

从1965年11月起，改进后的中近程地地导弹在导弹试验基地连续进行多次飞行试验，均获成功。

1966年10月27日上午9时整，中国用改型的中近程地地导弹运载着真正的核弹头拔地而起，核导弹喷射着耀眼的火焰直刺苍穹，消逝在人们的视野中。测试数据显示，导弹飞行正常。9分14秒后，罗布泊落区传来了“在预定高度实现核爆炸、核弹头精确命中目标”的报告。这一刻，发射场沸腾了，人们拥抱、跳跃，欢声雷动。“两弹结合”飞行试验成功的当天下午，《人民日报》发出了套红号外，向全世界公告：中国成功地试验了导弹核武器！

至此，中国不仅有了导弹核武器，而且走完了中近程地地导弹研制的全过程，闯出了自行研制地地导弹的路子，为尖端武器科研组织管理积累了经验。这种“两弹结合”的飞行试验是在我国本土进行的，迄今还没有其他国家进行过这样的试验。从第一次核爆炸到小型化核弹头，美国用了13年，苏联用了6年，我国仅仅用了2年时间。而运载核弹头的导弹在这么短的时间内，实现了挖潜、改型、可靠性验证等诸多设计和试验，这其中的艰辛与欢乐，孙家栋他们这些导弹研制第一线的科研人员体会会更加深刻……

人民日报 号外

我国发射导弹核武器試驗成功

导弹飞行正常，核弹头在预定的距离，精确地命中目标，实现核爆炸

中共中央、国务院和中央军委向参加核试验的解放军指战员、工人和科技人员等热烈祝贺，高度赞扬他们活学活用毛主席著作取得的新成就

中国导弹核武器发射成功

中程地地导弹是我国独立研制的液体导弹，运用了与中近程地地导弹全然不同的设计方案，集中应用了中国20世纪60年代前期进行预先研究取得的最新技术成果，在科研人员对设计方案进行反复论证后，最后确定了动力系统采用可贮存液体推进剂的火箭发动机方案，制导系统采用捷联式双补偿惯性制导方案，从而简化了发射前的准备工作，提高了制导精度，地面设备实现了机动化，使导弹具备了区域机动发射能力。

孙家栋回忆起当时研制导弹的情景时说：“其实早在任务下达之前，就已开展了有关预先研究，并陆续取得了重要技术突破。任新民主持研制出了采用可贮存液体推进剂的火箭发动机；郝复俭主持研制成功了高精度陀螺仪和加速度计；在姚桐斌主持下，与北京、上海、沈阳有关单位协同攻关，研究攻克了不锈钢高温钎焊、铝合金化学铣切等工艺难关，试制成功了弹头烧蚀防热、燃气舵等所需的新材料。同时，在控制系统、遥测系统、地面设备、结构强度与环境工程等方面，也取得了许多研究成果。这些都为中程地地导弹研制打下了坚实的技术基础。”

回忆起这段历史，孙家栋感慨地说：“小时候最大的愿望是将来能成为一名土木建筑师，幻想将来可以建造大桥。在哈工大读书时，听说学校将要增设汽车专业，我觉得汽车更神秘，可能比造大桥更富有挑战性，没承想最终到苏联学的却是飞机制造，而从苏联回国后却又没有搞过一天的飞机制造，从毕业后的第一天开始就加入了中国导弹研制大军。我当时心里暗暗发誓，这辈子要在中国导弹事业上发挥自己的作用，所以一门心思地投入最初的导弹仿制和研制工作中。但更没有料想到的是，搞了近10年的导弹研制，却又与卫星结下了终身的情缘。”

孙家栋

孙家栋院士传记

Academician Sun Jiadong's Biography

第四章

卫星苍穹

在导弹研制中崭露头角的孙家栋，毅然挑起了中国第一颗卫星研制技术负责人的重担，仅用两年多时间，就让太空奏响《东方红》的梦想成为现实。

1. 踏上探索空间路

人生之路如同九曲黄河，可能因某种机缘就会发生大转弯。走上工作岗位就从事导弹研制的孙家栋，被独具慧眼的钱学森点将，负责中国第一颗人造卫星的总体设计工作，从此开始走上研制卫星的道路。

孙家栋曾在《奔向空间的历程》的文章里，针对我国开展人造卫星工作写到：这是党中央发出的向空间进军的动员令。毛泽东主席的号召是在世界上第一颗人造地球卫星发射成功半年后发出的，表明中国人民有信心、有能力登上空间技术的舞台，表达了中华民族有独立于世界民族之林的勇气和决心。从此，拉开了中国空间活动的序幕。

早在1957年苏联发射第一颗人造地球卫星开始，中国科学院与国防部五院就对中国发射人造卫星有过考虑，认为研究人造卫星虽然工作艰苦复杂，但必须及早开展有关研究，早日制定研究方案，列入国家总体计划。

1958年5月17日，在中国共产党八大二次会议上，毛泽东发出号召“我们也要搞人造卫星！”

此后，聂荣臻元帅亲自领导，中国科学院和国防部五院负责人张劲夫、钱学森、王诤等组织有关专家研究制定了中国人造地球卫星发展规划。一些著名科学家，如钱学森、赵九章、钱三强、陈芳允、陆元九、杨嘉墀等也发表了许多发射人造地球卫星的意义及实现途径的论文。中国科学院第一设计院（后该院迁至上海改名为上海机电设计院）于1958年至1959年也曾做过研制卫星运载火箭的探索，但因条件不成熟而从研制探空火箭起步。至1964年年底，我国已研制成功了多种探空火箭，并在高空气象探测和科学探测方面取得了很大的进展。我国研制的地地弹道导弹也有了一定的基础，东风三号卫星进一步发展就可以发射约100千克的卫星。当时的关键问题是促进将第一个人造地球卫星研制任务列入国家计划。

1965年元旦过后，钱学森又一次向聂荣臻提到中国人造卫星的事情，钱学森说："我们在卫星技术方面已经开展了许多研究，现在看来，应该提到日程上来了。搞卫星是一件很复杂的事情，只有及早准备，到时候才不会误事。"

聂荣臻说："人造卫星的事，我和总理也经常议论。前几年我们在这方面的条件还不太成熟，做了一些基础性工作。去年国庆节的时候，毛主席还专门向我问过这方面的情况。"

钱学森说："人造卫星的作用还不光在军事方面，还可以搞测地卫星、广播通信卫星、气象卫星等，尤其是载人卫星，前景很广阔。从我们现在所具备的条件看，发射100千克的卫星是可以实现的。”

钱学森阐述了人造卫星的用途，一个国家要搞人造卫星，首先应当开展航天领域的研究，而航天领域的成果是国家综合国力的体现。

那么，“航天”一词是怎么来的呢？

1957年10月4日，苏联发射了世界上第一颗人造地球卫星，称作“人造地球卫星”1号。当时中国还没有“航天”一词，更没有“航天器”一词，人们把在地球大气层以外空间飞行的各类飞行器称作“空间飞行器”或“宇宙飞行器”，把空间飞行器在太空中的飞行叫做“空间飞行”“宇宙航行”或“星际航行”。

20世纪60年代后期，钱学森研究了星际航行的历史、现状以及未来发展，他认为，现阶段人类还只能在太阳系内航行，在太阳系内的航行可以称为“航天”，并可与中国已有的“航海”“航空”词汇相对应，将来飞出太阳系到其他恒星的航行，可以称为“航宇”。这样，中国就有了“航天”一词。“航天”一词与中国汉语原有词汇“航海”“航空”相衔接，而且比用“空间飞行”“宇宙航行”“星际航行”等简便和准确，所以，“航天”及其衍生的“航天学”“航天器”“航天员”“航天飞机”等术语，很快就被中国科学技术界普遍接受。

孙家栋为1991年出版的《中国军事百科全书——军事航天技术分册》所撰写的条目，对“航天”和“航天学”作了如下叙述。

航天，狭义指人类在太空的航行活动，又称空间飞行或宇宙航行。广义指人类探索、开发和利用太空以及地球以外的天体的活动。这一活动借助航天器来实现。包括环绕地球的运行、飞往月球或各大行星的航行（包括环绕天体运行、从近旁飞过或在其上着陆）、行星际空间的航行和飞出太阳系的航行。航天的基本条件是航天器达到足够的速度，克服摆脱地球引力或太阳引力。宇宙速度是航天所需的特征速度。在相当长的时期内，航天基本上是在太阳系以内的航行活动。航天是20世纪科学技术进步和社会生产发展的结果，其作用远远超出科学技术领域。人们通常把太阳系内的航行活动称为航天，把太阳系以外的航天活动称为航宇。航天有时也泛指航天工程或航天技术。

航天学是研究航天基本原理和指导航天工程实践的综合性技术科学，又称星际航行学。航天学是航天系统，特别是航天器和航天运输系统的设计、制造、试验、发射、运行、返回、控制、管理和使用等航天技术的理论基础。主要分支学科有航天动力学、空气动力学、火箭结构分析、航天器结构分析、航天热物理学、火箭推进原理、燃烧学、航天材料学、火箭制造工艺学、航天器制造工艺学、飞行控制和导航理论、空间电子学、飞行器环境模拟理论、航天医学、航天系统工程学等。航天学是多种基础科学和技术科学在航天应用中发展起来的，航天工程实践以航天学的理论作指导，它又丰富和发展了航天学的内容，使之成为一门自成体系的现代综合性技术科学。

涉及到这么多的学科，牵扯到如此繁多的部门，在百废待兴的新中国要做成这件事，需要攻克各个方面的难关，其难度可想而知。但是，事实正如毛泽东在第一届全国人民代表大会上讲到的：“我们正在做我们的前人从来没有做过的事情。我们的目的一定要达到，我们的目的一定能够达到！”

1965年1月6日，中国科学院地球物理研究所赵九章所长和自动化研究所吕强所长联名向中国科学院党组递交了一份正式报告，建议加快发展人造卫星的步伐。随后中国科学院组织力量拟制了发展卫星规划纲要，并于1965年3月11日呈送中央专委。与此同时，钱学森也于1965年1月8日向国防科委并国防工办提交了一份题为《研制卫星的打算》的报告，建议早日制订我国人造卫星研制计划并列入国家任务。报告说："自苏联1957年10月4日发射第一颗人造卫星以来，中国科学院和国防部第五研究院对这些技术都有过一些考虑，但未作为一项研制任务。""现在我部弹道式导弹已有一定基础，东风三号进一步发展，即能发射100公斤左右重的仪器卫星，""但这些工作是复杂艰巨的，必须及早开展有关的研究、研制工作，才能到时拿出东西。""因此，建议科委早日主持制订我国人造卫星的研究计划，列入国家任务，促进这项重大的国家科学技术的发展。"

聂荣臻非常赞同这个建议。同年2月，聂荣臻针对钱学森的报告，作了如下具体批示：

"我国导弹必须有步骤地向远程、洲际和人造卫星发展，这点我一直很明确。人造卫星早就有过考虑，但过去由于弹道式导弹还未搞出来，技术力量安排上有困难，所以一直未正式提出这个问题。钱的这个建议，我意，请张爱萍邀请钱学森、张劲夫等有关同志及部门座谈一下，只要力量上有可能，就要积极去搞。步骤上，还是先把中程导弹搞出来，作为运载工具。头部（卫星）要与中国科学院结合起来，充分利用地球物理所及搞探空技术的力量。如何分工，请在座谈会上研究一下。可考虑卫星以中国科学院为主进行研制。"

根据聂荣臻的批示，1965年3月，张爱萍主持召开了座谈会，邀请中国科学院党组书记、副院长张劲夫，主管航天工业的七机部副部长钱学森，主管电子工业的四机部副部长孙俊人等参加，对发展卫星的必要性和可行性进行了论证。张爱萍组织有关部门进行具体研究后，大家一致认为，进行卫星工程研制的技术基础已经基本具备，应该统一规划，有计划按步骤地开展研究工作。据此，国防科委于1965年3月提出了《关于人造卫星研制工作的报告》。当时中央军委负责这项工作的罗瑞卿组织研究后，认为这个报告切实可行，立即转报了中央专委。

4月10日，国防科委副主任罗舜初召集钱学森、张劲夫、张震寰、赵九章、钱骥等人，又对卫星发展规划方案的有关问题进行了详细研究。29日，国防科委根据各方面的讨论意见，形成了《关于研制发射人造卫星的方案报告》，正式呈报中央专委。

5月4日至5日召开的中央专委第十二次会议正式批准了国防科委的报告。中央专委批准将卫星工程研制计划列入国家计划，由国防科委对人造卫星工程具体组织协调。会议明确了工程技术抓总和卫星、运载火箭、测量、跟踪、遥测以及设备研制和组织协调、任务分工。

8月9日至10日，中央专委原则批准了中国科学院提出的卫星发展规划方案，同意第一颗卫星争取在1970年左右发射。

然而，一场给党和人民造成巨大灾难的“文化大革命”爆发了，“文革”冲击着全国每一个地方，也必然冲击到航天科研部门，冲击到卫星研制的每个角落。

聂荣臻元帅面对现实，为了将混乱限制到最低程度，保证东方红一号卫星工程按计划顺利进行，向周恩来总理作了汇报，决定给中央起草一个报告。

1967年3月，中央专委向中共中央正式上报了《关于军事接管和调整改组国防科研机构的请示报告》，周恩来总理非常同意报告中的意见，为了加大稳定局面的力度，还提出应当对6个国防工业部实施军事管制的建议。

报告修改后即报毛泽东主席，他批示："总理，照办。"

于是，中共中央、国务院、中央军委联合发布了对6个国防工业部实施军事管制的决定，并组成了由粟裕任组长，王树声、向仲华任副组长的国防工业军事管制小组，在国务院和中央军委的领导下，对6个国防工业部实行全面领导。国防工业军事管制小组向各单位明确提出以正面教育为主，不开展大鸣、大放、大字报、大辩论。与此同时，还采取了其他一系列的组织措施，从机构和管理方面保证卫星研制工作的正常进行。

6月27日，中央军委常委会议专题研究了组建中国空间技术研究院的问题，确定由国防科委具体负责中国空间技术研究院组建工作。

2. 临危受命搞卫星

1967年7月29日午后，北京最炎热的盛夏，骄阳似火，孙家栋在办公室伏案进行导弹设计。汗流浃背的他为了不让头上的汗水流下来，简单地用一条毛巾围在脖子上，趴在图板上画图。

国防科委一位同志在没有打招呼的情况下，驱车来到孙家栋办公室。一进门，他就简单明了地对孙家栋说："我是国防科委的汪永肃参谋，组织上派我来向你传达上级的指示。国家将要开展人造卫星方面的研究，为了保证人造卫星研制工作能够顺利进行，中央已确定组建空间技术研究院，由钱学森兼任院长，专门负责人造卫星方面的研究。钱学森向聂荣臻元帅推荐了你，根据聂老总的指示，上级决定调你去负责我国第一颗人造地球卫星的总体设计工作。"

当时造反派夺权，行政领导靠边站，汪永肃参谋只能直接找孙家栋本人谈上级安排，谈完后，又当即拉着孙家栋从北京的南苑到位于北京西北部的友谊宾馆。宾馆北馆是空间技术研究院的临时办公地点。到这里后，有关领导与孙家栋又详细谈了组建卫星总体部的具体意图。17年前，孙家栋当日决定、当日入伍，17年后又是当日由搞导弹转入搞卫星，人生的转折来得如此迅速。

卫星总体设计任务是设计一个能够满足用户特定任务要求的、优化的卫星系统和其空间轨道。完成卫星总体设计就需要提出并解决卫星从研制到空间运行全过程的技术问题，明确每个研制阶段的技术指标要求以及各分系统间错综复杂的接口关系。

组建卫星总体部，必须按照工程研制的科学规律扎实地开展工作。孙家栋受命于卫星研制的关键时刻，此时正是"文革"的混乱时期，行政机构已基本被"砸烂"，派仗正打得激烈。如何建立并组成卫星总体设计队伍，是摆在孙家栋面前非常棘手的问题。

为了尽快启动卫星总体设计工作，孙家栋向钱学森提议，由火箭技术研究院推荐几个搞总体设计的技术人员。钱学森经考虑后答复说，“从火箭技术研究院抽人可以，但在当前‘文革’的特殊局面下，推荐来的人能不能保证质量？所以，不能依靠研究院推荐，由你提个名单后再研究确定”。

搞卫星总体，要先选人，而要选的人却在不同的派系中，在“无限忠于毛泽东的年代”，搞卫星是人人都想争的事情。当时的孙家栋只有38岁，虽然年轻，但各方面的工作出色，在人们眼中已是有影响的人物，像这样的中层领导干部，稍微不注意就会“引火烧身”。所以选人工作若处理不当，自己被“上纲上线”倒是小事，关键是卫星研制工作肯定会受到影响。

孙家栋心一横，既然领导委以这个重任，就要敢做敢为，要抛弃一切顾虑、一门心思从搞卫星的需要出发，不怕别人说三道四。被选中的人只要条件优越、技术水平高超，就不管他是这派、那派的。

经过一段时间紧张的考察、挑选，从不同的专业角度和技术特长出发，孙家栋最后选定了18人。这18人是：

戚发轫　沈振金　韦德森　张福田　彭成荣　尹昌隆

朱福荣　孔祥才　王　壮　杨长庚　王大礼　张荣远

刘泽光　郑忠琪　林殷定　鲁　力　王一方　洪玉林

孙家栋回忆起当年时说：“形成一个队伍是非常难办的一件事情。大家来自不同的单位，单就人事关系方面冒出来的问题就比较复杂，实现真正的技术配套，要把各自的思想统一起来，使大家真正融合在一起，也确实不是一件容易的事情。比如搞卫星研制，应该设立几个实验室？卫星总体方案如何制定？需要几个分系统？每个分系统的技术指标如何确定？应当怎么组织？这些都涉及到卫星总体，必须有一个负责顶层设计的卫星总体设计部门，这是系统工程的特点。在这方面，科学院的同志确实给了很大的支持，因为火箭技术研究院过来的人终归还是少数，许多工作要依靠科学院的同志。最后大家团结到了一块儿，又用了两年多的时间把卫星搞起来了。我到空间技术研究院的时候也是接近40岁的人了，在现在看来已经不年轻了，但在那时候还是很年轻的。把造卫星这么大的事情交给我来负责，那感觉确实是既有压力也有动力。”

这18位同志与原科学院的同志相融合，组建了分系统与专业化较配套的总体部。1967年10月，当他们离开火箭技术研究院时，两派人员高举彩旗、各站一方，敲锣打鼓、热烈欢送，这在两派矛盾势不两立之时也实属罕见之事。难怪当时的领导和群众一致评价说，孙家栋这活儿干得漂亮，开了一个好头。

上任伊始，孙家栋即着手主持了第一颗卫星总体和分系统技术方案的论证工作，从系统工程的观点出发，重新制定了东方红一号卫星的总体技术方案和研制任务书。由于总体技术队伍得到了组织落实，卫星研制工作快马加鞭。当时外面是轰轰烈烈的“文革”，是“如火如荼、造反有理”的情形，卫星研制却坚持按照军队秩序，摆脱“文革”的冲击和干扰，尽量为技术人员营造一个相对“安宁”的环境。这段时间，孙家栋绞尽脑汁把可能出现的问题考虑全面，带领科研人员加班加点搞设计、做试验，努力攻关，解决了一系列技术问题，制定了卫星总体新指标，确定了卫星研制新方案。

12月，国防科委组织召开东方红一号卫星方案论证协调会，各有关单位和有关系统200多人参加了会议。会议确定了第一颗人造卫星的总体技术参数和各分系统技术方案，确定这颗卫星的技术水平要高于苏联、美国第一颗卫星；三级运载火箭的前两级用正在研制的中远程地地导弹改制，第三级为固体火箭；将这颗卫星命名为“东方红一号”；卫星总体技术方案通俗地概括为“上得去、抓得住、听得清、看得见”，这12字便是卫星要实现的目标。

技术目标确定以后，需要对大量没有论证清楚的问题进行逐一落实，比如空间的环境状况和温度参数，需要什么样的试验设施和指标参数，尤其是理论的设想方案如何在实际中实现，地面的东西如何满足空间的条件。当时，航天系统还没有建立总设计师制度，技术总负责人就相当于现在的总设计师。作为卫星技术总负责人的孙家栋，大胆地提出对原来的卫星方案进行简化，充分发挥技术人员的聪明才智和积极性，并说服了一些老专家，把卫星研制计划分为两步走，即先用最短的时间实现卫星上天，在解决了有无问题的基础上，再研制带有探测功能的应用卫星。孙家栋的大胆设想立即得到了大多数人的赞成和认可。在简化方案这一创造性的原则下，技术人员立即对卫星原方案展开了修改和简化设计。能源系统只采用银

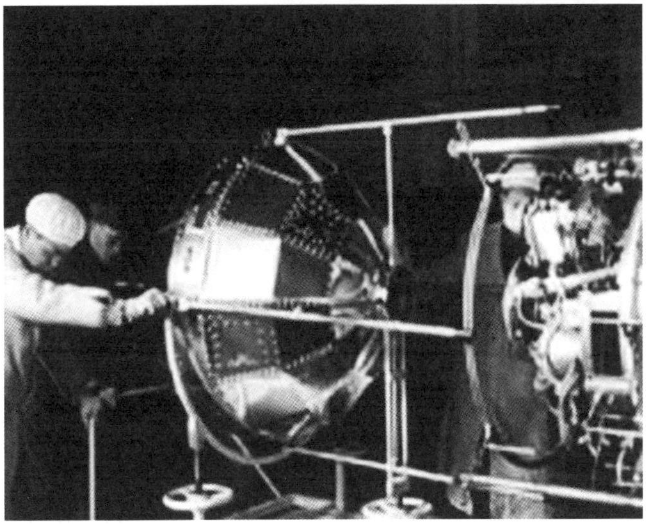

组装中的东方红一号卫星

锌化学电池组供电方案，去掉太阳能电池加镉镍电池供电部分和姿态控制部分，只保留姿态测量用的红外地平仪和太阳角计。最后确定东方红一号卫星由结构、热控、电源、短波遥测、跟踪、无线电和《东方红》乐音装置以及姿态测量部件组成，总质量控制在173千克左右，直径1米，外形为近似圆球的72面体，采用自旋稳定方式在空间运行。另外，在末级火箭上设置“观测裙”，以提高其在空间运行时的亮度，使人们不仅在地面上能听到卫星发送的《东方红》乐曲，还能看到卫星在空间运行的轨迹。

时任国防科委副主任的刘华清在回忆录中写道：

我不懂卫星，也不管这项工作。到了1968年，东方红一号卫星的研制遇到了问题，各分系统文齐武不齐，不协调、不配套。为了保证1970年发射，空间技术研究院领导和设计人员在原方案基础上进行了合理的修改，但这一修改方案却找不到拍板的人。五院总体主任设计师孙家栋拿着方案找到我，孙家栋说话很直率，“你懂也得管，不懂也得管。你们定了，拍个板，我们就可以往前走。”

听了他们的汇报，问了有关情况，我心想，这事不能拖，总得有人承担这责任，便对他说，技术上你负责，其他问题我负责，我拍板。

这个时期，七机部也没有什么人管事了。关于“东方红”卫星的事，后来我又听过一次机关汇报，也到现场看了看。卫星方案的若干修改和简化，我就拍板定了。我当时强调，最后总体决策还要向党中央、周恩来总理和聂帅报告。我把卫星方案修改和简化情况报告了聂帅，聂帅也批准了。卫星计划才得以进行下去。回想起来，当时这么干，除了有一种强烈的责任感外，也有一点傻大胆的味道。

在“文革”的极端政治环境下，正确的陈言也是要承担很大政治风险的。作为一个正直的科学工作者，为了国家利益，为了国家的事业，孙家栋毅然抛掉许多个人顾虑，敢于担风险的勇气便油然而升。强烈的责任感驱使孙家栋数次大胆陈言，在“文革”的混乱状态下，孙家栋完全把对个人的影响置之度外，一门心思就是要保证让中国的人造卫星按计划发射成功。他的无私无畏得到了领导的支持，也正是领导的支持使卫星总体技术指标能够及时确定，卫星研制计划能够在特殊环境下得以顺利进行。

太空奏响《东方红》，听似简单，但在当时的技术基础条件下，实现起来还是有很大难度的。《东方红》乐音装置及短波遥测分系统，采用一个发射机交替播送《东方红》乐曲和发送卫星各种工程遥测参数。为了实现这一较为先进、难度较大的技术方案，《东方红》乐音装置采用电子音乐，以高稳定度的6个音源振荡器代替“音键”，用程序控制线路产生的节拍来控制音源振荡器发音，从而保证了乐音嘹亮悦耳。

卫星的热控分系统采用自然平衡的被动式热控制方法，通过对星体结构各组件表面分别采取阳极化、喷涂有机绝热涂层、镀金、包覆绝热层等措施，改变其热吸收和热辐射性能，使仪器舱内的温度长时间保持在5℃至40℃之间，以满足仪器正常工作的要求。在热控分系统研制过程中，需要进行卫星热真空模拟试验来检验设计的合理性。但当时国内还没有模拟太阳和地球对卫星辐射的大型模拟器，如何进行这项试验是亟需解决的一个课题。这时，热控分系统技术负责人闵桂荣提出用轨道周期积分平均热流代替交变热流，来确定卫星内部仪器温度的平均值。据此，研制人员采用远红外电加热笼的模拟方法，成功地攻克了这个技术难关。

孙家栋在很多年后回忆起这段历史时仍动情地说：“在当时那种技术条件、物质生活、工作环境下，用那么短的时间做成这样一件大事，是大力协同、无私奉献的航天精神起了关键性的作用。”

20世纪六七十年代，中国的基础工业非常薄弱，仅以小小的电信号连接插头为例，当时国内能够制造有20多个插针的合格插头的企业几乎没有。为了解决这个问题，孙家栋他们不得不怀揣着总理办公室的介绍信，通过当时上海市的主要负责人，找到上海无线电五厂，与几位有经验的老师傅具体切磋探讨，制定了初步方案后又经过反复试验，终于将这种卫星上专用的也是非常特殊的插头造了出来。

东方红一号卫星上的短波天线是用来发送《东方红》乐曲信号和遥测参数的。运载火箭将卫星送入太空预定位置并与卫星分离后，拉杆式结构的短波天线必须展开，这是保证播放《东方红》乐曲的关键。卫星上共有4根短波天线，每根长3米，由3节组成，用铰链与卫星腰带相连接。卫星发射前将每根天线收缩成1米长折起，与卫星自旋轴平行套在顶级火箭外壁上的卡环中。第二级火箭分离后，末级火箭起旋，以180转/分的速度带着卫星自旋转。卫星与火箭分离后，短波天线的自由端离开卡环，在卫星高速旋转产生的离心力作用下，收缩状态的4根短波天线迅速展开。然而，天线在地面展开比较容易实现，但要在太空高速旋转状态下展开，则是一项较为复杂的运动过程。

在第一次模拟卫星自旋天线展开释放试验中，出现最后一节天线被折断甩出去的问题，试验没有成功。接着做2次、3次、4次……一直做了10次仍然没有成功。一次次的失败，使大家不得不冷静下来仔细分析。经过初步分析认为，这是由于天线展开后，两节天线间连接部分太短，强度不够，管子的直径也较大，由于质量大，在高速旋转时的离心力也大，因而末节天线容易折断。为了做到“稳妥可靠、万无一失”，孙家栋经过反复思考，并与技术人员们探讨后提出天线释放和展开的运动形式是个复杂的运动合成，要作为专题来研究，并且还要考虑在地面做试验时重量的影响。天线组的人员进一步分析、试验后认为，天线与卫星之间由于只有一个铰链，使每根天线相对卫星只允许有一个方向的转动，这与卫星自旋时，依靠旋转和离心力使天线展开和释放的实际运动是不一致的。孙家栋统一了大家的意见后，修改了天线结构，增加了一个铰链，重新进行了几次试验，均获成功。这个技术难关终于被攻克了。

孙家栋接手中国第一颗卫星，在确定总体设计指标时，矛盾接踵而至。体积要求、重量要求、功能要求、匹配要求，一个接一个的要求出现在孙家栋面前。比如，功率消耗的分配与限制，对各分系统提出了具体限制要求，要求各分系统在设计分配指标时将功率消耗控制在所限定的要求内，各子系统必须层层照章办理。而各分系统为了给自身留有余地，想方设法尽量多申请一点指标。东方红一号卫星上使用的是化学电池，从总体出发难以平衡和满足各分系统初始功率的消耗要求。当某些分系统申请到比较大的功率指标后，又对子系统严格加以控制，有些子系统用不完那么大的功率，这些功率消耗不掉，反过来会给整星温度控制系统带来不必要的新问题。比如当时卫星上的应答机已经申请到了10瓦的热耗指标，可是设备研制出来验收交付时的实际功率却只有8瓦。此时，整星的热控计算早已完成，按照卫星的研制进度，热平衡也都已经安排完毕，如果这里少2瓦，那里少1瓦…… 卫星的整星温度就会变低，卫星的整体温度控制就会受影响。当时各分系统的设备都已经做出来了，再改动已经来不及了，由于进度要求非常紧迫，任何细小的改动都可能牵一发而动全局，这个看似小问题竟异常突出起来。当这一矛盾反映到技术负责人孙家栋那里时，孙家栋也感到很头疼。经过认真思考，孙家栋用逆向思维的方法提出了一个解决方案：为了不影响卫星的整体热平衡，哪个分系统出现了余量，就在哪个分系统串联一个功耗电阻，富余多少就串联多少，把富余的功率由电阻消耗掉。这样既不影响设备的工作状态，又可以保持原设计的热平衡状态，问题就这样得到了解决。

后来，当东方红卫星出现了质量富余后，由于动平衡试验已经完成，也采用这种办法，在质量不够的仪器设备处加配重来解决。

与此同时，北京控制工程研究所等单位攻克了测量卫星姿态的红外地平仪难关。北京空间机电研究所攻克了在末级火箭上安装“观测裙”的设计和制造难关，“观测裙”在卫星入轨后可以展开成直径达千米的球体，从而引导人们观测卫星。相关单位还攻克了仪器舱罩大面积镀金及制作《东方红》乐音装置的技术

运载火箭末级上的“观测裙”

东方红一号卫星

难关。

1969年9月，东方红一号卫星正样检验星完成了全部环境模拟试验，卫星各分系统符合指标要求，技术状态基本正常。

10月，东方红一号卫星发射星（即发射上天的卫星），完成了各分系统的产品齐套。

1970年3月21日，两颗东方红一号卫星发射星总装工作全部完成，随后又完成了整星测试。

3. 面对总理说真话

中国第一颗人造地球卫星的研制与发射，是中国迈向宇宙空间的第一步，无论在国内还是在国际都具有非常大的政治影响。卫星研制进程，同样牵动着周恩来总理的心，周恩来和中央专委领导在百忙之中多次听取了卫星研制工作的汇报。

1969年10月下旬的一天晚上，孙家栋作为卫星总体技术总负责人和钱学森的助手，与钱学森一同来到人民大会堂江苏厅，孙家栋的心情无比振奋也非常激动。他们刚把卫星初样匆匆忙忙摆放好，周恩来、李先念、余秋里等中央领导和参加会议的有关部委负责人就来到了会议大厅。

当孙家栋近距离看到周恩来总理时，鼻子阵阵有些发酸。周总理日理万机，夜以继日，鞠躬尽瘁，为国家、为人民耗尽了精力，他的脸上出现了很多黑斑，布满血丝的眼睛凹陷，脸庞清癯、疲惫，与几年前所见到的面貌相比，消瘦、苍老了许多。

孙家栋想起1962年周恩来总理在人民大会堂宴请科学技术界知识分子时的情景。当时正值三年自然灾害时期，周恩来总理非常体谅这些年轻知识分子的身体状况，特意上了一道“红烧肉”，一寸见方的肉块人人有份，孙家栋许久没有享受这样的口福了。在那个饥饿年代，毛泽东，拒绝吃肉；周恩来，停掉了茶；邓小平，戒掉了烟……

周恩来步入会议大厅后迎着大家的目光匆匆来到会议桌旁，举起双臂招手让站立鼓掌的众人坐下后，自己才坐了下来。

钱学森首先将孙家栋介绍给了周恩来。周恩来亲切地拉着孙家栋的手，向他询问了一些简单情况，高兴地说：“这么年轻的小伙子就是卫星专家，这很好嘛。今年多大年龄？”

孙家栋有些羞怯地回答：“40岁。”

周恩来风趣地说道：“哦，还是小伙子嘛，学森同志的年轻弟子满多的嘛！”

本来浑身紧绷、大脑高度紧张的孙家栋，顿时被总理几句风趣的话语和朗朗的笑声感染，身心松弛下来。

和其他领导人一起看过卫星初样后，周恩来说：“学森同志，是不是你先谈？”

钱学森点点头说：“好。”于是，他将东方红一号卫星和长征一号运载火箭的研制以及目前发射准备的总体情况作了全面汇报。

接着由孙家栋对卫星的初样进行讲解和说明，对主要技术参数和研制中的重要情况作了具体汇报。

周恩来对钱学森和孙家栋的汇报听得很认真，还不时提出一些问题，尤其是对卫星上每一个环节的质量和质量保障措施，问得很详细。

孙家栋汇报结束时，周恩来突然像考场里的考官那样问孙家栋：“卫星上总共有多少根电缆呀？”

孙家栋如数作了回答。

周恩来又问：“卫星上总共有多少个插头呢？”

这下可难住了孙家栋，他一时有些语塞。要知道卫星上有许多分系统，分系统与分系统之间、卫星与地面测试设备之间、卫星与火箭之间，有电源

镶有毛主席像章的《东方红》乐音装置

连接插头，有无线电信号插头，还有机械配合插头，孙家栋只顾总体把关和严格要求各分系统完成指标，却没有将全部插头进行准确的统计。

孙家栋红着脸有些不好意思地说："总理，我回去认真统计好后向您汇报。"

周恩来笑了笑，和蔼地说道："这些数字对我来说没有什么用处，但对你们来说应该是重要的。你们搞卫星工作首先要仔细认真，应该像外科医生那样，对病人的每一根神经、每一条血管都很熟悉，才能保证卫星的万无一失。"

其实，孙家栋在得到他将参加汇报的通知后，就在反复考虑几个问题：该不该向总理提出在卫星许多仪器上镶嵌毛泽东金属像章对卫星部件的影响？如何处理尊重科学与突出政治的矛盾？会前准备的方案是否能将问题汇报清楚？怎样才能既解决问题，又不至于使领导为难？

此时正值"文革"对个人崇拜的鼎盛时期，佩戴毛主席像章成为社会时尚。之前，各分系统的仪器做出来后，都认真镶嵌了一个毛主席像章，有的像章还很大，因为像章越大越漂亮，就越能显示出对毛主席的热爱。岂不知加上去的这些像章给仪器带来很多问题。首先是比原定的总体质量超了许多，比如某仪器的额定设计质量是3千克，但往星上安装时却成了3.5千克，这个分系统的研制人员名正言顺地告诉总体设计人员，超重的0.5千克是毛主席像章，这在当时是没人敢站出来反对的。但那么多仪器综合在一起，将会使火箭的运载余量减小，必然会降低火箭的可靠性。另外，每台仪器都有特定的散热条件，仪器所涂的颜色不同，结构材料的厚度不同，散热的情况也不同。仪器上增加毛主席像章，有可能带来许多没有想到的技术问题。但如果肯定地说在仪器上加个毛主席像章就会把仪器弄坏，从技术角度来讲还没有经过充分论证，也没有完整的计算和试验数据对此加以说明，所以谁也不敢贸然说这话，唯恐多了这句话招致什么政治帽子落到自己的头上。一边是政治崇拜，一边是卫星的质量保障，虽然大家对这件事情的本质心知肚明，可搞技术的人心里再明白也没人敢说。在卫星即将出厂前要向总理汇报卫星质量情况，孙家栋头天想了一晚上都没睡好觉。这件事情到底应该怎么办？要不要坦诚报告？因为事关重大，在这次会上不说将错失良机，况且这也是总理非常关心的质量隐患呀。

于是，孙家栋很郑重地说："从政治感情上来说，大家出于对毛主席的热爱，在卫星仪器上装了毛主席像章，这是完全可以理解的。但是从技术角度讲，一是质量超限，二是卫星上天后将会对运行质量产生影响。"

孙家栋简单明了地提出了毛主席像章问题，马上引起周恩来总理的重视。周恩来没有正面评价这件事情的对与错，说："大家对毛主席热爱是对的，但是大家看看我们人民大会堂这个政治上这么严肃的地方，也不是什么地方都要挂满毛主席的像，有的地方是写了主席的字，但是放在什么地方都是非常严肃的，得认真考虑什么地方能挂什么，你看咱们这个会议室就并没有挂毛主席的像嘛，政治挂帅的目的是要把工作做好，而不是要把政治挂帅庸俗化，搞卫星一定要讲科学，要有科学态度。你们回去以后好好考虑一下，只要把道理给群众讲清楚，我想就不会有什么问题嘛。"

周恩来一字一句、句句在理的话语，不仅使孙家栋心中豁然开朗，而且使在座的人放下了悬在心里的一块石头。会后，钱学森、孙家栋向有关人员传达了周恩来总理的原话，大家马上按总理说的做了安排，使这件棘手的难题得到了解决。

酒泉卫星发射中心如画的美景

1970年2月初，东方红一号卫星成功地通过了整星状态下的自旋试验，火箭和卫星的质量全部合格，完成了出厂前的各项准备工作。

3月26日，周恩来批准火箭、卫星正式出厂，技术人员接到通知，将火箭、卫星装上了前往西北发射场的专列火车。4月1日，长征一号运载火箭和东方红一号卫星在“文革”的一片喧闹声中，如期运抵了酒泉卫星发射中心。孙家栋参加研制的中国第一枚中程地地导弹，中国第一颗人造地球卫星、实践一号卫星、1975年发射的返回式卫星等，都是从这里发射升空的，孙家栋与这块浩瀚的戈壁也结下了不解之缘。而这个“中国酒泉卫星发射中心”在我国航天史上更是创造了许多个第一。

钱学森随同专列一起前往，但孙家栋没有一起去发射场。当时的“造反派”借口孙家栋的爷爷是富农出身而大做文章，使他在政治上受到一定的冲击，不得不在许多方面“靠边站”。孙家栋心想：我是一个科学工作者，卫星发射的成败涉及到国家利益，关系到国际影响，和卫星发射相比，我个人的事情实在是微不足道。只要做到对得起国家、对得起党、对得起人民，群众终究是会理解的。我要从主观上尽自己的力量想办法多做一些工作，即便由于“革命群众”的原因在客观上开展不了工作，我也要做到问心无愧。

在孙家栋的一生中，富农爷爷起码使他受过五次影响。第一次是由学生踏入中国人民解放军队伍成为一名空军，第二次是被选入苏联茹科夫斯基空军工程学院，第三次是加入中国共产党，第四次是从苏联回来参加高度机密的导弹研制，第五次便是“文革”。这五关都是孙家栋人生关键的转折点，在中国当时讲出身、讲阶级成分的特定环境下，能够通过层层政治审查的确也不是一件容易的事情，但孙家栋却做到了“连过五关”。他毕竟是新中国的科学家，他在每个时期的优异业绩都得到了一致认可。回忆起这段情形时，孙家栋感慨地说：“这五次我都基本是顺利过了关，要说有什么好办法，其实也没有。要说靠什么，其实靠的是自己一贯勤勤恳恳、任劳任怨的工作表现和工作成绩。运动中，群众以我的家庭出身提出这样、那样的问题，说我是臭鸡蛋也好、说我是走白专道路的典型也罢，我都没有太往心里去，而且说实在的，我也还真的从来没有抱怨过家里，因为那是历史，是不容我选择的历史嘛。”

4月2日晚7时，也就是运载火箭和卫星到达发射场的第二天，钱学森、李福泽、任新民等领导和专家从卫星发射场乘坐专机又一次来到北京，在人民大会堂福建厅向周恩来总理等中央专委领导汇报火箭、卫星到达发射场后第一线的实际情况。孙家栋未能参加这次会议，他表面上看似平静，可从事多年尖端科学研究养成以国家大事为己任的习惯，却使他不由自主地焦急等待着，等待着会议的决策。

中国首次发射卫星，牵动全国，影响全球，责任重大呀！

按照预先确定的发射场工作计划，运载火箭和卫星完成了单元仪器测试、分系统测试、系统间匹配检查。4月8日，卫星配合火箭完成了第一次总检查；4月9日火箭与卫星完成了对接测试；4月10日，火箭和卫星完成了第二次、第三次总检查，结果均正常。孙家栋虽然人在北京，但心与星紧密相连，他的心情与所有参加试验的人员一样，测试工作的顺利完成，给他带来了心头的喜悦。

4月14日，卫星各项测试工作已基本就绪，周恩来总理和中央专委领导要求再次听取发射场人员对火箭、卫星情况的汇报。当日午后，钱学森、李福泽、任新民、杨国宇、杨南生、戚发轫等领导和专家又登上了前往北京的军用专机。孙家栋虽然没有在发射场，但要求他也一同参加汇报会。

已经有一段时间没有参加这种汇报会了，孙家栋随大家来到人民大会堂福建厅后，发现国防科委和七机部的有关领导都已经到了，他们与孙家栋交换着眼神。不一会儿，李先念、余秋里、李德生等中央领导陆续进入会议厅。

傍晚7时整，周恩来总理迈着大家熟悉的稳健步伐走了进来，一到会议厅便热情地向大家挥手致意，参加会议的所有人员激动得使劲鼓掌。这时，周总理招手点着前排的位置说：“从发射场赶来的同志请到前面，到前面来坐。”

周总理看到后面的人不好意思过来，他环视了一圈又亲切地招呼大家说：“过来、过来，到前面来。”

孙家栋再次近距离看到周总理，看到总理微突的颧骨使眼睛显得更大，浓浓的眉毛里添了寿眉，他脸上的老年斑因加了白眉显得更加明显……

这时，周恩来拿起来自发射场的人员名单，边点名边与本人对号，并亲切地与点到名的同志交谈，多大年龄？哪个大学毕业？什么地方人？当问到有些从苏联毕业回来的人时，周恩来幽默地说：“俄文忘没忘呀？一定不能忘，多掌握一门知识是有用的。”

参加汇报的人员中恰巧有几位是辽宁人，他们有金县的，有复县的，有海城的，还有盖平的。总理风趣地说：“很巧嘛，今天来开会的同志是金、复、海、盖，很齐全，那个地方我去过。”会议就这样在活跃而轻松的气氛中开始了。

会议按照事先的议程进行。钱学森按照事先准备的材料，一五一十地汇报了火箭和卫星进入发射场后的情况。钱学森说：“发射卫星的火箭是一枚大型三级火箭，其复杂程度较之人体的五脏六腑、血脉经络有过之而无不及。”这时他以内疚的心情谈道：“总装时，尽管大家做了反复的检查，但在总检查时还是发现了火箭舱内有遗留下的焊渣和钳子等多余物。”

周恩来的眉头紧锁了一下，立即插话说：“这可不行！这等于外科医生开刀把刀子、钳子丢在了病人的肚子里嘛！你们的产品是允许拆开、再组装的，找一遍不行再找一遍，总可以搞干净嘛！无非是晚两天出厂。把焊渣和钳子丢在火箭里头，这是不能原谅的！”

总理的批评很严厉，切中要害又令大家服气，大家打心眼里感到内疚，感到确实不能原谅。

接下来，各系统的负责人作了更为具体的汇报。当一些图纸、原理表格被铺在总理面前的地毯上时，总理拿着铅笔和一个蓝色的小笔记本，半跪在地毯前，一边仔细听汇报、一边在本上记着，还一边提出一些问题。

汇报中，遇到专业技术术语听不明白的地方，总理就请钱学森来做通俗的“翻译”。

总理对提出的每个问题，一一谈了自己的看法。

在汇报到安全方案时，总理认真地看着地图上标着的卫星发射后的理论飞行轨迹，又提出了一些问题，比如：火箭发生什么故障必须按照安全预案处置？安全预案实施后会产生多大的影响？同时要求对有可能出现的各种情况，都要在目前所掌握的能力范围内多动脑筋，把问题尽可能地想周到。

为了鼓舞大家的信心，总理说：“那就这样吧，同志们大胆地去干，搞科学试验嘛，成功和失败的可能性都存在，你们大家要尽量把工作做细、做好，万一失败了也没有什么，继续努力就是了。失败是成功之母嘛！”

会议中，周恩来在听到“文革”的派性矛盾情况时，点到了孙家栋旁边的戚发轫，问道：

“你们那儿闹派性吗？”

说着又指了指坐在一旁的孙家栋，问道：

“你俩是一派的吗？”

戚发轫说：“不是。”

周恩来又问：“那你俩打派仗吗？”

与他们一起来开会的领导赶忙代替说：“总理，他俩的工作能搞在一起。”

周恩来这时说：“好！不闹派性就好！”

孙家栋与戚发轫在从事卫星研制工作之前就一起在导弹总体部，虽说“文革”那些无中生有的干扰也蔓延和渗透到了导弹总体部，但祖国卫星研制大业像纽带一样，把两人报效祖国的共同理想紧紧地联系在一起。当年他们在导弹研制、设计、试验工作中，相互支持、相互鼓励、相互默契配合的那股劲，此时又一次体现出来。在祖国航天发展的征程中，孙家栋曾担任空间技术研究院院长，戚发轫曾担任副院长；孙家栋曾担任航天工业部总工程师、副部长，戚发轫曾担任院长、大型航天工程总设计师。在以后的日子里，他们既在同一个卫星工程内任过职，也分别担任过不同大型航天工程的总设计师。

在这种时而紧张时而轻松的气氛中，会议从傍晚7时一直开到深夜12时，中间没有休息。就在会议快要结束时，大家想，劳累了这么长时间的总理也该早点休息了，没想到，正当大家依依不舍准备离开会议厅时，听到总理跟李德生说：“现在马上去京西宾馆，那个会可以开始了。”

听到这话，大家的心头不禁一热，敬爱的总理就是这样为国家、为人民不顾疲倦、不分昼夜地忙碌着。

15日凌晨1时许，周恩来办公室打来电话，传达周恩来的指示：“从今天起一直到卫星上天，发射场的情况要逐日向周恩来办公室电话汇报。”

4. 中国卫星翱太空

1970年4月24日下午3时50分，周恩来总理从北京将电话打到酒泉卫星发射场，告诉时任国防科委副主任罗舜初："毛主席已经批准了这次发射。希望大家鼓足干劲，细致地工作。要一次成功，为祖国争光！"

4月24日，酒泉卫星发射中心蔚蓝的天空万里无云，随着发射警报从高音喇叭里一次次地响起，发射场坪的人员按照发射程序逐步撤离，太阳已经落下，傍晚的天色已经黑暗，但发射场四周的照明灯将发射场照得如同白昼，当最后一次急促的撤离警报声拉响后，发射场坪已经空无一人，地下控制室的潜望镜伸向地面，人们屏住呼吸，等待火箭点火的最后一刹那……

21时35分，高音喇叭里传出指挥员那洪亮的"点火"口令，地下控制室发射控制台前的胡世祥（后升任为解放军总装备部副部长，中将军衔）按下火箭"点火"的按钮，瞬间，载有东方红一号卫星的运载火箭喷射出烈焰，火箭伴随着轰鸣声腾空而起刺向天空。

控制室监测仪器灯光闪烁，不断显示着飞行正常的数据。

仅仅几分钟时间，火箭按预定轨迹飞出了人们的视线，但人们的目光仍然停留在火箭消失的地方不肯收回……

15分钟后，高音喇叭里传出测控系统报告"星箭分离""卫星入轨"的消息。

东方红一号卫星发射成功了！

《东方红》乐曲环绕太空，响彻全球！

大家欢呼跳跃，相互拥抱祝贺，泪水和汗水交织在了一起。

孙家栋的工作得到了各级领导的充分肯定，钱学森曾满意地对大家说："看来，把孙家栋找来还是对的，他确实敢下事，他也的确会干事。"

这是我国自行研制的长征一号三级运载火箭发射成功的我国第一颗自行设计制造的人造地球卫星。卫星初始运行轨道距离地球表面最近点（近地点）高度

439千米，距离地球表面最远点（远地点）高度2384千米，轨道平面与地球赤道夹角（轨道倾角）68.5度。卫星外形为直径1米的72面球体，卫星重量173千克，用20.009兆赫的无线电频率播放《东方红》乐曲。这使我国成为继苏联、美国、法国和日本之后，世界上第五个能够独立研制和发射人造地球卫星的国家。

1957年10月4日，苏联成功发射了世界上第一颗人造地球卫星“伴侣一号”，它的外形像一个大皮球，外径0.58米，重83.6千克，构造比较简单，由两个铝合金半球壳对接而成，壳外有4根鞭状天线。1958年2月1日，美国发射了第一颗人造地球卫星“探险者一号”，卫星重8.22千克，携带了很多仪器，

东方红一号卫星发射动员誓师大会会场

喜看东方红卫星飞过头顶

它首次发现了地球辐射带。1965年11月26日，法国发射了第一颗“试验卫星一号”，它是一个双截头锥体，重42千克。“大隅号”是日本1970年2月11日发射的第一颗卫星，外形呈球形，直径0.45米，重量只有9.4千克，这颗卫星的发射比中国的第一颗卫星仅早两个多月。

中国发射的东方红一号卫星的质量，比上述四个国家第一颗卫星的质量总和还要大，其跟踪手段、信号传递方式、星上温度控制系统也都超过上述四个国家第一颗卫星的水平。

中国第一颗人造地球卫星发射成功，第二天，《人民日报》整版刊登了卫星运行时间表，几点几分过天津，几点几分过广州，几点几分过北京、过上海、过西安……都标得清清楚楚，还特别解释什么时间能够看见。人造地球卫星发射成功在国际上引起了强烈反响，各国报纸纷纷发表评论指出：

中国第一颗人造地球卫星的发射成功，表明中国科学技术突飞猛进达到了新的高度，已经当之无愧地加入了国际空间俱乐部……

中国第一颗人造地球卫星发射之神速，完全超过了西方专家的预料……

不在发射现场的孙家栋，坚守在北京卫星总体部设立的临时卫星接收站，及时将汇集来的信息进行比对，验证卫星信息的可靠性。由于是第一次搞卫星，所有参与研制的人全部都是第一次，每个环节会出现什么问题，事先完全没有经验可依，经常是完成了前一项工作，马上就不由自主地想到后面将会出现什么事情。当然，由于技术基础比较薄弱，最为担心的还是卫星的稳定性，特别害怕星上有什么仪器状态不稳定，牵一发而动全局，就是一个微小的问题也会导致全盘皆输。孙家栋脑子所想的全部是这方面的事情，他的信念就是绞尽脑汁把可能

孙家栋掩饰不住攻克难关的喜悦

出现的问题考虑足，想尽一切办法寻求解决问题的方案，做到心中有数。

卫星成功了！卫星真的成功了！

孙家栋抑制着发自内心的无比喜悦，眼里涌满了激动的泪花。

他也想欢呼、想跳跃，但他多日高度紧张的大脑一经放松，顿时感到浑身疲惫无力，他坐在椅子上伸直双腿，将头靠在椅背上，任凭眼泪涌流。昔日的汗水，此时的泪水，表达了孙家栋对祖国第一颗人造地球卫星的无限深情。

卫星发射成功后，国防科委推荐出了以钱学森为首的17位功臣组成的观礼团，在天安门城楼上与毛泽东主席、周恩来总理共同欢度“五一”国际劳动节，但这17人中却没有卫星技术总负责人孙家栋。几十年后，有记者采访他谈到这件事情，孙家栋心态依然很平静。“那个年代能有机会上天安门，并且能见到毛主席和那么多中央领导，是一件非常荣耀的事。但坦率地讲，在“文革”那种特殊的政治环境里，追求个人荣誉的念头似乎不是那么强烈，所以没有那么大的失落感。”

“五一”节这天，与孙家栋一起研制人造卫星的人都提前坐车走了。他难得有一天的清闲，反倒不知道怎么打发了。于是，他自己一人坐公交车去了久违的天安门广场。当溜达到前门大栅栏时，看到商场门口有许多人在排队，一打听是在卖出口转内销的毛衣。那个年月商品紧俏，他便也排到抢购的队列里，给夫人买了件大红毛衣。他手里拿着红毛衣，心里得意洋洋地想，这件喜庆的大红毛衣也算是给夫人多年来劳累的一点物质补偿。

5. 继往开来有新人

在中国第一颗东方红一号卫星发射成功35周年前夕，2005年4月21日，中国空间技术研究院在北京隆重举行了“我国第一颗人造地球卫星——东方红一号卫星诞生地”纪念碑揭幕仪式。孙家栋来到了纪念碑揭幕仪式现场，他与闵桂荣、王希季、屠善澄、戚发轫以及当年参加过东方红一号卫星设计、研制、生产和管理的几十位老领导、老专家、老工人站在北京卫星制造厂3号厂房前，思绪不禁回到35年前那段美好的激情岁月。百余名投身航天事业不久的青年科技工作者代表与老一代航天人在一起，共同见证了这一具有历史意义的时刻。时任中国空间技术研究院院长的袁家军满怀深情地致辞，与孙家栋等一起将覆盖在纪念碑上鲜红的幕布揭开，一座一人多高的岩石雕刻纪念碑呈现在人们眼前，它见证着中国航天的历史，仿佛是中国航天进军太空的一座永恒的里程碑。当孙家栋与袁家军的手紧紧握在一起时，俩人目光交汇在一起，情感交融在一起，老院长与新院长对中国航天的热爱之情饱含其中。

有记者就东方红一号卫星的研制过程，采访了当年东方红一号卫星总体技术负责人孙家栋，孙家栋满怀豪情地说："是中国航天精神铸造了中国第一星。"

历史的车轮进入到2009年，孙家栋又一次与中国空间技术研究院领导坐在一起。杨保华院长、李开民书记、刘方副院长等院领导与孙家栋，就研究院卫星研制情况及确保卫星质量深入地交换了意见。如今，中国空间技术研究院卫星型号总指挥、总设计师平均年龄不到45岁，35岁以下的青年科技人员占到总数的66%。截止到2008年年底，中国空间技术研究院先后自主研制并成功发射了９０余颗人造地球卫星、7艘神舟飞船和1个月球探测器，在人造卫星、载人航天和深空探测三个航天技术领域实现了新跨越，实现了中国卫星整星出口零的突破，创造了中国航天史上的多项第一。在各类航天器的设计、研制和开发应用上，走出了一条中国特色的空间事业发展道路。研究院始终以“用成功报效祖国，用卓越铸就辉煌”为使命，以和平利用开发空间资源、造福祖国人民为宗旨，坚持自力更生、自主创新，积极参与国际市场竞争，实现了空间技术的大跨越，为国民经济建设、国防现代化建设和社会主义和谐社会建设作出了重大贡献。

40多年前，中国以东方红一号卫星为起点，迈出了征服太空的第一步；21世纪的今天，中国航天成就令世人瞩目；放眼未来，中国航天人必将创造新的更伟大的辉煌。

孙家栋

孙家栋院士传记

Academician Sun Jiadong's Biography

第五章 群星闪烁

中国第一颗人造地球卫星发射成功后，孙家栋率领卫星研制队伍又开始了新的征程。在卫星发射危急关头，他果断地发出“停止发射”的命令。

1.“实践一号”长寿命

中国第一颗人造地球卫星发射成功后，孙家栋不负众望，挑起了更重的担子。

早在1965年前后，科学院及有关单位就对研制卫星开展了许多预先研究。比如电源系统中太阳能电池与镉镍蓄电池的联合供电，以及热控系统中百叶窗机构的真空冷焊等关键技术。

如何将科研成果运用于工程应用，是孙家栋思考比较多的问题。1970年5月，孙家栋主持制定了中国第二颗人造地球卫星——实践一号卫星的总体技术方案。实践一号卫星主要用于空间物理探测和航天新技术试验，其方案设计充分继承了东方红一号卫星的技术和经验，充分应用了已有预研成果中的新技术、新工艺和新设备，同时简化了卫星研制程序。

重新制定的卫星总体技术方案和技术指标，使研制人员对卫星的用途更加清晰，对工程指标更加明了。

实践一号卫星是一颗自旋稳定卫星，卫星重221千克，卫星主体直径约1米，由结构、天线、跟踪、电源、遥测和热控6个系统以及空间科学探测仪器组成。

孙家栋向参观者介绍实践一号卫星情况

1971年1月19日，实践一号卫星和长征一号运载火箭由北京运到酒泉卫星发射中心。1月19日是农历腊月二十三，距离中国农历新年只有一周时间，但航天人心中对事业的热情远远超越了对传统节日的关注。参加试验的技术人员如同上战场一般，纷纷写下决心书、保证书，放弃与家人过团圆年而请求去千里之外天寒地冻的塞外戈壁。

卫星从北京运抵酒泉卫星发射中心后，发射中心和航天试验队的技术人员按测试计划，对卫星和火箭展开了测试。测试设备刚刚准备就绪，大家就迎来了一年一度的新春佳节。大年初一，参加发射任务的人员热热闹闹地吃了一顿饺子就又回到了火箭、卫星旁。当火箭按照正常程序进行模拟飞行试验时，运载火箭控制系统计算装置的关机指令出现了异常，大家通力合作，迅速查明了这是由程序配电器转动产生的电火花造成的。另外，连接陀螺加速度表的工艺电缆过长也是其中的隐患。孙家栋参加了故障分析总结会，并在会后召集卫星有关人员开会，要求以火箭的故障为案例，在卫星的各个系统举一反三查找隐患，彻底消灭不安全因素，确保卫星发射成功。

之后，孙家栋又组织相关人员对卫星与火箭进行了11个状态的发射机与应答机的无线电干扰试验，不仅掌握了无线电设备之间的相互干扰因素，而且摸清了干扰程度，为电子仪器的设计和改进积累了经验。在此基础上，为了确保卫星发射时跟踪测量的准确性，渭南卫星测控中心又组织进行了卫星、火箭与地面测控设备的匹配模拟飞行试验，还用飞机装载上火箭和卫星的遥测、外测设备与地面设备进行校正飞行。

3月3日，位于西北大漠的酒泉卫星发射中心依然寒风凛冽，一望无际的戈壁滩在寒风的伴随下泛起黄色沙尘。傍晚时分，天边的太阳缓缓落山，发射场上，人们正在紧张有序地进行着卫星发射前的最后准备。20时整，发射场坪已空无一人，高大的火箭矗立在发射台上待命升空。这时，发射场的高音喇叭里传来地下控制室调度指挥员的口令："1分钟准备！"

20时3分，随着"点火"口令的下达，火箭腾空而起！

20时12分，测控系统报告卫星准确入轨的消息，实践一号卫星进入近地点266千米、远地点1826千米的预定椭圆轨道，轨道倾角69.9度，周期106分钟，完全符合预定指标。

然而，使人焦虑的是，卫星入轨后，全国各地的测量台站竟都接收不到卫星上发送的遥测信号，入轨后的卫星成为无法向地面发送信号的哑巴星。这一情况令孙家栋焦急万分，他与他的同事们立即分析原因，期望尽快找到故障所在。第一圈、第二圈地面遥测站均没有收到遥测信号，第二天上午，卫星再次飞入我国上空，在卫星与地面遥测站距离很近时，才接收到微弱的短期遥测信号，勉强可以解调出数据，而长期遥测信号则被淹没在噪声中。

3月4日晚7时，孙家栋带领几位同志驱车来到北京京西宾馆，参加国防科委主持召开的紧急会议，专题研究讨论实践一号卫星出现的问题和解决方案。经过分析，初步认为故障原因是由于末级火箭与卫星没有实现成功分离，遥测天线不能正常伸展，致使遥测信号无法正常发送。在几天时间里，卫星曾几十次地飞过中国上空，但地面却接收不到星上正常的遥测信号，地面人员只能在心中默默地企盼，静静地等待卫星信号的出现。

3月11日，卫星入轨后的第八天，奇迹出现了！正当地面人员仔细监听时，突然接收到了两种遥测信号，信号很强，接收的数据证明卫星工作正常。据此分析，是卫星入轨后运载火箭的末级与卫星未能立即分离，但连接二者的爆炸螺栓已经工作。在入轨后的第八天，运载火箭末级与卫星分离，遥测天线展开，遥测信号才恢复正常。后来的光学观测证实了这一分析是正确的。

3月20日，天文台观测到卫星与运载火箭三子级分离的确切情况。

至此，实践一号卫星投入了正常运行。

实践一号卫星继承了东方红一号卫星的外形方案，也采用72面的棱球体，不同的是卫星球体表面除了28块太阳能电池外，还多出了两片亮闪闪的“耳朵”。

原来，这也是孙家栋解决技术难题的又一个绝招。研制阶段，科研人员在模拟太阳光照射卫星北极进行热真空试验时，发现附舱Ⅰ的温度比计算结果低15℃，仅为－25℃至23.5℃。附舱Ⅰ的遥测设备如果长期在这个温度范围将会影响正常工作，如果不解决这个问题，整个发射计划就有可能被拖后腿，但此时按照发射的总体进度对整星的热控设计进行更改已经来不及。有人提出是不是可以采用孙家栋在东方红一号卫星时采用的串联电阻方式来解决，可太阳能电池的总供电功率还不到10瓦，况且已经被各系统分配无余，显然这是不可能的。

又是一个关键时刻。孙家栋的逆向思维又派上了用场。他提出设法把太阳的热量多吸收一点进入卫星，可以在卫星的外壳体上以适当角度安装两片耳朵状的镀金板。因为在诸多金属材料中，黄金具有吸收热量多、挥发热量少的特性，这两片“耳朵”便可以将太阳的热量吸收入卫星内部，使卫星舱内的温度变化范围控制在设计要求之内。

实践一号卫星发射后，多项预研成果得到了验证和成功应用，使用太阳能电池与镉镍电池联合供电系统，突破了卫星长期供电的技术，成功实现了百叶窗机构的主动无源热控系统和低功耗的小型遥测系统，探测了空间磁场和空间带电粒子的空间分布，获得了我国疆域上空及其附近区域内辐射带下边缘区域的位置和特征。

实践一号卫星是中国第一颗长寿命卫星。原计划在轨工作一年，实际上工作却长达8年，大大超过了设计指标。这项成果后来在国内和国际引起了广泛注意，为我国研制长寿命卫星奠定了基础。

2. 遥感卫星天外归

孙家栋经常说，“我能够主持卫星总体设计工作，得益于中国航天事业的稳步发展。是中国航天事业的发展为我提供了‘平台’，是中国航天事业的发展成就了我”。

1965年4月29日，国防科委根据中国航天技术的总体规划，在向中央专委提交研制和发射我国人造卫星的情况报告中，将返回式遥感卫星列入航天技术10年奋斗目标。中央专委第十三次会议明确指出：“我国发展人造卫星以应用卫星为主，应用卫星以返回式遥感卫星为主。”这一决策，加速了返回式遥感卫星的发展。

返回式遥感卫星是一种用于国土普查的遥感卫星，被广泛应用于大地测量、资源勘探、资源普查、交通建设、城市规划等很多领域。

返回式遥感卫星最主要的作用是有较强的对地观测能力，其最主要的技术指标是对地观测分辨率。卫星的观测能力表现在卫星所携带的相机质量和胶片数量。卫星上所使用的电源是锌银蓄电池组，卫星飞行的时间完全取决于锌银蓄电池组的容量。卫星在空中飞行拍摄，受地球天气的影响比较严重，其中云层的影响约占40%～60%，如果能够增加飞行时间，不仅可以增加拍摄区域，而且在观测区域的安排上可以根据气象情况进行拍摄调整，充分提高胶片的利用率。卫星所携带的胶片量不仅涉及火箭的运载能力，也涉及星载遥感相机和卫星返回舱的综合布局。

试验型返回式遥感卫星的研制始于1966年年初，当时第七机械工业部第八设计院组织队伍，在该院王希季总工程师的主持下，在技术骨干吴开林、李颐黎等的带领下，开始对返回式卫星总体方案的探讨。1966年末拟定出我国返回式卫星方案设想。与此同时对星上有些分系统（如摄影系统、姿态控制系统）也陆续开始调研。1967年3月至9月，在当时“文革”的政治动乱中，虽然研制人员蒙受了各种打击和压抑，但他们以高度的事业心和强烈的责任感，于1967年9月完成了返回式卫星总体方案（可行性方案）论证报告。1967年9月11日，国防科委召开了返回式遥感卫星方案论证会，会议审查了这一报告，认为总体方案可行，可以往下进行设计。会后，七机部八院根据会议提出的建议和修改意见，进一步完善了返回式卫星的总体方案。

返回式遥感卫星总体方案论证报告建议研制分两步走。第一步重点解决相机技术、三轴姿态控制技术和卫星返回技术，计划发射3～4颗试验型卫星，第二步在基本技术过关后，解决卫星遥感的效果和应用技术，即研制实用型卫星。

返回式遥感卫星总体方案体现了中国的技术特色、走自己发展的道路，具体表现在：

在可见光相机对地拍照的同时，用恒星相机对天空摄影，以便将对地照相时刻的卫星姿态精确地测量出来；再利用地面对卫星轨道的测量数据，就可以确定卫星拍摄的每幅照片对应地面的哪个地区。

卫星的返回制动采用固体发动机，而不是液体发动机，从而有利于缩短卫星的返回航程，适合于中国疆域的实际情况。

卫星的回收着陆可继承探空火箭的降落伞回收技术，使卫星的返回舱在国内四川盆地地区安全回收。

贮存胶片的片盒在轨道运行时要气密、着陆后要密水和密光，确保摄影资料在回收区的各种条件下能安全无损。

卫星返回控制采用星上自主控制和地面主动控制相结合、相匹配的控制方法，确保卫星返回的实施可靠。

经过1967年9月11日会议之后，七机部八院完善的返回式遥感卫星的总体方案，借鉴了国外返回式卫星方案的合理成分，在比较充分的调研基础上，认真考虑了我国的技术水平，正确处理了先进性和可行性的关系。因此，尽管该方案在以后各个研制阶段不断完善，但没有发生总体性的反复。

1968年2月，返回式遥感卫星总体设计任务转到中国空间技术研究院后，此项任务落到了孙家栋的肩上。此时，孙家栋还在主持研制东方红一号卫星，他同时担任了中国第一颗返回式遥感卫星的技术负责人。

从1973年4月开始，孙家栋带领相关人员进行了为期8个月的返回式遥感卫星正样星噪声、分离冲击、热真空和整星振动试验，获得了大量试验数据，又组织研制人员就暴露出来的问题，制定若干改进措施。

孙家栋带领的团队，要完成卫星总体的研制，还要完成星上有效载荷的研制。星上全景扫描相机光学设备、胶片厚薄及质量等问题，会直接涉及卫星总体方案，常常会牵一发而动全身。作为返回式遥感卫星的技术负责人，孙家栋不仅对大的方案，就是很多具体细节，都全面考虑，综合协调。孙家栋还组织总体部门将任务分配到各个系统，由各个系统按照总体技术、质量指标开始研制。

第一颗返回式遥感卫星的形状为羽毛球状的钝头截锥体，最大直径2.2米，总长度3.144米，截锥半锥角为10度，由仪器舱和返回舱两个舱段组成。卫星由摄影、结构、电源、姿态控制、热控、程控、遥控、遥测、跟踪、天线、返回共11个系统组成。

摄影系统包括地物相机和星空相机，为胶片型可见光遥感相机，卫星完成全部摄影任务后，由返回舱带着胶片返回地面。

结构系统主要是仪器舱和返回舱两个舱段，仪器舱具有良好的密闭性，以满足遥感相机在太空工作的压力环境。仪器舱壳体为铝合金结构，舱内主要安装遥感相机和在轨道上工作的仪器。返回舱内衬为铝合金，外部为耐高温的抗烧蚀材料。

电源系统包括锌银蓄电池组、电源变换器、配电器及其电缆等设备。其功能是为卫星上的设备供、配电，保证星上设备正常工作。

姿态控制系统的任务是当卫星在轨道上运行时，保持卫星对地定向的三轴姿态稳定，以满足对地摄影的姿态要求。在返回前，实现卫星的返回调姿，保证制动火箭发动机推力方向符合设计要求。本系统用陀螺和红外线地球敏感器作为姿态测量部件，用冷气喷气系统作为执行机构来实现卫星的姿态控制功能。

孙家栋在卫星测试厂房协调工作

热控系统的功能是通过保温与散热等不同措施，保证卫星上设备所要求的环境温度。

程控系统的主要功能是产生程序控制指令，控制遥感相机和其他设备的定时开、关机。

遥控系统的功能是接收地面发送的指令信息，接收机收到指令后，向星上相关设备发出指令，控制星上设备的开关机以及状态变化。

遥测系统的功能是采集星上的数据，经过编码、调制后，由无线电射频传输到地面站，经地面站接收、解调和处理后得到所需要的卫星工程数据。

跟踪系统的功能是利用星上双频测速和雷达测距设备，由地面和星上设备相互配合测出卫星相对地面站雷达的方位角、高低角，及卫星与地面站雷达的距离，经计算得到卫星的轨道数据，完成地面跟踪和轨道测量。

天线系统是为完成遥控、遥测、跟踪、回收标位等设备无线电信号发送和接收所配套的设备。

返回系统由制动火箭发动机分系统和回收分系统组成。其中，回收分系统包括降落伞、伞舱、回收分系统火工品、时间控制器、电路转接盒及过载开关等组成。

1974年11月5日11时，在一望无垠的茫茫戈壁上，完成了对接的星箭组合体矗立在发射台上，整装待发的第一颗返回式遥感卫星完成了各项检测。天空晴朗、万里无云，使乳白色的运载火箭更加醒目。发射场按程序完成了推进剂加注、功能测试、升空前的综合检查……

这时，调度指挥的扬声器里传出洪亮的口令：

“姿控转内电！”

“遥测转内电！”

“外测转内电！”

卫星发射进入倒计时“1分钟准备”紧张时刻，随后，发射调度指挥员果断下达了“电缆摆杆摆开”的口令。

随着口令的下达，各系统的地面电缆与火箭和卫星连接的电信号接插件、气源连接器纷纷按程序依次脱落下来，它们连同发射塔电缆摆杆那长长的臂膀一起摆向火箭的背后，火箭托举着卫星即将在刹那间点火起飞……

发射指挥台上的倒计时指示表上的时间正一秒钟、一秒钟地递减，所有人员都屏住呼吸静等那火箭点火的轰鸣声，整个指挥控制室、发射场异常安静，离火箭点火时间只剩下几十秒钟。

然而，这时却没有收到卫星成功转内电的信号，卫星没有按照设定的程序将卫星由地面电源供电状态转入由卫星上所携带的电源供电的状态（即业内所称的“内电”状态）。这一突发现象意味着如果在不到1分钟内火箭点火，运载火箭将会带着不能正常供电的卫星起飞升空。若是那样，送入太空的将会是一个重达2吨的毫无用途的铁疙瘩。

就在这千钧一发的时刻，只听孙家栋不顾一切地果断命令“停止发射”！此时如果按照正常程序逐级上报，等待指挥员发布“停止发射程序”的命令根本来不及。

发射程序戛然而止，而孙家栋却由于神经高度紧张昏厥了过去。

发布“停止发射”程序的命令需要一级一级申报批准，正常情况绝不该由孙家栋发布。如果孙家栋没有很高的威望，现场指挥员也不会执行他的命令。

要知道，在这紧急关头果断处置是需要何等的胆识！将承担多大的风险！在“政治高于一切”的年代，不仅仅是技术风险，更可怕的是那无法承担的政治风险。孙家栋如果不把个人的一切私心杂念置之度外，怎能有如此的气魄！

正常的发射在一刹那间停止了，人们还没有从高度紧张中完全醒过神，整个发射指挥室里一片嘈杂声，许多人还不知道是怎么回事，有问情况的，有提供信息的，大多是在询问怎么办，如何处置目前的状况。这时昏厥过去的孙家栋已经清醒过来，他立即做了简单的布置，要求立即检查卫星的数据记录，结果发现供外电插头脱落引起星内电路的脉冲波峰干扰了卫星转内电的执行。故障原因找到了，卫星操作人员只要在电路上并联一个等值电容，就可以隔离供电插头脱落时产生的脉冲波峰。

然而，可供卫星发射的时间段仅为11时至15时30分，这个时间段称之为卫星的“发射窗口”。此时的火箭早已是加满了推进剂，加满推进剂的火箭对停放时间是有严格要求的，一旦超出停放时间极限，将会引发许多连锁问题。

在发射指挥控制室里的人员都是指挥人员，操作人员随工作的完成已分批撤到距离发射台十几千米外的观测点，安装这个电容需要召回卫星电路设计人员和组装人员。那个时候还没有发达的移动电话之类的通信工具，只好采用最原始的高音喇叭，把有关人员呼喊回来。操作人员回来后如何完成电容安装，仍然是一大难题。由于脱落插头的盖子是一次性使用闭锁，打不开，即便强行打开也有可能闭不上。最后，操作人员决定采取撬开返回舱头部稳定裙的壁板来安装。这个壁板是用12块化学胶脂粘合上的，既具有一定强度、又可以减少阻力的波纹板和平面板。撬开壁板后，操作人员伸进手去拨开脱落插头盖子的闭锁弹簧，打开插头盖。时间一分一秒地过去，操作人员终于排除了种种困难，完成了各项准备，重新将插头插好。

卫星和火箭又重新进入发射程序，各系统也将状态恢复到了发射前“1小时准备”。发射场人员依次撤离，指挥人员重新在地下指挥控制室就位。

15时30分，“各系统转内电”的口令再次发出，随着“点火”口令的下达，火箭在震耳欲聋的啸叫声中离开了发射台……

不幸的一幕发生了。运载火箭在点火起飞后不久，火箭的飞行姿态失去稳定，出现摇摆，且摆幅越来越大，到起飞后20秒时，由于火箭的俯仰姿态角偏差太大，姿态自毁系统使爆炸器起爆，火箭自毁，残骸散落在离发射台不远的地面。

火箭爆炸现场一片火海，把半个天都映成了红色，那个惨劲，令人痛心不已。

几年来的心血瞬间化为灰烬，孙家栋和技术人员们为之操劳了上千个日日夜夜的成果，还没来得及亮相便永久性地消失了。大家悲痛交加，有人忍不住痛哭流涕，只有亲身经历了磨难的人，才能体会到内心的痛楚。面对残酷的现实，孙家栋坚定地说：虽然事故是由于火箭的故障造成的，但卫星系统也要找出带有共性的问题，以此总结经验教训，引以为戒。

几十年过后，每当大家提起这次事故，孙家栋总是情不自禁地流露出内心的惋惜和难过，他记忆犹新地说：“1974年11月5日的那次发射，造成了非常严重的损失，给大家带来了难忘的教训。后来查出了原因，原来是一件非常简单的小问题引发的。失败缘于火箭里的一根导线，这根导线里头的铜丝质量不好，在里面有裂痕，可包裹铜丝的胶皮套没断。火箭发射的剧烈震动使导线恰巧断开了。

当时，能把问题的原因找出来也不是那么简单的事情。那么大的一片沙漠里，大家基本上把那块沙地翻了一尺多深，然后拿筛子把任何一个小块的东西都给筛了出来。炸得再碎，残骸块也都得挑出来。之后让大家来‘认领’自己的东西，这一块小铜片是我这个仪器上的，那个螺钉是你那台仪器上的。大家分门别类，对照残骸一块一块认真检查，当拿起这根导线用光一照时，发现完整的外皮里面的导线却是断的！但是，只找着这个还不算是充分的证据，还要弄明白这根导线是哪个系统上的？是什么设备上的？这根导线是在什么时间断的？断了之后会出现什么样的现象？”负责运载火箭控制系统研制单位进行了充分的理论分析，再到仿真实验室进行仿真试验。这根导线断开状况的仿真试验结果与火箭实际事故情况下的飞行过程完全一样，从而证实了事故发生原因分析的正确性。

火箭和卫星研制人员没有被失败吓倒，孙家栋鼓励大家不要灰心、不能丧气。一年后，新一枚运载火箭和第二颗返回式遥感卫星完成了各项检测程序，又矗立在了发射台上。

1975年11月26日，随着发射指挥员“牵动”“开拍”“点火”的口令，长征二号运载火箭携带着返回式遥感卫星离开地面、冲出大气层、飞向太空……

“火箭飞行正常！”

“遥测跟踪正常！”

“星箭分离正常！”

“卫星准确入轨！”

在卫星航区跟踪测量站一声接一声的报告口令中，调度中心传来了喜讯，返回式遥感卫星发射成功了。

这颗卫星按计划在太空运行3天，完成了对地探测任务后按预定时间返回了祖国大地，取得了大量的遥感资料。但在返回过程中还存在一些问题，如卫星返回舱再入大气层的过程中裙部被烧坏，部分电缆和仪器被烧坏，返回舱落点偏差大等。

1975年对于中国的卫星发射来讲，是个好年头，这一年中发射成功了3颗卫星。孙家栋回忆起当时的情景，仍然抑制不住内心的喜悦：“大家用辛勤汗水换来了卫星发射成功，我们个个都很兴奋，以前操心的是卫星能不能成功发射，入轨后又担心卫星能不能正常工作，现在又在为卫星能不能正常返回而紧张。”

那个时候大家只有一个心思，就是千方百计把卫星搞出来。孙家栋说：“当时参加卫星研制的有我的学长、师长，有熟悉掌握第一线生产制造的老师傅，还有大批默默无闻工作在卫星旁边，到现在都很少出头露面、甚至没有露过面的无名英雄，我仅仅是这些人中很平常的一个，如果没有大家的共同努力，依靠几个人是根本不可能完成这种大型任务的。”

这次卫星回收获得基本成功，使孙家栋深深体会到发射入轨不容易，卫星返回更艰难。

返回式卫星技术，在当时堪称是世界最为复杂和尖端的技术之一。美国和苏联的返回式卫星有过多次的失败后，才获得成功回收的经验。美国1959年开始了“发现者”返回式卫星的研制工作，经过38次飞行试验，历经12次回收—失败—改进—再回收，才最终获得成功。苏联的航天器返回技术为载人航天打基础，所进行的试验次数也很多。

孙家栋回忆说:“1974年发射返回式卫星时，压力很大。有一件很典型的事，返回式卫星即便能够返回，还得让卫星落到指定的地方，要卫星从北往南进入中国上空后落在四川。假如落下来的速度慢了一点，卫星会不会还继续往南飞？再往南飞的话，搞不好就飞出国境了。如果掉到海里还好办一点，要是落到国外，麻烦事就多了。所以第一颗返回式卫星发射前，在卫星上装个‘炸药包’，一旦发现轨道不正常，控制不了落点，就下指令把返回舱在空中炸掉。‘炸药包’安置好了，卫星也进入发射场开始电测，就在临近发射的时候，忽然有人提出如果卫星没有出毛病，而且也落到了指定范围，等回收后打开、分解、取出胶片盒时一开盖，里头的‘炸药包’炸了，那不就出大事了。这‘炸药包’到底装还是不装？原来说要装是有道理的，现在说怕出事要求不装了，也必须要讲出道理。我作为卫星技术负责人，当然压力就更大了。那几天，白天、晚上都在研究这个问题，精神上确实有点支撑不住了，曾经晕倒过好几次。经过正反两方面的反复权衡，大家统一了意见，认为卫星万一飞出国外，属于外交问题的处理范畴，如果卫星带着‘炸药包’从发射场点火起飞，在空中运行那么长时间，返回落到地面的很多环节都有危险。两者的风险权衡，前者的风险毕竟要小于‘炸药包’的风险，最后决定取消‘炸药包’方案。尽管卫星已经在发射场完成了各项测试，操作人员在接到方案修改的通知后，又制定了拆除‘炸药包’的程序，当操作人员小心翼翼地将‘炸药包’从卫星上拆除后，我这颗悬着的心才算落了地。虽然这件事花费了很多精力，经过了几次反复，但最终能够使问题得到解决，还是值得的。”

得知返回式卫星安全落地的报告后，在指挥室坐镇的张爱萍高兴地拥抱着孙家栋，并当即挥毫写词一首，以示庆贺。

欢呼“长征”火箭发射、“遥感”卫星首次回收成功

“长征”万里遣“尖兵”，

巡行太空战鬼神。

力争朝夕越艰险，

获锦归来举世惊。

神州昏，

返回式卫星成功回收

妖风兴，
激群情。
风雨同舟济，
人鬼识伪真。
长剑在手，
待把妖擒。

此时的张爱萍还没有脱离“文革”挨整的炼狱，但竟写出那么犀利、那么尖锐的诗章，这就是老一辈革命家的雄才胆略和人生情怀。在那段时间里，张爱萍基本是半天接受批判、检查，半天到发射指挥室了解火箭、卫星测试以及发射场的准备情况。孙家栋看着“获锦归来举世惊”的诗句，眼中湿润了。他被张爱萍的胆略和情怀所感动，为卫星首次返回成功而激动。张爱萍在他88岁高龄之际，又专门写了“遨游太空”四个大字送给孙家栋，以表达对这位当年卫星总设计师作出的杰出贡献的褒奖之意。

经过第一颗返回式遥感卫星积累的经验，孙家栋领导工程技术人员对卫星进行了相应的修改设计，第二颗返回式遥感卫星于1976年12月7日成功发射升空。卫星在太空运行3天后，按预定计划圆满地完成了任务，准确落到指定的回收区域。

在1978年春召开的全国科学大会上，中国空间技术研究院副院长孙家栋在大会上发言，详细介绍了我国返回式卫星的研制经验。东方红一号卫星及返回式遥感卫星荣获1985年国家科学技术进步奖特等奖。

3. 静止卫星定点难

航天产品研制具有一定的特殊性，每一种新型号卫星不仅在研究、设计、试制、生产、试验等各个方面相互联系，而且总是以基础技术的研究成果作为支撑，随着新技术的发展而发展。所以，中国航天产品的研制生产一般采取三段式的模式，即一种型号正在试制、试验，另一种型号便开始设计，还有一种型号正在探索或预先研究，这便是航天系统根据我国实际情况和多年实践经验制定的行之有效的“三步棋”研制模式。

1975年3月31日，中央军委审议通过了国家计委、国防科委提出的《关于发展我国卫星通信问题的报告》，党中央和毛泽东主席很快批准了这个报告，代号“331工程”的中国卫星通信工程正式开始了实施。

通信卫星是作为无线电通信中继站的人造地球卫星。中国的通信卫星选择的是地球静止轨道通信卫星的方案。由于卫星所停泊的轨道平面位置与赤道平面重合，卫星的轨道周期等于地球23小时56分4秒的自转周期，且运行的方向也与之一致，即卫星与地面的位置相对保持不变，故这种轨道的卫星又称为地球静止轨道通信卫星。利用卫星进行通信，具有通信距离远、容量大、覆盖面广、质量好、可靠性高和机动性强等优点，但卫星通信工程是一项技术复杂、学科繁多、涉及面广的系统工程。

20世纪70年代初，电视机在北京市民眼中还是稀罕的东西。1972年，美国总统尼克松来中国访问时，随同来的一大批电视记者守候在北京机场、天安

孙家栋（左二）与宋健（右二）、聂力（左一）观看科研成果展

门、长城的许多电视摄像点，把尼克松所到之处现场拍摄的影像传送到卫星通信系统中的地面通信设备——卫星地球站，再通过距地球36000千米赤道上空的通信卫星实时转播给大洋彼岸的美国观众。当报纸等新闻媒体报道了这一消息后，北京市民议论纷纷，觉得不可思议，期盼着中国什么时候也能拥有这种技术。

其实，老百姓们并不知道，中国的通信部门早在第一颗人造卫星发射成功后，就已经提出了利用卫星进行通信的要求，卫星研制部门也已展开了相应的预先研究，只是由于“文革”的原因，使通信卫星无法付诸于工程实施。

国家负责主抓这一工程的是时任国务院副总理、国防科委主任张爱萍将军。孙家栋对张爱萍尊敬有加，张爱萍对孙家栋信任有余。孙家栋记不清有多少次在卫星研制遇到困难时，张爱萍狠抓问题不放手，不仅对孙家栋这个总设计师，而且对卫星各系统、各个环节的负责人员，严肃、严格、严厉，但又不乏爱护和支持。

早在1970年6月，空间飞行器总体设计部根据使用要求提出我国通信卫星的总体方案设想。经过四年多的可行性研究，于1975年确定了选择地球静止轨道的东方红二号通信卫星的方案。这是一种“两个一步走”的设计原则：第一，在卫星轨道选择上采取“一步走”，即不模仿国外试验通信卫星那种先完成中高轨道试验，再进行地球静止轨道试验的方法，而是将卫星直接发射至地球静止轨道；第二，在卫星技术方案上采取“一步走”，将卫星研制指标直接定在当时具有第三代国际通信卫星的技术水平，同时，把卫星通信技术试验与实际应用结合起来一次完成。这样，通信卫星可以由试验、试用很快转入实用，将会尽快缩小中国通信卫星在技术方面与国外发达国家的差距，同时，也有利于减少我国卫星通信网络建设的成本费用。

总体方案的提出，仅是卫星总体设计的第一步。总体设计工作所要考虑和协调的内容繁多，既要分析落实卫星总体性能参数、整星质量、功耗分配、质量特性计算、各系统之间指标分配和接口，还要提出各系统的任务书，要拟制整星大型试验方案以及试验的途径，并且要按工程总设计师的要求，考虑卫星与运载火箭、测控通信、发射场、地面应用之间的大总体协调。研制卫星要考虑方方面面的因素，既要考虑对运载火箭入轨参数和精度的要求、测控频率与通信频率的匹配选择及干扰协调、整星以及单元仪器力学环境试验条件指标等技术性的问题，也要考虑分系统仪器的尺寸和布局、功耗计算、产品验收、大型试验组织实施等协调性工作。这些工作都是整星研制过程中非常重要的环节，是总体设计很重要的部分。总体协调的结果直接影响到卫星整星质量和研制进度，如果总体协调出现漏洞，要想将卫星发射上天简直是天方夜谭。

其实在1976年7月15日，我国卫星通信工程第一次大总体论证工作会议时就确定，既要考虑技术上的先进性，更要考虑可靠性，还要考虑经济性和合理性，为今后各种应用卫星的发展进一步明确了原则和方向。

试验通信卫星的主体为直径2.1米的圆形筒体，顶面装有各种天线，外表粘贴有太阳能电池片。从远地点发动机喷口到天线顶端的最大高度为3.1米，卫星起飞质量为920千克，进入地球静止轨道时为420千克，星上备有两套通信转发器，可以每天24小时对电视、广播、电话、电报、数传、传真等各种模拟和数字通信信息进行传输。

在孙家栋的主持下，完成了试验通信卫星整星大型试验。在制定大型试验方案时，除了充分论证各项试验的必要性、可行性以外，还要从经济效益方面考虑合理安排试验项目，做到一星多用，减少重复浪费。在孙家栋的具体组织下，大回路卫星试验方案、卫星力学试验方案以及卫星整体试验方案，都严格遵守了既满足试验技术指标要求，又节省费用的原则。也就是从这个时候开始，在卫星研制中重视了对技术、经济可行性的论证。

试验通信卫星的初样和正样研制按计划稳步进行。为了综合检验和测试卫星的性能，1979年8月至1983年7月，孙家栋带领科研人员进行了卫星的电性能、力学环境、热真空、自旋试验，以及卫星对地面测量控制设备无线电大回路和正样发射卫星的验收等大型试验，取得了许多创造性的经验。比如，大回路卫星试验是模拟卫星在天上状态与地面无线电测量控制的一个过程，这个过程测控事件多、精度高、时间性强、作用距离远，相互之间关系复杂烦琐。如果不在地面完成这个模拟试验，则掌握不了卫星上天后的工作状况，因此是通信卫星研制必不可少的重要环节。这种试验在国外通常都是在三轴转台上进行，而我国当时还不具备高精度、大载荷的三轴转台试验设施，孙家栋组织相关技术人员对方案进行比较后，采取“简易大回路星”的试验方案。经过试验结果的验证，这种方案不仅解决了在正常情况下“天上”“地下”软件、硬件的接口问题，而且解决了误差轨道下的软件、硬件接口指标验证，减少了试验经费，缩短了研制周期。

1979年10月22日中国宇航学会召开第一届理事会，会议选举孙家栋为副理事长。

1980年5月22日，中国空间技术研究院成立了科学技术委员会，孙家栋担任主任委员。

1980年11月10日，孙家栋被任命为第七机械工业部总工程师。

1983年5月23日，孙家栋被任命为中国空间技术研究院院长，同时任命闵桂荣、戚发轫、陈永源为空间技术研究院副院长，王希季为科技委主任。

可以说，孙家栋的工作领域越来越广，肩上的担子越来越重，学术和管理工作越来越多。随着国家对航天工业的重视以及国家整体经济技术的高速发展，孙家栋充分发挥了聪明才智，从宏观、微观进行了卫星总体发展规划，将空间技术研究院的工作做得轰轰烈烈、热火朝天。

1983年7月下旬，国务院有关部委、解放军三总部、国防科工委、航天工业部等单位的领导和一批航天专家们聚集在北京京西宾馆，参加中国卫星通信工程大总体协调会，专题研究中国第一颗地球通信卫星五大系统的技术问题。张爱萍非常重视这次会议。会议期间，张爱萍专门找孙家栋了解卫星的研制情况，十分详细地询问总体技术状态、关键设备质量和重大问题的攻关结果，孙家栋对每个问题都一一作了解答。

8月，卫星通信工程的五大系统即运载火箭、通信卫星、发射场、测控通信及地面应用完成了配套研制与建设，基本具备了通信卫星发射试验的条件，完成总装测试的卫星和运载火箭相继运抵西昌卫星发射中心。技术人员按照技术区卫星检测流程对卫星进行测试后转往发射区。孙家栋与技术人员在西昌卫星发射中心度过了1984年的新年。1月5日一大早，他便站在晨曦下的卫星发射场，看着运输卫星的车辆稳稳地停靠在高高的发射塔前。在发射人员的精心操作下，卫星被缓缓吊起，装配在运载火箭顶部。

上午9时，晴空万里的发射场，巨大发射塔旁耸立着乳白色的火箭，与鲜红色的卫星整流罩互相衬映，形成一幅壮观的景象。孙家栋心情激动，期待着成功的到来。

1984年1月26日16时15分，相关人员完成了发射场的各项检测任务，发射倒计时程序进入5小时准备。发射队员按照测试规定对火箭进行第二次功能检查时，突然发现火箭稳定系统偏航波道输出信号超出正常值，这一异常现象立即打乱了正常发射程序，不搞清楚问题的准确原因，发射程序是不能继续进行的。经判定，问题来自陀螺平台功能性故障。陀螺平台是火箭的大脑，发射指挥部决定中止当日发射，更换陀螺平台。为此，卫星被迫从火箭顶上卸了下来。

孙家栋立即组织卫星试验队员主动予以配合，切实对卫星做好监测和保护，绝不能由于卫星的原因影响整体计划。卫星试验队的全体人员对孙家栋作出的决定不仅坚决拥护，而且打心眼里佩服。

1月29日，4天后即是中国传统佳节——春节。发射试验队员感受不到节日的气氛，他们做完最后的检测、加注工作，撤离了现场。很快，伴随着隆鸣声，第一枚长征三号运载火箭载着试验通信卫星从发射台上腾空而起，飞向太空。这是西昌卫星发射中心第一次发射卫星，火箭发动机喷射出的烈焰震动山谷，场面异常壮观。第一、二级发动机的工作和第三级氢氧发动机的第一次工作都正常，地面各测量站跟踪良好。但当火箭飞行到940秒时，第三级氢氧发动机第二次启动后，推力消失，未能将卫星送入预定的大椭圆转移轨道，卫星只进入距地面约400千米的近圆轨道，卫星无法正常工作。

痛惜之余，孙家栋与所有卫星研制人员立即面对现实，调整思路。孙家栋组织技术人员，决定利用卫星每日飞越我国领土上空的有限时间进行各项测试。卫星在这样的低轨道运行存在许多问题，最主要的是卫星在距离地面较低高度的近地轨道上飞行，周期短，每圈都要经过地球阴影区，星上镉镍电池的充放电与原来的设计状态有较大变化，出阴影区后的充电时间很短，根本不可能按设计完成充放电，这将导致卫星远地点发动机点火时，镉镍电池无法提供所需要的大电流脉冲功率。西安卫星测控中心根据远望号测量船从海上传来的数据，立即将试验大纲的第二预案付诸实施，开始了抢救卫星工作。孙家栋与航天工业部副部长宋健、西安卫星测控中心副主任郝岩，立即组织主要技术负责人研究应急方案：换用近地卫星测控程序，迅速做出初步轨道预报；闽南、渭南两个测控站立即准备捕获卫星信息；为了减少功率消耗，关闭星上部分加热器；增加卫星自旋转速，稳定卫星姿态，择机实现远地点发动机点火，改变卫星运行轨道；调整卫星姿态，保证太阳入射角在设计指标范围内，以解决星上能源危机，延长卫星工作寿命，力争尽可能多地进行试验项目。

孙家栋坐镇西安卫星测控中心，决定卫星运行第13圈时实施星上远地点发动机点火。经过短时间的精心准备，成功地实施了上述方案，卫星远地点发动机准确点火，将卫星由高度约400千米的近圆轨道变为近地点高度为358千米、远地点高度为6480千米的中等椭圆轨道，运行周期也从原来的1小时30分延长至2小时43分，使试验通信卫星成为一颗能长期工作的科学试验卫星。故障对策的成功运用，提高了卫星的运行寿命，利用这种条件，进行了卫星及其各系统的功能考核、性能指标测试和寿命试验，并且完成了通信、广播、彩色电视传输试验，取得了大量宝贵资料。这次发射试验任务，涉及全国20多个省、市、自治区，国务院30多个部、委，解放军各总部、有关军兵种、9个大军区以及所属的上千个单位。在从陆地到海洋长达7000多千米

1984年，孙家栋与航天工业部副部长宋健在发射控制室

的航区内，设置有发射、测量跟踪控制、通信联络、水文、气象、运输保障、海上救援等系统。仅通信系统就配置了600多个台、站，2000多台（套）设备。虽然发射失利，但各系统得到了全面检验，为后续试验通信卫星的发射积累了经验。

不松懈、不气馁、总结教训、再次发射的必胜信心，激励着参试人员。1984年4月，正是西昌的阴雨季节，4月8日这天，整个白天乌云笼罩，发射场西边的山头笼罩在云雾中。这天，第二枚长征三号运载火箭载着第二颗试验通信卫星再行组织发射。傍晚时分，正当大家怀疑气象条件是否适宜发射时，云层开始变薄，天空开始放晴。夜色降临，发射倒计时在一分一秒地推移。此时，发射场上空繁星闪烁，空中已是一片晴朗。

19时整，环抱运载火箭的发射塔活动平台徐徐展开，矗立在发射台上巨龙一般的乳白色长征三号运载火箭雄伟挺立，整装待发。

19时15分，连接地面与卫星的脱落插头成功脱落，指挥控制室的显示屏上显示出卫星、运载火箭、发射设备以及测量控制系统全部正常。

19时20分，火箭在震耳欲聋的轰鸣声中离开发射台，冲向天空，飞离地球。

19时40分，运载火箭第三级准确入轨，成功地将卫星送入地球同步转移轨道，发射获得圆满成功。

发射成功的第二天，刚刚卸下卫星发射重任的孙家栋，还没来得及好好地睡一觉，便又乘专用飞机，马不停蹄地从西昌卫星发射中心紧急赶往西安卫星测控中心。

4月10日8时47分，西安卫星测控中心对卫星发出了远地点发动机点火的遥控指令，发动机准时点火，将卫星送入了准地球静止轨道，接着又对卫星进行了姿态调整，使卫星建立了能够正常工作的自转轴垂直于地球赤道平面姿态，获得了利用红外信息长期跟踪控制的条件，卫星按预定漂移速度向定点经度位置漂移。

试验总是不能一帆风顺。正当这颗卫星进入准地球静止轨道向预定位置漂移的时候，西安卫星测控中心发现，装在卫星上的镉镍电池温度超过设计指标的上限值，并且还有继续上升的趋势。遥测数据显示，卫星的外壳和其他部分仪器的温度也偏高，如果控制不住，温度继续升高，刚刚发射成功的卫星就要危在旦夕了……

地面技术人员测控几万千米高空发热的卫星，如同医生在治疗远距离发高烧的病人，如果不能及时为病人退烧，则会危及到病人的生命。但是，“病人”

卫星测试小憩，孙家栋与研制人员谈论的话题也离不开卫星数据

并不在医生的面前，它远在36000千米高度的赤道上空快速飞行。刻不容缓，如果不立即让卫星退烧，将会引起卫星蓄电池损坏以至整个卫星失效。

此时的孙家栋心力交瘁、疲惫不堪，但他全然不顾这些，立刻投身到对卫星故障的应急处置中。他立即召集技术人员开会，大家群策群力，出主意想办法，孙家栋也简洁地谈了自己的想法，并很快形成了解决问题的思路。凭着对卫星及其飞行过程的分析，孙家栋初步判断卫星发热是由于卫星相对太阳姿态角的变化所引起的，于是果断地做出了对卫星进行大角度姿态调整，降低太阳能电池阵与蓄电池之间的电压差，减小充电电流，迫使蓄电池停止升温并降温的应急故障处置的决定。

西安卫星测控中心一接到对卫星的处置通知，便及时在地面对36000千米高空的卫星发出了应急指令：将星上所有功耗仪器设备全部打开，尽可能多地消耗电能，多次调整卫星姿态，改变太阳辐射角，以减少太阳能电池对卫星的供电，最大限度地增加镉镍电池放电量。在操作控制室只听指挥人员和操作人员紧张的口令声：

“发出开启指令！”

“指令发出！”

“星上接到指令，执行完毕！”

……

完成这些技术措施后，卫星的温度立即得到了控制，但卫星还不能正常工作。经过几个昼夜的模拟试验，孙家栋与技术人员又发现，当太阳照射角为90度时，卫星能源系统保持平衡可以将温度控制在设计指标范围内。孙家栋果断命令对卫星姿态角再调整5度。此前，在返回式卫星发射时，孙家栋就曾在发射指挥室打破正常程序，不顾一切地果断命令“停止发射”！10年后的今天，孙家栋又一次发出打破常规的指令。按照正常情况，“再调5度”的指令，需要根据精确的运算结果后形成文件，按程序审批签字完毕才能执行。但在这种紧急情况下，各种审批手续都已经来不及了。这时，操作指挥员也感到压力巨大，尽管孙家栋的指令已经在录音设备中录了音，但毕竟没有经过指挥部会商签字。指挥现场的几个操作人员为慎重起见，临时拿出一张白纸，在上面草草写下“孙家栋要求再调5度”的字据要孙家栋签名，孙家栋毅然拿起笔，在字据的下方签下“孙家栋”三个字。要知道这三个字的分量和风险，如同10年前发射卫星的情况一样，也需要把个人的一切顾虑抛到脑后，战争年代这叫做“将生死置之度外”，在没有硝烟的卫星发射、测控现场，这难道不也是一种不顾个人安危的“大义凛然”吗！

执行了地面发去的指令后，卫星温度停止上升，一点一点地回落，蓄电池热失控的问题被制服了。

西安卫星测控中心对卫星姿态再次调整后，验

孙家栋在东方红二号通信卫星故障处理决策会上

证了这一措施的正确性，保证了卫星定点和长期稳定运行。卫星终于化险为夷，孙家栋这时也感到了精疲力竭。

对太空中“发烧”卫星的这种处理决策在世界航天界实属少有，同事们惊叹这一绝招。事后，对卫星故障处理的这种创新，引起了航天界人士的关注，人们纷纷说，这真为我国通信卫星工程立了一大功！

1984年4月16日18时27分57秒，卫星成功地定点于东经125度赤道上空，中国拥有了自己的第一颗地球静止轨道通信卫星。孙家栋虽然身心疲惫，但眼前的成果令他无比欢欣，毕竟这是中国人依靠自己的技术和能力自主研制的通信卫星。然而，科学试验屡经磨难，卫星在轨一波三折，经检测又发现卫星上的通信定向天线无法展开正常通信，原因是天线在同卫星一起自旋而没有对地定向。这一情况报告到孙家栋那里，他果断地决定立即启动星上通信定向天线消旋系统。测控中心向卫星发出通信定向天线消旋指令后，该天线实现了对地定向，卫星工作趋于正常。

4月17日18时，卫星通信试验正式开始。早已调试好的北京、南京、石家庄、昆明、乌鲁木齐通信站开展了通信、广播、彩色电视节目传输、报纸版型传真和时间标准频率播发等工作，结果表明卫星工作正常，传输品质良好。孙家栋又马不停蹄地赶回

1984年，孙家栋（前排右二）在卫星接插件试验现场研究解决问题

1984年，孙家栋（左一）与测控专家郝岩将军（右二）在西安卫星测控中心

北京验证在轨测试结果。

18日10时，张爱萍在北京通过试验卫星与远在新疆乌鲁木齐的王恩茂通话，清晰的电话通话声，如同近在咫尺，令孙家栋发自内心地松了一口气。几千个日日夜夜的拼搏，孙家栋总算从心底流露出由衷的笑容，此时的喜悦也只有他自己才最清楚。

中国通信卫星投入使用，是中国航天技术发展取得的又一个重大突破，标志着中国成为世界上第五个能发射地球静止轨道卫星的国家。

4月18日，中共中央、国务院、中央军委向全体从事试验通信卫星研制、试验的科学工作者，工程技术人员，工人，干部和解放军指战员发出了贺电，并于4月30日在人民大会堂隆重举行了庆祝我国试验通信卫星发射成功大会，党

张爱萍在北京与远在乌鲁木齐的王恩茂通话

和国家领导人胡耀邦、赵紫阳、杨尚昆、余秋里等出席了大会。

第一颗试验通信卫星定点成功后，国家有关部门开展了电视和广播节目的传送，进行了图片、文字传真和数据传输等多种应用。解放军通信兵部开通了北京至乌鲁木齐、拉萨、昆明三个方向的数字电话电路，大大提高了通话效果和信息传输的安全性、可靠性。中央电视台对新疆、西藏、云南等边远地区传送电视、广播节目，初步改变了我国边远地区通信落后的状态。

中国通信卫星工程倾注了中国几代航天人的心血，通信卫星发射试验的成功具有重要里程碑意义，也是千千万万个参与者永远铭记的大事情。我国试验通信卫星的发射成功，为我国航天事业的发展开创了新局面，为我国航天技术的应用奠定了新的基础。

通信卫星五大系统的研制试验总体任务归口于当时的国防科工委。2008年新年过后的一天，曾任国防科工委主任的丁衡高上将，在谈到孙家栋组织通信卫星研制试验时说：“对于通信卫星研制、试验、发射那一段的艰苦努力，还应该再写得详细点，家栋同志在研制过程中是起了很重要作用的。在中国改革开放初期的那个轰轰烈烈的年代，国家制定的一系列方针、政策，缩短了中国通信卫星的研制周期，通信卫星的研制、应用，对中国高科技产业的发展起到了非常重要的促进作用，也对中国的经济发展起到了非常重要的牵引和拉动作用。”

卫星系统是卫星工程中的一个重要系统，孙家栋起初是通信卫星系统的总设计师，以后成为北斗、嫦娥等工程的总设计师。不论是系统总设计师还是工程总设计师，孙家栋在主持卫星研制任务中，都十分重视与其他学科专家的配合。同样也是“两弹一星”功勋奖章获得者、已故我国著名电子学家和卫星测控专家陈芳允，在谈到自己从事通信卫星测量控制工作时，念念不忘地说：“孙家栋在航天领域的研究中，很重视在空间技术应用的同时与其他学科的发展协调配合，在多学科综合利用、综合促进的总体协调方面很有一套独特的方法，常常能够在轻松的学术环境下解决看起来很复杂的问题。孙家栋在年龄上虽然要比我们年轻许多，但他为人处事很谦虚、很低调，很注意用分析的态度倾听不同意见，所以在学术界经常能够获得大家的支持。”

在通信卫星上应用“微波统一测控系统”的尝试，在当时还属于一个新的设想，当陈芳允提出来在通信卫星上应用“微波统一测控系统”的建议后，孙家栋很慎重地表示会对这一研究给予支持与配合。孙家栋当时是中国空间技术研究院院长，又是通信卫星总设计师，担任着卫星研制的领导工作。他组织有关技术人员对“微波统一测控系统”在卫星上应用的有关问题进行分析后，很认真地提出许多建设性意见。孙家栋认为，卫星如果实现了“微波统一测控系统”方案，不仅对卫星测控切实可行，而且可以节省星上设备，能将各种信号统一通过收、发载波频率实现传递，实现一台设备多种用途，大大减少星上天线的数目，把原来所需要的几副天线合一使用，不但能降低卫星的功耗，减小卫星的质量，而且还能减少设备的故障环节，对提高卫星的可靠性大有好处。

在孙家栋的大力支持与积极配合下，通信卫星上采用“微波统一测控系统”方案获得了成功。

卫星研制是一项复杂的系统工程，需要方方面面的支持和配合，跨学科的互相支持、互相配合、互相促进极为重要。其他学科的新技术要在航天领域得到应用，是需要总体负责人认可和承担责任的，在这里，取得他们的支持不仅仅是知识范畴的认可，更重要的是要有科学求是、虚怀若谷的胸怀。

4. 太空闪烁二代星

随着中国改革开放和国民经济发展的需要，国家确定在地球静止轨道试验通信卫星发射、定点、应用成功的基础上，开始实施第二代应用卫星工程的研制计划。

第二代应用卫星工程主要为东方红三号通信广播卫星工程、风云二号地球静止轨道气象卫星工程和中国与巴西合作研制的资源一号地球资源卫星工程。孙家栋分别被任命为这三项工程的总设计师

孙家栋与东方红四号卫星总指挥兼总设计师周志成在西安卫星测控中心

（业内习惯于将工程总设计师称为“总总师”），统领了这三项卫星工程的研制重任。

东方红三号卫星是我国首次使用的三轴稳定中等容量的实用通信卫星，可承载220千克有效载荷，星上配置了24台C波段转发器，其中6台是16瓦中功率转发器，用于传输电视，其余18台是8瓦低功率转发器。服务区域包括中国大陆、台湾地区及近海岛屿，主要用于电视传输、电话、电报、传真、广播和数据传输等业务，可连续向全国同时传输6路彩色电视节目和8000门双工电话（采用频带压缩传输技术后能传送更多），设计工作寿命为8年，具有国际同类卫星的先进水平。它的研制成功，为我国其他通信卫星的研制和发展奠定了基础，标志着中国通信卫星技术跨上了一个新台阶。

卫星定点后于1998年年初正式向全国各地展开商业服务，在日常生活、经济活动、文化教育、外交领域、政治宣传等各方面产生了显著的社会效益，对推进中国的信息化进程起到了重要作用。

孙家栋统领研制的东方红四号大容量通信卫星平台也取得了重大成果，这种新型卫星的技术指标已经达到了国际同类卫星的水平。

1986年3月，国务院正式批准风云二号地球静止轨道气象卫星研制任务，该工程被列入航天重点工程。

风云二号卫星的设计，既继承了我国东方红二号卫星部分成熟技术，又采用了多项国内首次在空间应用的新的空间技术，如主动章动控制技术、星载动平衡调整技术、大口径三通道扫描辐射计技术、远地点发动机工作后在准地球静止轨道上与卫星的分离技术，进一步提高了卫星的技术性能。卫星采用双自旋稳定姿态控制，具有较强的数据通信能力，可全天候对地球进行连续的气象监视。星上数据收集转发器有区域通道100个、国际通道33个。卫星可获取白天可见光云图、昼夜红外云图和水汽分布图；转发高分辨率数字展宽云图、低分辨率云图，进行天气图传真广播；收集和转发气象、海洋、水文等观测数据；监测太阳X射线和空间粒子辐射数据。卫星设计寿命为3年。

1997年6月10日，我国成功发射了风云二号A星，标志着中国气象卫星进入了一个新阶段，极大地改善了我国气象预报手段，提高了气象观测水平，对气象事业服务于人民生活、国防、工农业生产及其他行业产生了重要的影响。中国成为了世界上第三个同时拥有极轨气象卫星和静止轨道气象卫星的国家。

风云系列气象卫星投入业务运行后，成为中国现代化气象业务系统中不可或缺的重要组成部分，被世界气象组织正式列为世界天气监视网全球观测系统的一个组成部分。我国是自然灾害种类较多、发生频繁的国家之一，风云系列气

孙家栋在风云二号气象卫星生产现场检查工作

象卫星在台风、暴雨、冰雹、洪涝、火灾、沙尘暴、雪灾和海冰等监测中发挥了重要作用。例如，1998年我国长江、嫩江流域发生特大洪涝灾害，国家卫星气象中心利用卫星资料提供了大量洪涝监测信息。在三峡工程的气象保障服务中，气象卫星资料为大江截流作出了贡献。我国西部，尤其是青藏高原的气象观测站极其稀少，长期以来人们很难获得这个地域全面系统的气象资料。我国气象卫星获得的信息，不仅揭示出来自印度洋涌上高原的热带云系的发生、发展和演变，以及影响我国西南直至东部地区的天气系统，更重要的是填补了我国青藏高原地区气象观测资料的空白。我国百姓茶余饭后经常说，“今天的天气……”殊不知，这是气象卫星给人民群众带来的实实在在的好处。

5. 南南合作结硕果

1982年，航天工业部科学技术委员会副主任、总工程师孙家栋，担任中国政府代表团副团长，出席了联合国第二次探索与和平利用外层空间大会，并在会上介绍了中国航天的发展成就。我国的积极合作态度得到了联合国及各国代表团的赞扬。

1987年6月，孙家栋出席巴西驻华大使在北京举行的巴西国庆节招待会，会上，孙家栋与巴西空间研究院院长相识，他们相互交谈了自己国家的航天发展思路，两人都感到虽然两国地理位置相距遥远，但合作的机会和潜力还是很大的。人世间有许多机遇，抓住机遇就会成就一番事业。孙家栋与巴西空间研究院院长相约，希望进一步加深了解，从而拉开了中巴空间合作的序幕。巴西空间研究院在对中国的空间计划进行了解后，提出希望中巴双方在地球资源卫星方面开展合作。

中国位于地球东半球的北部，巴西位于地球西半球的南部，两国相距遥远，分别是两个半球面积最大、人口最多的发展中大国。中国与巴西于1974年8月15日正式建立了外交关系，经历了从相互之间的逐渐了解到合作不断加深的过程。

1988年5月，时任中国航空航天工业部副部长的孙家栋，接手了中国与巴西的航天实质性合作，同年7月6日，两国政府签署了《中华人民共和国政府和巴西联邦共和国政府关于核准研制地球资源卫星议定书》。议定书中明确，在已经进行中的中国资源卫星原设计方案的基础上，由中国空间技术研究院和巴西空间研究院共同联合研制中巴地球资源卫星，由中方承担总经费的70%、巴西承担30%，中巴地球资源卫星由中国运载火箭发射，卫星发射成功投入运行后由两国共同使用。1989年4月，孙家栋率代表团前往巴西，对两国合作的有关重大问题进行协调磋商。随后，两国技术人员对原有的资源

1988年，孙家栋出席中国与巴西空间技术合作签字仪式

卫星设计方案进行了讨论和修正，按照新的方案制定了工作计划，初步确定责任分工，项目的合作研制工作随之全面展开。

中巴地球资源卫星是中国首次在空间技术领域进行的全面国际合作，在合作中不可避免地会遇到许多新问题，比如研制经费的困难，巴西承制卫星项目的ESCA公司破产，两国技术人员往来、技术协调、语言障碍等，都使卫星研制进展缓慢，明显影响了当时确定的赶超世界先进水平的步伐。孙家栋及时组织有关人员对出现的问题进行分析，按照技术和行政两条指挥线将困难想透，将问题想细，将解决办法想足，制定出相应的处置措施，使项目在艰难中继续向前。随着项目的进展，两国政府又分别于1993年和1996年签订了补充协议，一再重申中巴地球资源卫星合作的重要意义，提出要克服困难，坚持合作下去。

国际上发展地球资源卫星是从20世纪70年代初期开始的，由于这种卫星具有较高的应用价值，不仅美国、俄罗斯这样的空间大国竞相发展，就连印度这样的发展中国家也不惜重金积极开展研制工作。当时已经在轨运行的地球资源卫星系列有美国的陆地卫星、法国的斯波特卫星、苏联的资源-F卫星和钻石卫星、日本的地球资源卫星和海洋观测卫星、印度的遥感卫星、欧洲空间局的欧洲遥感卫星、美法合作的海洋观测卫星、加拿大的雷达卫星等，其中，美国的陆地卫星和法国的斯波特卫星在技术与性能方面占有优势地位。

资源一号卫星是我国第一代传输型对地观测卫星，早在1987年进行可行性论证时就汲取了国际同类卫星的优点，以当时国际先进的地球资源卫星的技术指标作为设计依据，在遥感谱段设置上与美国陆地卫星相同，但其空间分辨率高于陆地卫星，与法国斯波特相当，且谱段要多于斯波特卫星。除此之外，在设计指导思想上，资源一号卫星按照高水平的卫星平台制定研制方案。

在两国研制任务分工方面，中国承担卫星应用平台部分及其他两种有效载荷等星上重要部件的研制，巴西主要负责卫星上的宽视场CCD相机的研制工作。

确定了设计依据和基本任务分工后，参加此项工作的人员很快就开始了设计工作，随着资源一号卫星的总体技术方案逐步趋于合理，研制工作快速走上正轨。

大家普遍认为这将是一颗为中国航天技术走向国际舞台的“争气星”，这颗“争气星”必须改变以往某些关键部件依靠进口、受制于人的局面。这种研制思路获得成功，也为后续卫星采用国产部件开通了道路。

中巴资源一号卫星重1540千克，功率1100瓦，采用三轴稳定系统，设计工作寿命为2年，运行在高度为778千米、倾角为98.5度的太阳同步轨道上，

1989年中巴地球资源卫星合作初期，孙家栋与巴西专家亲切交谈

每天环绕地球14.3圈，26天可将地球覆盖一遍。资源一号卫星包括有效载荷和服务系统两部分，共由15个分系统组成，星体为长方体，采用单翼太阳能电池阵。卫星分为公用服务平台和载荷舱两个舱段，每个舱段内采用小舱段设计和布局。

当时我国资源卫星技术相当于国际20世纪80年代末、90年代初的水平。资源卫星获取的遥感数据由地面接收站负责实时接收，卫星在接收站接收范围之外获取的其他地区的数据，可由星上存储器暂时储存，待卫星飞越中国上空时再传回地面站。接收站接收到的数据由中国资源卫星应用中心负责处理，加工成不同级别的图片和数据产品，供不同的用户使用。

经过中巴两国科技人员11年的艰苦努力，1999年10月14日，长征四号乙运载火箭托举着中国和巴西联合研制的第一颗中巴资源一号卫星，在太原卫星发射中心成功升空，将卫星准确送入了预定轨道。

火箭起飞后，发射台上还袅袅飘散着烧蚀的余烟，站在发射场坪的孙家栋，此刻心中思绪万千。他想到11年来科技人员艰辛的日日夜夜，想到攻克技术难关时所遇到的困惑，想到与技术没有关系的大量综合协调……

卫星虽然已经成功地进入预定轨道，但卫星上那么多系统、设备、元器件能否确保质量，能否保证卫星准确无误的工作，仍然紧紧牵动着孙家栋的心。

卫星入轨后的第二天，位于北京密云的遥感卫星地面站，首先报告获取了卫星宽视场CCD相机5个谱段的数据和红外扫描仪第6个谱段的数据，对这些数据进行处理后，证明图像质量很好，完全能够达到技术指标要求。孙家栋作

2000年10月，孙家栋在西昌卫星发射中心

为资源一号卫星的工程总师，第一时间赶赴密云的遥感卫星地面站，观看出图情况。

紧接着，基本上每天都有好消息。

1999年10月21日，卫星宽视场成像仪开始工作，巴西和中国均获得了满意的图像，所取得的各种遥测数据表明，星上各系统工作正常。

按照预定计划，卫星于1999年11月5日至9日进行了7次变轨，其中半数以上在国外地区的上空实施变轨，证明轨道设计和调整也达到了世界领先水平。与此同时，星载数据管理子系统进行了均匀校时和集中校时。经过校时，星地时差小于3毫秒，远远小于设计规定20毫秒的指标要求。

11月，星上红外扫描仪获取了良好的图像，其中，星上磁记录器在国外记录图像数据并在国内地面站作用范围内回放数据，获得了清晰的图像。其间还进行了宽视场CCD相机的侧摆镜功能试验、内定标和增益调整试验、北极太阳定标试验等。11月15日，总装备部某试验基地、中国资源卫星应用中心及中国空间技术研究院三方面的代表举行会议，对在轨测试第一阶段的工作进行了总结，一致认为测试证明卫星各种功能正常，星上各设备性能参数均符合或优于规范要求。在轨测试的第二阶段（卫星发射后第34～80天），转入以中国资源卫星应用中心为主的图像质量评定阶段。

孙家栋的脸上露出了多日来难以见到的笑容，这笑容是长时间以来的担忧得到释放后的轻松，也是一种发自内心由衷喜悦的表露。

至此，由孙家栋所负责主抓的“新三星”工程圆满完成。中巴资源一号卫星的首战告捷，为后续任务打下了良好基础。

中巴资源一号卫星首发成功，首发即能有效地使用，表明中国卫星研制水平上了一个新台阶。与国外研制的资源卫星相比，中巴资源一号卫星没有经过试验卫星阶段，而美国陆地卫星经过了3颗飞行试验星，直到“陆地卫星四号”才正式作为应用卫星投入使用。

2001年7月，孙家栋与中国空间技术研究院专家又一次来到巴西，现场检查中国与巴西联合研制的中巴资源一号卫星02星的总装测试情况。

2002年11月，中国政府与巴西政府又签署了《关于继续开展资源卫星合作的相关协议》。根据新的协议，中巴将继续合作研制中巴资源一号卫星03星和04星。在研制费用的投入上，双方各占50%。这两颗卫星的各项性能指标将有较大提高，空间分辨率和图像质量有明显改善。其中，04星将由巴西完成总装、发射任务。中巴地球资源卫星下一步的发展目标将是扩大应用范围，加强应用领域的国际合作，为区域乃至全球的社会进步、经济发展作出贡献。

中巴资源一号卫星02星在巴西完成全部总装测试后，装入大型运输飞机由巴西经过近30个小时的远途飞行运抵中国。之后，按计划在太原卫星发射中心进行发射前的各项测试准备工作，于2003年10月21日在太原卫星发射中心发射，并被精确地送入预定轨道。同时还成功搭载了我国自行研制的创新一号小型科学试验卫星。11月底，中巴资源一号卫星02星在轨测试工作结束，结果表明，各系统工作正常，满足规范要求，图像质量优于01星。

中巴资源一号卫星在开展土地资源监测和管理、环境监测，特别是配合我国实施的中西部开发的战略决策，在对中西部的环境、生态和资源调查中，提供了有力的手段。截至2005年上半年，中国资源卫星应用中心已处理、归档卫星遥感数据75万余景。这些数据不仅成为我国用户，同时也成为我国周边国家与地区的重要遥感数据源。卫星数据已被广泛应用于农业资源调查与作物估产，森林资源调查与监测，地质、水资源调查与监测，能源与环境监测，城市规划，灾害调查，工程地质勘察，道路选址，生态环境调查，测绘，以及包括石油天然气、煤炭和地下煤层自燃监测等诸多领域。资源卫星在国民经济建设和可持续发展战略中已经起到了不可估量的巨大作用。

中巴地球资源卫星发展的每一步，都凝聚了两国航天专家的心血，也得到两国政府高层领导的重视。时任国家主席江泽民和总理李鹏在访问巴西时，都曾专程到巴西空间研究院参观，高度评价了中巴在航天高科技领域的合作。1996年1月，巴西总统卡多佐访问我国，还到中国空间技术研究院北京卫星总装厂参观中巴资源一号卫星初样星。

时任国家主席胡锦涛也对中巴地球资源卫星合作给予了高度重视，他在巴西访问期间，专门参观了巴西空间研究院和卫星总装测试中心。此间，中国政府与巴西政府又签署了《中巴关于合作研制地球资源卫星02B星的补充议定书》

和《中巴地球资源卫星应用系统合作的补充议定书》，为两国共同进军国际资源卫星数据市场创造了有利条件。

巴西科技部部长坎波斯表示，巴中地球资源卫星工程对巴西具有重要意义，在巴西的防灾减灾、农业、城市规划、保护亚马逊森林等领域发挥了积极作用。他说："这项工程是一个范例，向世界展示了两个发展中国家在高科技前沿领域合作取得的成果。"

孙家栋与他的同事们看到中巴资源一号卫星产生的政治、经济影响，不仅感到欣慰，更对我国航天事业取得的成就感到无比自豪。

孙家栋领导中国第二代应用卫星工程的研制工作，成为跨部门、跨学科、跨专业的航天工程设计师系统的核心。在整个工程总体的技术指挥、技术决策和技术协调方面，他负责工程总体方案论证工作、审定总体指标、总体方案和技术途

孙家栋举杯祝贺中国与巴西空间技术合作取得阶段性成果

径。他在解决五大系统之间相关技术问题和大总体协调工作中，坚持系统工程目标性、协调性和最佳性原则，强调整体观念，从全局出发进行决策和协调，为第二代应用卫星工程的研制成功起到了非常重要和不可替代的作用。

经过50多年的努力，我国的航天技术水平已经跨入世界先进行列，我国已经拥有种类齐全的长征系列运载火箭，已经将自己制造的上百颗卫星送入了太空，有通信卫星、气象卫星、资源卫星、海洋卫星、科学试验卫星、返回式遥感卫星、导航定位卫星等，我国航天技术为促进国民经济建设、保卫国家安全作出了应有的贡献。

孙家栋

孙家栋院士传记

Academician Sun Jiadong's Biography

第六章 航天入世

孙家栋在国家改革开放的重要关头，又一次受命于中国航天发展的关键时刻，充当起“航天生意人”的角色，肩负起中国航天国际合作谈判的重任。

1. 跻身国际大市场

1976年12月，孙家栋以中国航天专家的身份，随团赴法国、联邦德国、荷兰、意大利、英国、瑞典等国航天部门考察访问，了解欧洲空间技术的发展水平。1977年9月，他又随中国航天技术代表团赴法国进行空间技术考察访问，结交了许多国外航天界的朋友。1978年7月，孙家栋主持接待了美国总统科学顾问、科技政策办公室主任弗兰克·普雷斯博士率领的科技代表团，并邀请他们参观了北京控制工程研究所、北京卫星制造厂，这是中国空间技术研究院首次接待外国代表团参观北京卫星制造厂。

通过国际交往，中国航天开拓了国际合作的思路。孙家栋和有关领导在思考一个问题：要尽快让中国的运载火箭进入国际市场，与国外的先进技术合作、交流，参与商业卫星发射服务的竞争，使中国航天走向世界，这将是中国航天事业快速发展的必由之路。

1982年，孙家栋与邵天任作为副团长随同章文晋团长率领中国代表团出席了第二次联合国探索与和平利用外层空间大会。会上，我国代表介绍了中国航天活动的成就，这种积极合作的态度，得到了联合国及各国代表团的广泛赞扬。

孙家栋访问美国国会空间委员会

1983年5月，孙家栋随航天工业部宋健副部长参加了中美科技合作联委会第三次会议。这次会议同美国航空航天局克雷勃洛副局长确定了中美双方共同感兴趣的合作项目。至此，中美航天技术合作有了具体的进展。

11月，按照中国与英国签署的科技合作协议，英国贸易工业部空间部副主任罗宾逊率领第一个英国宇航代表团访问我国航天工业部，孙家栋以中国空间技术研究院院长的身份，与其就6个空间项目的合作进行商讨并签署了《会谈纪要》。

1984年8月，孙家栋与航天工业部副部长刘纪原一同应邀率团前往位于南美洲的法属圭亚那航天发射中心参观阿里亚娜火箭发射，与法国航天部门就中、法可能展开的合作，相互交换了意见。

9月，在国家邀请海外华人、华侨参加国庆35周年活动前夕，孙家栋与航天工业部部长张钧一起，陪同几十位回国观礼的华裔科学家参观了我国四种型号的人造卫星。参观后，华裔科学家在盛赞祖国航天事业光辉成就时深情地说：

孙家栋亲切会见美籍华裔航天员王赣骏博士

"作为一个中国人，看到祖国的人造卫星，感到无比的光荣和自豪，只有祖国强大了，我们在海外才会有地位。"

11月，法国空间研究中心主任达莱斯特和马特拉公司董事长拉格德尔访华，同中方签署了具有合作意向的《会谈纪要》，推动了中国与法国在航天方面合作的步伐。

这一次又一次的对外接触，不仅使外国了解了中国航天几十年来所取得的巨大成就，也使我们自己开阔了眼界，了解了外面的世界，孙家栋从中增长了见识、开阔了眼界，充实了在国际上树立中国航天大国形象的思路。

1985年10月30日，经中共中央批准，中国空间技术研究院院长孙家栋升任航天工业部副部长，他又一次受命于中国航天发展的关键时刻。孙家栋的思维重点开始转向世界，转向国际间的航天科技交流。

中国航天经过几十年的努力奋斗，已形成了一套完整的研制、生产、试验、发射体系，建立了与之相配套的设施，拥有了一支庞大的、专业齐备的科研试验队伍。但如何有效地将中国航天这些优势充分地利用起来，是摆在国家主管部门领导面前的一个重要课题。

中国航天领域的领导们已经清醒地看到：自从我国连续成功发射了返回式遥感卫星和地球静止轨道通信卫星后，我国实际上已具备了承揽外国卫星发射的能力。用中国的火箭为外国发射卫星，不仅是一件壮国威、振民心的好事，在改

1985年10月30日，孙家栋被任命为航天工业部副部长

革开放初期，还可以为任务尚不饱满的航天产业带来新的生机，通过饱满的任务培养锻炼新一代科学技术人员，使设备得到充分利用和更新换代，以此促进航天产业能力的进一步提高。另外，通过发射外国卫星，还能够增强国人以及海外华侨的爱国凝聚力，同时可以创收外汇，增加经济效益。

时任航天工业部部长李绪鄂等针对中国火箭投放国际航天市场的情况，向国家提交了建议。经国防科工委与航天工业部认真研究后，有关部门制定了相应的具体方案。

1985年10月，中国政府庄严宣布：中国长征系列运载火箭投放国际市场，承揽对外发射服务。

这一消息震撼全球，在国外迅速引起了强烈的反响。

正当孙家栋按照国防科工委和航天工业部的统一部署，实施中国进入世界航天发射市场之时，世界航天界接二连三地传出了大灾难的噩耗：

1986年1月28日，美国挑战者号航天飞机升空后爆炸，机上7名航天员无一幸免，全部遇难。

4月28日，美国大力神34D火箭点火升空仅几秒钟，便发生爆炸。

5月3日，美国德尔它火箭升空后91秒，飞行姿态失去控制，地面控制人员被迫发出了自毁指令，火箭载着卫星如同空中散花一般毁于一旦。

5月30日，法国阿里安火箭喷着烈焰刚刚离开发射台，还没有离开人们的视线就化为一片火海。

100多天内接连发射失败的情形，搅乱了国际航天发射市场。这些发射失败的惨剧令航天界同行痛心不已，使航天发射服务市场大伤元气，重新发射是需要生产周期的，已经造好等候上天的卫星，由于没有火箭的运送而在地面滞留，欧美的航天发射一时陷入低谷。

人们在痛惜之余却也看出，中国的火箭完全可以作为国际发射服务的延伸和补充，为急待上天的卫星提供支持。国际航天市场为中国的进入带来了千载难逢的机遇。

机不可失，失不再来，要抓住这个机遇，迎接挑战。

7月17日上午，中南海国务院第十三会议室，国务院就发射外国卫星有关问题正在这里听取汇报。孙家栋与国防科工委主任丁衡高、副主任沈荣骏以及航天工业部副部长刘纪原等有关领导，向国务院

孙家栋、刘纪原、沈荣骏、王永志（从右至左）在西沙群岛永兴岛进行科学考察

和中央专委汇报了发射外国卫星的工作情况。与会人员认为，中国为美国发射卫星必然会在国际上产生巨大影响，当年中国自行研制的导弹、原子弹、人造卫星成功，都曾在国际上显示了中国的科技实力，为中华民族增光添彩。现在为美国发射卫星也必将带动我国相关产业的发展，促进我国高科技的进步。

国务院领导指示，原则同意尽快开展这项工作。为外国发射卫星，一是要组织好，二是要注意信誉，确保卫星发射成功。做好这件事，不仅在经济上可以获益，在政治上也会产生重大影响。另外，对于团结海外华人，共同振兴中华也是一个大举措。

当天晚上，丁衡高、沈荣骏、刘纪原、孙家栋等参加会议的人员立即挑灯夜战，召开紧急会议研究发射外国卫星的具体实施办法，同时着手起草向国务院、中央军委呈送的《关于发射外国卫星若干问题的请示》。

国务院、中央军委很快向全国下发了通知，确定将发射外国卫星列入国家重点项目，代号为“867工程”，并给予必要的特殊政策，由国防科工委负责组织实施，要求有关部门予以大力支持和积极配合。

孙家栋与沈荣骏、刘纪原是多年的老搭档，他们在一起相互尊重、配合默契，他们都具有一丝不苟、雷厉风行的工作作风。“867工程”正式实施后，他们几乎每天都要互通信息，遇到问题及时会商，经常提出建设性的意见，统一认识，部署实施。为了加快实施外国卫星发射任务的步伐，他们提出，应当立即进行全面安排，按照中央文件“由国防科工委负责组织实施”的精神，尽快召开一次专门的会议。

11月27日至12月1日，国防科工委在北京远望楼宾馆召开了第一次外国卫星发射任务工作会议。国家有关部、委、局，有关省、市，解放军有关总部、海军、空军共200余名代表参加了会议。孙家栋作为航天工业部的领导参加了会议。

会上，中国长城工业总公司、中国运载火箭技术研究院、中国卫星发射测控系统部、中国西昌卫星发射中心，分别作了关于发射外国卫星准备工作情况的报告。

国务委员、中央军委副秘书长兼国防部长张爱萍将军莅临会议进行动员。他在会上讲到：“我国航天技术进入国际市场，发射国外卫星，不仅表明我国在航天事业和科学试验上有了新的成就，而且说明我们整个国家进入了一个重要的历史转折时期，是具有划时代意义的。我们之所以取得成功，主要是由于自己主观努力。如果客观环境好而缺乏主观努力，好的客观环境也不能充分利用。如果客观条件基本具备再加上主观努力，可以弥补客观条件的不足，最后完成任务。建国以来，特别是从50年代开始搞航天技术，以后搞原子技术，开始时都是只具备一定的客观条件，最后加上我们的主观努力，这个主观努力不仅仅是航天、核技术和国防工业方面的，而且是整个国家的共同努力，所以能不断地取得胜利，即使在最困难的时期，也还是取得了成功。”

在讲到协调工作时，张爱萍语重心长地强调：“部门与部门之间要协调好关系，要以做好发射外国卫星这个项目的大局为出发点。大力协同、统一组织领导是我们成功的经验，也是光荣传统。搞这样复杂的技术，牵涉面这样广，没有统一的组织指挥、互相协同和互相服从是不可能的。我曾经引用过刘伯承元帅在红军时期说过的一句话‘作战就是纵横交错的组织工作’，那时是小米加步枪，他就强调了你中有我，我中有你，有些我要服从你，有些你要服从我，这个服从不是职位上的服从，而是工作上的服从，技术上的服从，这一点我们还必须强调。”

讲到这里，张爱萍提高了嗓门，对参加会议的人员讲到：“给国外发射卫星，应该把我们成功的经验和光荣传统，在可能的条件下更好地运用和发展。这是我们中国进入国际市场的一次重大的考验，关系到我们祖国的荣誉，关系到我们中华民族的荣誉。”

坐在张爱萍对面的孙家栋，看着这位老将军熟悉的面孔，思绪随着他抑扬顿挫、铿锵有力的讲话而起伏，一股崇敬之情油然而起。孙家栋想：在中国航天在对外承揽卫星发射服务的紧要关头，张爱萍老将军的讲话是对事业的支持，也是对每个人的鼓励、鞭策。

发射外国卫星遇到了许多从未遇到甚至从未想过的问题。别的且不说，单就卫星从美国运达中国，再进入卫星测试厂房，便有一系列需要解决的新问题。

外国卫星运入中国属于什么性质？是出口还是入境？按照什么样的国际条约来对待？

外国专用大型运输机按什么方式进入中国？进入中国领空一直到西昌卫星发射中心的机场如何实施管制？

在机场降落后，如何把庞大的卫星从机舱中卸下来？

采用什么样的运输工具，把卫星由机场运到卫星测试厂房？

卫星在发射场的安全保卫由谁负责？如何保障外国卫星技术不被泄露？

还有连同卫星一起来的大批成套测试设备、仪器仪表以及工作、生活必需品。这些物品随同卫星到达中国后应该按什么性质来办理？卫星进入太空后，带走这些配套物品应执行何种海关规定？

上述的问题还都是保障方面的问题，而技术接口、技术保障方面还有更多的问题需要落实。对运载火箭来说，涉及到与卫星的技术接口，然而，在没有获得卫星制造国的许可证前，卫星制造国是不允许双方技术人员坐在一起讨论技术问题的。对地面设备来讲，卫星发射中心的机场要具备起降大型飞机的能力，要具备卫星停放、测试的恒温恒湿、超洁净度的卫星测试厂房及发射塔架特殊工作区，要向外国卫星提供多种与国际接轨的特殊支持设备，要按商业卫星发射的规则向国际航天保险界购买保险，发射时要进行电视实况转播。还有，在中国技术人员眼里不算问题的住宿、娱乐，也必须按西方人的星级宾馆标准建设和配备，在西方人眼里，生活设施的满足程度要高于对工作环境的要求。

每项具体工作都需要逐条逐项地加以落实，每个项目都需要动用大笔资金。于是，出现了一对矛盾，设施、设备不具备条件，不要说拿到合同，就连与国外洽谈卫星发射服务的资格都没有。但如果耗用巨资将设施建起来，将设备造出来安装好，谁敢保证一定能将卫星发射任务承揽到手。下这样的决心是要承担很大风险的。

孙家栋这时站了出来，在研究发射外国卫星工作的一次专题会议上，孙家栋慷慨激昂地发表见解说："既然我们的航天能力和发射水平已经具备了对外承揽卫星发射服务的能力，既然我国政府已经庄严地向国际社会进行了宣布，那我们就应该横下一条心，坚定不移地把我国航天对外开放的步子迈出去！我们要对自己的能力和水平有信心，我们要敢于承担风险，敢于承担责任，敢于下这个决心。我们要号召航天人，继承发扬我们当年搞‘两弹一星’时的那股子攻克难关的劲头，把各项工作做好。至于说我们投入了大量资金而承揽不到卫星怎么办？我想，只要你的东西比别人的好，你的条件比别人优越，在同等情况下你的价钱又比别人的便宜，应该没有理由出现这个问题。事在人为，我就不信老外这个邪。国家改革开放政策为航天事业创造了这样的机遇，我们就是拼老命也要把这件事做好！”

过去几十年来，中国航天领域严格保密，航天技术在各个环节都有一套严格的保密措施。而现在，发射服务提供方作为卖方，必须把运载火箭、发射设施的技术指标、试验数据等，全面展示给“用户”。按照市场经济的法则，买主就是用户，用户就是上帝，这个用户不仅仅是卫星使用者，连同制造商、经营商、保险商、金融商、法律界都需要对卖方做全面、深入的了解。光看资料还不够，买方还要直接到生产厂、实验室、发射中心、测量控制现场进行实地考察，还要逐类逐项进行技术评审。为了满足外国卫星的发射条件，必须完成卫星与火箭之间星箭电磁兼容性试验分析、星箭热环境试验分析、星箭载荷耦合振动试验分析、星箭分离时的相对运动分析和飞行轨道分析五大相容性评审。这些评审不仅要提供数据结果，而且连同试验过程、试验方法都要解释得一清二楚。按照这样的程序，中国航天还有什么密可保?

面对这一系列新问题，如何适应新形势，新的规章制度怎样制定，对于各级领导、各层人员来说，都是一片空白、一片陌生。

进入国际发射服务市场困难重重，即便是欧洲发达国家，为了进入这个市场也都用了好多年时间，欧洲阿里亚娜火箭进入国际市场用了整整8年的准备时间。

孙家栋心里想，难道我们也要再花上8年时间?机遇不允许这样做！只能在借鉴外国经验、教训的基础上，尽快走出具有中国特色的道路！

孙家栋在研究如何落实发射外国卫星的具体工作时，与国防科工委副主任沈荣骏不谋而合地又一次想到了一块儿，他们认为：我们发射外国卫星是在做前人从来没有做过的事业，实施这种新的举措肯定会遇到不少困难和阻力，甚至还要承担一定的风险。但只要我们下决心脚踏实地地去干，就一定能把事情做成。当前首先要解决两个基础性的问题，一是要在内部调整好一套适合于国际市场运作的对外开放准则，灵活运用30年来所遵循的军工产品保密规则，制定指导市场的商务方针、政策；二是要建立一支专业配套、适应国际航天市场的队伍，掌握一系列适应国际商务规范的知识和技能，按照国际惯例，尽力满足发射服务的各项要求。

市场经济较几十年来的传统方法，本身就是一场深刻的变革。作为一种新型的商业关系，卖方必须满足买方的条件和要求，否则得不到用户的认可，他怎么可能带着卫星到你的国土上来呢？他怎么会轻而易举地把巨款拍到你的手心里呢？

孙家栋的大脑不停地超前运转，他与同事们适时制定出适应新形势、新要求的计划和可行方案。

两年后，一整套与发射外国卫星相适应的制度建立了起来，技术队伍和管理队伍也建立了起来，火箭的适应性改造业已完成，发射场新建的卫星厂房醒目矗立，满足国际标准的发射塔架也已改造完毕。

2. 航天合作破险阻

中国火箭承揽外国商业卫星发射，这是一种商业行为。既然是商业，必须学会与国际航天商人打交道，要按照生意规则谈买卖。这个生意有政治方面因素，与技术密切相关，与市场紧密相连；这个生意是国与国之间的大生意，是对航天国际市场垄断与反垄断的较量，是国际高技术领域实力的比试……

孙家栋又一次受命于关键时刻，他毅然挑起了中国航天国际合作谈判的重任，在国家改革开放的重要关头，毅然充当起“生意人”的角色。

对中国航天进入国际市场，一些友好国家和航天界团体持支持态度，认为中国这样的泱泱大国在航天方面已取得巨大成就，完全应该参加国际间的平等竞争，如果没有中国的进入，国际航天市场是不全面的，如同联合国没有中国的参与则不全面、不合理一样。而对中国缺乏了解的国家，有持观望态度的，有持反对态度的，还有反对者散布“外国卫星到中国，技术秘密得不到保证，中国航天由政府补贴，发射服务价格低廉，是一种倾销做法，会对其他发射服务商构成威胁”等言论。

美国政府向来对高技术管制非常严格，此时也提出卫星当属高技术产品，对卫星出口要按军品管理的办法对待，卫星出境必须得到美国国务院、国防部及武器出口控制委员会的批准。

面对这些问题，回避是不可能的。孙家栋认为，我们要面对现实，认真分析国内外形势，做到知己知彼，加大国际宣传力度，走出国门主动出击，让世界尽快了解中国。

20世纪80年代，孙家栋、闵桂荣与苏联女航天员交流

20世纪80年代，孙家栋（前排右一）陪同李绪鄂部长（前排右五）会见法国航天代表团

很快，孙家栋与有关领导点将，由航天工业部、中国卫星发射测控系统部等部门组成的卫星发射服务宣讲团分赴有关国家，特别是向美国这个卫星制造大国阐明中国的立场，宣传自己的发射服务水平，讲解自己的各种保障支持能力和中国的立场。

孙家栋也亲自出马游说。他们的宣讲使海外爱国华侨群情振奋，很多持有不同想法的国家、公司也消除误会，逐步改变了原有的看法。宣讲收到了很好的效果。

1986年8月，中国外交部朱启祯副部长约见美国驻华大使洛德，向其递交了一份中国政府的照会，陈述中国在商业卫星发射服务方面的立场，要求美国政府准予发放卫星出口许可证。洛德表示将向国内报告，他相信美国政府对此将“予以积极考虑”。在外交辞令上，“积极考虑”是非常肯定的用语。但西方一些公司为了保持卫星发射市场的垄断地位，不断地向美国政府游说、施压，施展各种手段，想极力将中国拒之门外。这些举措致使美国政府的“积极考虑”久久不能落实，成为没有着落的拖延。

这期间，中国政府向美国政府进行了一系列交涉，这种外交交涉一直持续到1988年。为了打破美方的拖延战术，1988年7月，外交部长钱其琛向美国国务卿舒尔茨当面提出此事，要求美方站在积极、公正的立场上，正确对待中国为外国提供发射服务的合作项目。

1988年8月1日，航空航天工业部林宗棠部长与孙家栋会见洛德大使，要求美国政府批准休斯公司申请的卫星出口许可证，并希望美方协助做好“巴统”成员国政府的工作。

“巴统”的全称是“巴黎统筹委员会”，这个组织是冷战时期西方大国为了控制对社会主义国家战略物资出口而设立的专门机构，总部虽然设在巴黎，但这个专门机构仍然由美国起主导作用。从手续上说，美国批准卫星出口许可证后还要经过“巴统”这一关，但实际上只要美国同意，这一关也就形同走程序一般。洛德同意将林宗棠部长的要求向美国政府报告，同时希望从中国长城工业总公司了解更多情况，如发射成本、价格、卫星在中国的技术安全保障措施等，以便美方做决策时提高效率。

林宗棠部长与孙家栋会见洛德大使10天后，外交部部长助理刘华秋又一次召见洛德大使，就中国长城工业总公司为澳大利亚发射卫星一事提交照会。照会表明，澳大利亚将于1991年用中国火箭发射其购自美国休斯公司的第二代通信卫星，1988年6月双方已就卫星发射的若干问题达成协议，休斯公司于7月就已向美国政府申请获得卫星出口的许可证。照会进一步指出，西方一些公司企图阻止中国与澳大利亚间的这一卫星发射合作项目，他们阻止的目的不外乎担心中国的发射服务会对他们的利益构成所谓的“威胁”。至于说中方想从中获取“技术”等言论根本就是无稽之谈，中国早已表明将会采取严格的技术保密措施。

照会对美国的一些说法予以了驳斥，希望美方对此事作出积极答复。

与此同时，中国驻美大使韩叙在华盛顿也展开了游说工作。针对美方存在的各种误解，他向美国国防部、商务部，一些知名国会议员以及有关卫星公司的负责人致函，以理服人，以事实说话。

1988年9月2日，美国驻华大使洛德向中方转达了里根政府的意见，要由中、美两国政府完成中国对外国卫星发射服务有关协议的洽谈，达成一致意见、正式签字生效后，美国政府才同意发放将卫星运到中国发射的许可证。

真是节外生枝，一波未平一波又起，许可证又成了发射外国卫星的“瓶颈”，只有尽快展开中美两国政府间谈判，才能将问题的实质摆到桌面上，一场针锋相对的斗争是不可避免的。实事求是，坚持正义，是孙家栋谈判的法宝，他似乎又想起了当年搞导弹、卫星时克服困难的情景。但这次面对的是号称世界经济、技术第一强国的美国，要想在平等竞争中取胜，就要拿出中国自己的实力和优势。孙家栋做好了充分的心理准备，他坚信有强大的祖国做后盾，通过不懈的努力，一定能打开发射外国卫星的大门。

经国务院批准，由外交部、国防科工委和航空航天工业部抽专人联合组成一个中国航天对外发射代表团，航空航天工业部副部长孙家栋任团长。

通过艰苦的斗争和多方努力，美方的立场开始松动。9月9日，美国总统里根签署了批准美国制造的卫星由中国火箭发射的文件，但文件中还附带了三个限制条件：

其一，技术安全得到保障；

其二，双方对发射事故责任达成协议；

其三，中方发射的次数和价格要取得美方同意。

10月18日至21日，孙家栋率代表团在北京钓鱼台国宾馆同美国政府代表团开始了为期4天的第一轮会谈。外交部派出美大司王立和条法司一位法律专家参加代表团的谈判。美国代表团由美国国务院、商务部、运输部、国防部、安全部和美国航空航天局（NASA）等部门的官员组成，由美国国务院负责经济商务的助理国务卿迈考里斯特任团长。

谈判比预想的还要复杂，双方在协议时间内卫星发射的数量上各不相让，不时出现僵局。美方坚持6年内中国为外国客户发射的商业卫星最多不超过7颗，而我方则认为这没有道理，要求增加。我方亟须摸清美方底牌，以争取最佳结果。

第一天晚上，王立参赞经孙家栋团长同意，找到美国国务院官员与他们进行了私下磋商，强调允许中国进入国际卫星发射服务市场是对中美双方都有利的选择，在这个关键时刻，中方希望美方放宽限额。在苦口婆心的解释和说服工作之后，美方官员最终同意中方的要求，但同时也坦言了美方的一些困难，并答应将按此方案去做各方工作。

孙家栋深知，与美国共同制定中国发射外国卫星的政策必须建立在平等互利的基础上，不同国度的人将持不同的思维模式，这就必须要用打破常规的做法来对待。中方的立场必须得到美国人丁是丁、卯是卯的认同，要通过摆事实、讲道理、耐心解释的方法让美国人心服口服。谈判桌如同战场，一场坚硬的攻坚战就这样开始了。

孙家栋坐在与美国谈判对手对面的中央位置，他自然、大方，不卑不亢，他的每一句话、每一个动作以及阐述每一个重点问题的声调，都拿捏得极有分寸，哪怕是很细小的环节，他都丝毫不马虎。只要想好、看准、分析透的问题，他一定会作为主线在谈判中贯彻始终，直至达到目的。孙家栋的一言一行透着一种

孙家栋（前排左五）与外国友人在北京钓鱼台国宾馆合影

既坚持原则又谦虚谨慎的豁达气质，让人觉得他是一个言必行、行必果、说话算话、可以信赖的人。

会谈开始，孙家栋简单致辞后便直接切入主题，义正辞严、单刀直入地陈述了中国政府的原则和立场：中国在外国卫星发射服务中，从来就没有打算谋求国外任何技术秘密，卫星到达发射中心将由卫星制造商自己监护，所以技术安全是完全有保证的；中国属于发展中国家，运载火箭的制造能力和发射服务能力都是有限的，不可能对欧洲及美国的发射服务商构成威胁，而对卫星用户来讲则多了一种选择，充其量中国的对外发射服务只是对国际市场的有益补充；至于说中国的发射服务价格低廉是价格倾销和政府补贴也是不存在的，中国的发射服务价格标准是依照中国的综合因素确定的，并且按照国际惯例，发射服务进入商业市场的初期由于服务质量和服务水平的原因，价格也会相对便宜一些；还有既然中国宣告进入国际航天发射市场，中国就有能力满足用户的各项要求，这个要求包括技术设施、保密措施、生活保障等，我们都会按照国际标准准备好，欢迎航天界的朋友带着你们的卫星到中国来发射。

这些说辞光明正大，深得人心，在当时起到了很重要的作用。这也是对中国航天对外开放遇到问题的综合解答。殊不知，这些与国际接轨的解决办法，耗费了奋力开拓进取的航天人以及孙家栋多少心血。

在谈判桌旁，孙家栋眯缝着那双眼皮略微下垂的眼睛，表情严峻，在静静倾听别人的发言时，似乎很深沉，喜怒不形于色，但又能让人感觉到他在沉思问题。他那一双深邃的眼睛，尤其是当他深思熟虑想好一件事情眼睛睁大瞬间一亮时，这双眯眯眼竟是如此有神。每当会谈出现僵持的尴尬局面，孙家栋会突然蹦出几句诙谐幽默的话语，使谈判双方在不经意的哈哈大笑中悟出一些哲理，为僵局带来转机。孙家栋的眯缝眼成了他勤于思考的特征。据传，眼皮下垂是老孙家的遗传。在他家乡的老一代年长者中，只要一看这眼皮就会说，你一准儿是老孙家的小子。

孙家栋在美国政府代表团到京前，就曾多次要求美方提供协议书文本。这个文本需要在美国人来之前先行提交，以便中方先做准备。但美国代表团10月18日到达北京后，竟然说由于协议文本需要美国参众两院表决后才能生效，现在还没有得到批准，会谈日期不可变更，所以来不及等待文本的批准。在我方要求下，10月20日美方交给我方十几页纸的协议文本，所提条件与我方差距很大不说，文中还充满了“不允许中国这样”“不允许中国那样”的字句。美方甚至无视中国主权，把不讲外交礼仪的条款写入文本。他们这样做，不外乎试图采取压制的手段来捆住中国的手脚，用拖跨的办法使中国自行退出国际航天发射舞台。

其实，在谈判之前，孙家栋就已组织我方有关人员加班拟制了一套协议文本，防止美方以霸权条款的形式拖延时间，再以时间不允许而浪费这次会谈。

迈考里斯特深谙政治，熟知外交，是美国的职业谈判老手。当他与孙家栋对峙后大为吃惊，一位闻名的科学家，一个“造卫星”的专家，怎么会具备那么多集政策、外交、科技诸多方面的谈判技巧?

美国的谈判代表开始由衷地钦佩眼前的这位中国人，他们的傲气渐渐消失，随之进入了一种宽松、谅解的氛围。在这样的氛围中，美国人也开始含蓄地对中国同行讲几句悄悄话：他们承认谈判是困难的。谈不好，对里根总统无法交待，但如果全都依照中方的文本，又不符合美国的商业利益和有关卫星安全的条例。

在接下来的谈判中，孙家栋的说理是耐心的，却又针针见血。他严肃地指出，不可依据美方协议文本的根本原因，是美方没能按约定提供合理、平等的协议文本。中方不能按不平等的条款签订一个不平等协议，如果要谈，只能依据中国提供的协议文本!

在这种情况下，强强相克的中美双方无法再谈协议文本问题，聪明的外交家迈考里斯特话锋一转，开始质询中国发射卫星的一系列细节：发射场在何处，每年发射多少颗卫星，每颗卫星的发射价格……

当孙家栋报出发射价格时，迈考里斯特的神色严峻起来，他以强硬的口气指出：“美国认为中国的卫星发射不属于正常的市场价格，是在政府补贴下的市场倾销。”

孙家栋的回答柔中有刚：“在卫星发射价格这个问题上，中国和美国是一样的，中国坚持奉行市场经济政策。如果说中国在发展航天方面有政府补贴的话，那么美国的卫星发射场由国家投资建设，难道就不是政府补贴了吗？”

说到这里，孙家栋露出了和善的笑容，他娓娓讲明：“中国的卫星发射场是

孙家栋在仔细推敲合同文本

‘军转民’企业，商业利益与美国一致，成本核算也与美国相同。要说为什么中国的发射费用低，那便是中国的劳动力要比美国便宜得多。当前，美国的一个普通劳动力月收入应该是3000美元至4000美元，而中国的一个普通劳动力的月平均工资只有100多元人民币，这相差上百倍的工资反映到劳动力密集的火箭制造企业，中国的发射价格比美国便宜难道不正常么？这种价格恰恰说明中国有竞争力，说明中国应该进入国际卫星发射服务市场享受平等竞争！”

谈判在向纵深发展，越是实质性的问题就谈得越困难。谈判的成功要靠双方在相互让步中求得统一，然而，在原则立场上，孙家栋是绝不让步的，恰恰在这点上，体现了他的大智大勇。

当谈到卫星进入中国后的技术安全保障时，谈判几乎陷入僵局。美国要求中国不仅在技术措施方面保证卫星机密不被窃取，还要求中方承诺卫星在进入中国海关后免除检查。这方面的问题已经不是航天范畴的问题，涉及了国家海关主权原则，必须要协调拿出相应对策。中方代表团连夜进行了研究，能否承诺美方要求，对美国卫星不做安全检查，中国海关对这种特殊情况的主权如何定义，要赶快征求外交部的意见。虽说要灵活处置，但这个“灵活”的度到底应该如何把握才合适，这些都是崭新的问题。

孙家栋、沈荣骏都想到了中国的“特区”政策，想到了美国卫星的“入关”实际上只是“过境”。在中国特区的“保税外贸加工区”里，也有区别于“入关”

的开放政策，如果能够运用这项政策，无疑可以打破目前的谈判僵局。

所有的人都恍然大悟，都同意对美国卫星给予“过境”的待遇，大家马上行文报到了外交部和海关。两方面都表示符合政策，批准、同意。

无论是中国的草案还是美国的草案，双方争吵了几天还是难以达成最后的统一。预定的会议时间已经到期，美国人到时间是需要离开中国的，美国代表团只好要求仿效中方的灵活态度，首先在“三个协议”的议题谈判中有所突破，草签“三个协议”，然后向美国政府报告。孙家栋以变被动为主动的方式打赢了中美谈判的第一仗，使中国进入国际航天发射市场的计划走出了关键性的一步。

在第一轮会谈中，外交部刘华秋部长助理、国防科工委沈荣骏副主任及航空航天工业部刘纪原副部长会见了美国代表团。会谈增进了双方的互相了解，对许多问题的看法达成了共识。会谈虽然激烈，但还是友好的，虽然紧张，但还是走出了前进的关键一步。会谈结束时，双方议定于本年度的最后一个月内在美国华盛顿举行中美政府航天代表团的第二轮会谈。

中美第二轮会谈如期在华盛顿举行，孙家栋率领中国航天代表团来到美国。1988年12月1日，中华人民共和国政府与美利坚合众国政府即将签署《关于卫星发射责任的协议备忘录》《关于商业发射安全的协议备忘录》和《关于商业卫星发射服务国际贸易问题的协议备忘录》，双方都是经过反复研究并准备了若干对策的，双方人员心里都清楚对方是有备而来的。

谈判初始，双方都很严肃地陈述了自己的原则和立场。中方则参照第一次会谈的经验，本着不失主权、在原则问题上绝不让步的前提，在私下磋商的基础上，在12月16日最后一天的会议上，明确提出了6年发射9颗卫星的方案。美国代表团团长建议休会一刻钟，他们的全体人员进入另一间会议室，与等在那里的一群商业公司的老板紧急交换意见。这是美方的习惯做法，每当涉及商贸重要问题时，有关的大公司都派代表等候在会谈现场附近，随时与美国政府代表保持联系，密切掌握会谈的动向。换句话说，这样便于美国政府官员及时向商界代表“请示汇报”，重要协议还须经商业老板们点头。那天的休会时间一再延长。不难猜测，美方内部发生了争执。大约过了1个小时，美方代表终于出来了，宣布同意中方提出的方案。一场艰苦的智力战，终以中国获胜而达到了预期目的。以上三个协议在4昼夜里十易其稿，终于圆满签署。

在返回北京的飞机上，大家也终于看到了孙家栋舒心的开怀大笑，他对与美国的谈判深有感触：国际航天合作的谈判实质上是两国综合国力的较量，国家的实力增强了，与对方谈判的分量自然就加重了。曾经担任航天工业总公司总经理的刘纪原讲过一句话，“孙家栋在第一线谈，后面有12亿中国人民作后盾”。

1989年1月，孙家栋率中国航天代表团又一次飞赴华盛顿，代表中国政府与美国政府签署了《关于卫星商业发射服务的协议书》。

一次，孙家栋与航天工业部的领导一起去看望聂荣臻元帅，当聂荣臻元帅听到中国长征运载火箭将承揽外国卫星发射服务的消息后，拉着孙家栋的手，高兴地对前来的各位说：“中国能为世界上科技最发达的美国发射卫星，是一件很了不起的事情，外国卫星发射成功既可以在政治上产生巨大影响，又可以在经济上得到好处，所以，发射外国卫星对于中国航天事业来讲是具有划时代意义的。”

3. 历尽波折放外星

1989年1月23日，中国长城工业总公司与香港亚洲卫星公司，在人民大会堂正式签署了用中国长征三号运载火箭发射美国休斯公司制造的亚洲一号通信卫星的发射服务合同。国家副主席荣毅仁、国防科工委和航空航天工业部等有关部门的领导以及美国休斯卫星公司、香港亚洲卫星公司的老板们出席了签字仪式。

为了与国际接轨，满足外国卫星测试的技术要求，西昌卫星发射中心开工兴建具有国际水平的现代化卫星综合测试厂房。然而，一场突如其来的自然灾害向西昌袭来。1989年9月4日凌晨，一声接一声的炸雷震耳欲聋，暴雨似天崩般地倾泻下来，洪水如同大江决堤一般挟着巨石和泥沙从山上汹涌而下，多处公路被冲成了大沟，铁路路基被冲毁，数十米长的铁轨像大渡河上的铁索桥横跨两端，电力和通信线路多处中断，一场百年不遇的特大泥石流给卫星综合测试厂房工程带来了严重影响。为了履行发射服务合同，西昌卫星发射中心的官兵“抢险救灾，重整家园”，克服一切困难，为外国卫星发射创造条件。

一波未平，一波又起，正当亚洲一号卫星发射的各项准备工作和技术协调按计划积极推进的时候，美国政府又无端提出停止向中国发放卫星出境许可证，要求暂时冻结已批准发放的卫星出境许可证。

这时，西昌卫星发射中心新建的卫星综合测试厂房已基本竣工，发射塔架已按恒温、恒湿、高洁净度的技术要求准备就绪；按亚洲一号卫星技术要求设计的长征三号运载火箭已在生产线上日夜加班加点地生产，测量控制系统以及通信保障系统紧锣密鼓的适应性改造已经接近尾声；远望号远洋航天测量船为远航太平洋实施测量控制任务的技术改造和准备工作也已基本完成。一切工作都按照统一的计划部署在进行，难道刚拿到手的外国卫星发射合同就这样让它夭折吗？

争取许可证的使命又落到孙家栋的肩上。他顶着压力于1989年12月再次率团前往美国华盛顿，与美国国会议员、科学技术委员会主席洛埃和美国国务卿代理助理瀚金进行专题会谈。经过艰苦的谈判，终于转危为安，拿到了卫星出境许可证，又一次为发射计划铺平了道路。

这个胜利来之不易。孙家栋回忆说：“中国提出要在国际航天发射市场开展卫星发射服务，当时最大的障碍就是人家对中国航天技术到底具备什么水平不了解，对中国火箭的能力看不透。从商业活动角度来讲，他一方面看不起你，另一方面也担心你。如果你的能力真的很强的话，他会害怕你夺了他们垄断的航天发射市场。所以，他们的思想也是矛盾的。”

1990年4月7日21时30分，随着发射指挥员气壮山河般的“点火”口令，长征三号运载火箭雷霆般地呼啸着拔地而起，火箭飞行21分钟后，指挥调度的喇叭传来“火箭起旋，星箭分离”的口令，表明亚洲一号通信卫星已经被成功送入近地点200千米、远地点36000千米的预定大椭圆轨道。

此时，西昌卫星发射中心的指挥控制大厅接到了邓小平从北京打来的祝贺

卫星发射成功后，孙家栋与外国友人举杯祝贺

1993年2月，孙家栋与美国驻华大使芮效俭分别代表本国政府签署《关于卫星技术安全协议备忘录》

电话。江泽民总书记、杨尚昆主席、李鹏总理也来电祝贺。坐在指挥大厅前排的美国休斯公司副总裁多夫曼先生、加拿大太列卫星公司亚洲发射主任柯达先生放下直通美国的电话，激动地与孙家栋紧紧拥抱。亚洲卫星公司行政总裁薛栋先生紧紧地握着孙家栋的手，激动地祝贺这次合作成功。

这次卫星发射标志着中国运载火箭正式进入国际航天发射市场。发射外国卫星的首战告捷，让紧张了好几年的孙家栋终于感到了一身的轻松。

1990年7月16日，我国用新研制成功的长征二号E捆绑式运载火箭发射澳大利亚卫星模拟星，并搭载了巴基斯坦一颗科学试验卫星，将两颗卫星准确送入预定轨道。

1992年8月14日，长征二号E捆绑式运载火箭将美国为澳大利亚制造的通信卫星准确送入预定轨道。

为了适应发射服务工作的需要，1993年2月11日，孙家栋在北京代表中国政府在中美两国政府《关于卫星技术安全协议备忘录》的文件上庄严地签了字，代表美方签字的是美国驻华大使芮效俭。

随后由中国长城工业总公司、中国卫星发射测控系统部及中国运载火箭技术研究院共同组成的对外发射工作队，与外国卫星制造商或经营商签订了多个地球静止轨道通信卫星的发射服务合同。

为了适应改革开放的需要，孙家栋参加了中国航天产业发展战略研究。中国航天工业总公司（1993年6月成立）根据中央《关于建立社会主义市场经济体制若干问题的决定》，提出了“发展航天，加强民品，提高效益，走向世界”的总方针，并且在总结和回顾40多年发展和对外进行国际合作与交流、外经外贸、引进外资等国际空间合作的经验和教训基础上，提出了开展国际空间合作的四项原则：

(1) 和平利用空间资源，发展卫星及应用技术，为发展经济、促进人类社会进步服务；

(2) 在平等互惠、取长补短、共同发展的基础上，开展国际空间技术合作；

(3) 坚持自由、平等、合理竞争的原则，开展卫星发射服务和卫星及空间技术产品贸易活动；

(4) 发达国家应当帮助发展中国家发展空间技术和利用空间技术发展经济。

孙家栋说：“第一颗外星发射上天以后，我们不仅仅实现了发射成功，而且他要求把卫星送到哪一个点上，我们就给它送到了哪个点上，国外用户说中国火箭发射卫星的精度是非常高的，非常佩服。从那以后，他们连续和我们签了几个合同，都用中国的火箭发射。”

1994年至1999年，亚太一号、澳大利亚B3、亚洲二号、艾科斯达一号、亚太一号A、马部海、亚太二号R、中卫一号、鑫诺一号通信卫星接连发射上天，长征火箭又以一箭双星的方式将美国制造的12颗“铱系统”卫星送入太空预定轨道。

随着国家改革开放政策的不断深入，中国的政治、经济形势不断巩固和强大，中国在国际上的威望日益提高。国家正确的对外开放政策使我国的国际交流环境越来越好，国家把对外开放作为一项长期的国策，作为加速社会主义现代化建设的战略措施，为中国航天事业开展对外科技交流与合作创造了有利条件。

中国的社会稳定和经济增长，促进了航天事业的快速发展。第47届国际宇航联大会和各国空间局局长论坛于1996年10月7日在北京人民大会堂隆重开幕，来自世界50个国家和地区的1200名代表参加了本次大会。国家主席江泽民在开幕式上作了重要讲话，他强调，中国政府和人民愿为和平利用空间资源和扩大空间应用范围，为人类的文明进步作出更大的贡献。李鹏总理10月8日在钓鱼台国宾馆会见了出席大会和论坛的各国空间局负责人。他说中国政府和中国航天界愿与世界各国开展广泛的合作。国务委员宋健作了题为《扩大空间技术应用，促进社会进步发展，开创21世纪的航天时代》的主题报告。国家航天局局长刘纪原主持了开幕式。大会在中国政府的高度重视和支持下，取得了圆满成功。大会对日益发展和进步的国际航天事业产生深远影响，对我国航天科技工业发展和对外开放产生了重要影响。

从1997年至1999年年初，中国接待了数百个外国宇航代表团，数以千计的外宾和港、澳、台地区的嘉宾参观了我国航天设施及西昌、酒泉和太原三个卫星发射中心，增进了相互了解。我国同法国、德国、美国、巴西、日本、巴基斯坦、泰国、印度、韩国、意大利、英国、瑞典、加拿大、俄罗斯、乌克兰、白俄罗斯、欧空局以及有关的国际空间组织进行了广泛的技术交流和一些项目的合作，并同上述国家和组织签订了有关空间技术合作协议、协定、合作议定书及备忘录。中国航天的国际合作朝着稳定、良好的方向发展。

自1999年下半年起，由于受几次发射失利和国际政治因素影响，中国航天在国际航天发射市场面临不公平竞争，从而导致被迫中止多个已签署的卫星发射合同。

2001年3月，中美两国政府根据《中华人民共和国政府与美利坚合众国政府关于商业卫星发射服务的国际贸易问题协议备忘录》进行了新一轮会谈，中国代表团由中国国家航天局特别顾问孙家栋任团长，外交部、外经贸部、国家航天局等单位参加。美国代表团由美国贸易代表办公室空间贸易政策主任史蒂夫·福肯先生任团长，美国国务院、联邦航空局及美国驻华使馆等官员参加。代表团于19日至20日在北京进行了磋商，磋商是在真诚、坦率的气氛中进行的。其间，双方评估了协议的执行情况，交换了卫星商业发射服务信息，并讨论了协议的有关问题，增进了双方的相互了解。北京会谈结束后，中方专门安排美方代表赴西安、上海参观中国航天科研院所的有关技术设施和生产工艺情况，美国代表团一行对中国航天发展速度和取得的巨大成就赞叹不已。

经过不懈努力，多年后中国终于恢复了新的外国卫星发射业务。2005年4月12日，长征三号乙运载火箭在西昌卫星发射中心，成功地将法国阿尔卡特公司制造的亚太六号通信卫星送入太空。

2007年5月14日凌晨，我国长征三号乙运载火箭成功地将尼日利亚通信卫星一号送入太空。发射的前一天，孙家栋刚刚从西昌卫星发射中心回到北京，此时的西昌卫星发射中心异常繁忙，等待上天的卫星几乎是排着队发射，孙家栋也随着发射日程表而奔波。这颗卫星是中国空间技术研究院研制的新一代通信广播卫星，具有输出功率大、指标要求高、承载能力强等特点，卫星整体性能达到国际同类通信卫星的先进水平。这是我国首次以火箭、卫星提供主控站及发射服务支持的整体方式，为国际用户提供商业卫星服务。尼日利亚通信卫星一号的发射成功使孙家栋很兴奋，因为这颗卫星发射具有历史里程碑意义。

早在1985年，中国政府宣布长征系列运载火箭投放国际市场初始，张爱萍将军就语重心长地说："目前，我国的航天工业还是'瘸子走路'，一条腿长一条腿短，即火箭的腿长、卫星的腿短，也就是说，火箭已经达到了国际水平，可以参加国际航天发射竞争，而卫星水平则落后了一步。要想在国际竞争中获得主动权，就要使自己的卫星水平尽快与国际接轨，所以我们一定要加快卫星发展步伐。等到卫星水平赶上了国际水平的那一天，我们也就不用再要别的国家给我们发什么许可证，那时候我们就可以扬眉吐气地用自己的火箭为国外发射自己制造的卫星了！"

今天，这一理想已经成为现实。中国空间技术研究院通过研制尼日利亚通信卫星一号，攻克了大容量、长寿命、多频段通信卫星总体优化设计技术和星上数据管理技术、大面积轻型机械太阳能电池帆板展开技术、大功率卫星热控技术、新一代全数字通信卫星模拟器技术等一系列具有自主知识产权的新技术，表明我国通信广播卫星事业在自主创新的道路上实现了重大跨越。孙家栋想，此时如果九泉之下的张爱萍将军听到这一喜讯，他的在天之灵一定会为这一新成就而感到欣慰。

2007年6月1日凌晨，孙家栋又一次来到西昌，他在西昌卫星发射中心参加了长征系列运载火箭第100次发射后，又迎来了第101次发射。卫星发射之频繁，发射场利用率之高，足以说明中国航天的伟大成就，充分说明中国的火箭技术、卫星技术、发射能力、跟踪测控能力、配套保障能力……都在向世界航天先进行列迈进，孙家栋感到无比自豪。

由于尼日利亚通信卫星一号太阳能电池帆板驱动机构故障致使卫星在轨失效，中国空间技术研究院历经29个月，对其关键部件重新进行了设计、鉴定和可靠性试验，并采取有效措施，加强质量控制。后来，又重新研制了一颗尼日利亚通信卫星一号R，并发射成功。在发射场，负责与尼日利亚卫星公司协调的中国卫星发射测控系统部主任申雷见到了孙家栋。本来年轻时就被大家称为帅小伙的申雷，却一脸的疲惫，发肿眼皮下的眼球布满血丝。当申雷站在孙家栋面前时，马上习惯性地立正敬礼，目光里透着睿智，言谈话语中显示着灵活与幽默。

每次发射都是一场惊心动魄，每次飞行都经受着历史的考验。要说这副兴奋剂，孙家栋的经历和体会最多、认识最深。

2012年11月27日傍晚，北京室外的气温已经降到零度，呼啸的四五级北风吹着孙家栋家的窗户缝呜呜作响。孙家栋坐在客厅的沙发上在看电视，此刻他的心里如同窗外的狂风不平静，他知道今晚将有一颗法国制造生产的中星十二号通信卫星在西昌卫星发射中心发射，他对卫星发射的成败充满牵挂。

这颗卫星是我国新一代通信卫星，主要为我国通信、广播、数据传输和电视直播提供服务。自1985年中国宣布开展对外卫星发射服务以来，其中的艰辛和喜悦，孙家栋感受更为深刻，尤其是中国对外卫星发射被迫中断几年后重新进入国际市场发射，其成败与否意义重大，越是发射时间临近，孙家栋的心里就越是焦急。每当有航天发射，他都对发射场异常关切，越是临近发射，他越是心系发射场。电视里传来发射结果：今晚18时13分03秒，长征三号乙运载火箭已经成功地将法国泰雷兹阿列尼亚宇航公司为中国卫星通信集团研制生产的中星十二号通信卫星送入太空预定轨道，发射获得圆满成功。

孙家栋悬着的心即刻放松了下来，他从客厅的沙发上站起来，笑眯眯地起身自语道：“好了，可以关上电视了。”这个笑眯眯的表情，充满了孙家栋对中国航天的深情与关爱。

时过境迁，历史的长河在前进，中国的经济发展速度令世人惊叹，中国的综合实力大大加强，中国的对外发射业务早已今非昔比。

中国进入国际航天发射市场，从最初以现成火箭型号对号所能对应的卫星，可供选择的范围很小，到现在长征运载火箭已经形成系列，可以根据市场需求和变化使用相对应的火箭。这不仅有利地促进了长征系列运载火箭技术水平的提高，而且使火箭的运载能力有了较大跨度的飞跃，使我国的发射服务、测量跟踪控制等综合能力，也上了一个新台阶。

自2005年中国航天重返国际航天发射市场后，泰雷兹阿列尼亚宇航公司与中国航天进行了8次合作，采用同一型号的长征三号乙大推力捆绑运载火箭在西昌卫星发射中心将8颗大功率、长寿命卫星成功送入太空。更令人高兴的是，2011年6月21日发射的卫星，是由中国空间技术研究院提供卫星平台、泰雷兹阿列尼亚宇航公司提供有效载荷共同合作研制，为中国卫星通信集团使用的合作项目。如今，中国已进行了30次国际商业卫星发射，为14个国家和地区发射了36颗商业卫星和6次搭载服务。中国不仅具备了6种型号长征系列火箭发射的能力，而且实现了从发射单一型号火箭到发射多种型号火箭、从单射向发射到多射向发射、从被动等待天气发射到全天候科学发射、从发射国内卫星到发射国外卫星、从发射通信卫星到发射地球普查遥感卫星，发射能力从每年5次提升到每年25次以上，从近控到远控等一系列重大技术突破和创新。为了实现多星多箭同时测试、两个发射塔并行发射准备的高密度常态化发射要求，发射准备时间也由以前的60天压缩为现在的15天。与此同时，还锻炼、造就了一个完整的与国际航天市场接轨的技术、商务、法律等方面的人才队伍。孙家栋老骥伏枥，内心充满自豪，脸上又一次露出舒心的笑容。

当谈起个人在这些工作中发挥的作用时，孙家栋意味深长地说："1958年刚从苏联回来，组织上分配搞火箭，当时缺少人才，因为我是学飞机的，个人也算多少具备了一点条件。1967年国家要搞人造卫星，当时也是没有搞卫星的人才，个人也只是具备了一点最基本的条件。所以主要靠国家经济发展的需要，靠国家发展所创造的环境，对我个人来讲主要还是靠机遇。"

每当谈到中国航天所走过的历程时，孙家栋总是很激动，总是反复地说："搞航天绝不是一个人能办成的事情，主要是靠发挥集体智慧，主要是依靠国家从各个方面给予的支持，这样才能出成果。按照当时国家的整体技术水平和条件，实际上是不具备搞航天的能力的，但老一代革命家确实有气魄，毛泽东、周恩来、聂荣臻……他们就是不一般，硬是创造了那么一种干劲，就是搞出来了。这就是真正的中国特色。"

孙家栋

孙家栋院士传记

Academician Sun Jiadong's Biography

第七章

探月征程

在开创中国航天探月里程碑的进程中，孙家栋又担当中国探月工程首任总设计师，谋划中国探月工程“绕、落、回”三步走伟业。

1. 开启深空探测路

月亮是离地球最近的星球，月亮一直陪伴着人类的进化、社会的发展，月亮与地球共同分享着天体演变的宇宙沧桑。“月到中秋分外圆”，在那晴朗的夜空看不见云，只有那一轮圆月在一片漆黑的苍穹中闪烁着，把大地打扮得像霜雪一样纯白。日复一日，年复一年，新月、满月、残月与繁星相伴，人们凝视变化的月亮时，充满无尽的遐想。中国自古就流传着嫦娥奔月的神话和传说，表达着对月亮的神往。千百年来，人类仰望天空憧憬月球，浮想联翩，梦想着长出一对翅膀，飞向茫茫宇宙去探索月球的奥秘。

科学家们的科学探索总是无止境的，他们总在不停顿地思考着科学技术的前沿。在中国航天发展的历程中，早在第一颗卫星“东方红一号”研制时，就已经酝酿后续的卫星发展计划。东方红一号卫星发射成功后，紧接着就发射了实践一号科学实验卫星，以后的返回式遥感卫星、通信卫星、气象卫星、地球资源卫星、导航定位卫星等以及载人航天工程都按照规划逐步实施，并且取得了一个又一个重大成就。

纵览国内外航天科学技术的发展，发射人造地球卫星、开展载人航天和深空探测是航天活动的三大领域。我国已经成功地发射了人造地球卫星和载人航天器，但我国的深空探测活动还是空白。所以，适时开展以月球探测为起点的深空探测，是中国航天活动的必然选择，也是中国航天事业持续发展、有所作为的重大举措。

所谓深空探测，是指人造航天器脱离地球引力场，进入太阳系空间和宇宙空间的探测。通过深空探测，人类可以进一步了解地球起源与演变、行星和太阳系的形成与演化、人类是不是宇宙中唯一的生命、地球的未来如何变化等一系列问题，同时有利于人类积极开发和利用空间资源。从现实和长远来看，深空探测具有十分重要的科学价值和经济意义。尽管人类在深空探测中屡遭灾难和失败，但深空探测的脚步不仅没有停止，步伐反而越来越快。国外深空探测的五个重点领域是月球探测、火星探测、金星探测、巨行星及其卫星探测、小行星与彗星探测。深空探测的总体目标是研究利用空间能源、资源、环境，扩展生存空间，探索太阳系和宇宙（包括生命）的起源和演化，为人类社会的可持续发展服务。

其实，我国的一批专家、学者早在20世纪六七十年代就在跟踪国外发展动向，并且把探月作为深空探测的起点进行论证。我国有关部门曾在1994年组织专家对开展探月的必要性和可行性进行过初步分析与论证。当时中国已经启动了载人航天工程，在研究为载人飞船配套的长征二号F运载火箭首次试验性发射将运载什么有效载荷时，有人提出用有限的资金发射一颗简易探月卫星的方案。由于当时还难以提出一个完整的探月规划，缺乏长期和有深度的科学探测目标，并且当时国家的经济情况刚刚好转，航天基础还不像如今这样扎实，导致当时的探月方案无法完善，探月计划未能启动。

孙家栋多次参加了有关探月的研究讨论，他认为，我国已经掌握卫星技术、运载火箭技术、测控网技术和发射技术，拥有一支技术雄厚的空间技术和空间科学研究队伍，根据目前对月球探测和月球科学跟踪研究的储备以及我国所具备的能力，开展探月的条件业已成熟。深空探测是当今世界科技发展的前沿领域，具有很强的基础性、前瞻性、创新性和带动性，将探月作为深空探测的起点是正确的选择。

孙家栋对之前所完成的研究结果非常重视，在此基础上，他又多次组织进行了验证性和改进性研究，进一步修改和制订了新的工程方案。他还将论证工作取得的结论提交“863计划”专家委员会进行研究，这些结论性的意见，得到了王大珩、陈芳允、王永志、杨嘉墀、王希季、闵桂荣、屠善澄、陈述彭等诸多院士的肯定。

孙家栋的老搭档，曾担任中国空间技术研究院院长、卫星总设计师的闵桂荣院士，早在20世纪90年代初就提出中国也应该进行月球卫星研制的建议。

闵桂荣，工程热物理学家及空间技术专家，中国科学院院士、中国工程院院士，国家“863计划”航天领域专家委员会首席科学家。在他的倡议下，“863探月课题组”成立。

当时，载人航天工程正在如火如荼地开展论证工作，为了突出重点，搞月球卫星的建议没有激起大的波澜，但探测月球的希望之火并没有在科学家的心中熄灭。

1995年，中国科学院地球化学所、空间科学应用中心和中国空间技术研究院的欧阳自远、叶自立、陈康文、褚桂柏、林文祝等专家经过一年的研究，编制了一个较完整的探月可行性报告。他们通过分析国外探月活动发展状况，探讨了我国开展探月的必要性，提出我国探月的项目与任务，论述我国开展探月已具备的条件，提出探月发展阶段设想和第一阶段探月的科学目标，提出了研制第一颗月球卫星的方案设想。

1997年4月7日，中国科学院三位院士杨嘉墀、王大珩、陈芳允发表了《我国月球探测技术发展的建议》。相关研究单位和部门也曾组织专家和研究人员，对中国开展月球探测的可行性、必要性以及科学目标进行过分析与研究，先后向主管部门提交了《中国发展月球探测战略研究》和《月球资源探测卫星科学目标》等论证报告。

对月球的研究探测是航天领域以及相关科学领域科学家们多年的期盼，孙家栋和其他科学家一样，对探测月球充满着激情，这个激情既是对科学无止境的追求，也是对国家技术发展承担的责任。

历史的车轮刚刚迈入2000年，国防科工委（全称“中华人民共和国国防科学技术工业委员会”，1998年3月组建。原国防科工委改组为中国人民解放军总装备部）副主任、国家航天局局长栾恩杰频繁地找孙家栋，他非常了解孙家栋这位航天总体大师高超的谋略、敏捷的思维、丰富的经验、对中国航天的钟情和在航天界的影响力以及人格魅力。这两位在业内极具影响力的“老航天”满怀神圣的使命感，在一起谋划着中国航天发展的战略思路。他们两人的灵感一经碰撞立即迸发出了智慧的火花。他们认为，按照国家目前的技术水平和经济实力，完全可以开展对月球研究探测的工程实施，如果能够将需求牵引关系搞清楚，就可以着手考虑工程实施方面的大思路了。孙家栋与栾恩杰一拍即合，他们又把几十年来对月球资源应用有着极大兴趣的中国科学院院士欧阳自远找来，一起切磋谋划探月工程实施的事情。

2002年7月，孙家栋与栾恩杰（前排右二）、欧阳自远（前排右三）在月球探测工程论证会上

栾恩杰，我国著名导弹控制技术专家和航天工程管理专家，国际宇航科学院院士，中国工程院院士，中国载人航天工程副总指挥。

欧阳自远，中国科学院地球化学研究所研究员，中国科学院国家天文台高级顾问，中国科学院院士，我国天体化学领域的开创者。

搞了一辈子航天工程总体的孙家栋，明确提出了自己的观点。他认为，作为进军月球这样的航天大工程的实施，首先应当进行技术、经济可行性研究，应当制定完整的项目建议书，必须获得国家对项目的批准。孙家栋根据自己多次担任大型航天工程总设计师的经验，提出在立项之前必须明确工程目的、实现途径、需求牵引、技术经济可行性、远期目标的连续性等原则问题。孙家栋提出，工程起步要先立足于满足工程的基本条件，在基本条件的基础上由简到繁，分步实现工程应用的发展目标。

几经酝酿，栾恩杰主抓了中国第一部《中国的航天》白皮书的编制工作。2000年11月22日，中国政府首次公布了《中国的航天》白皮书，白皮书在对我国未来发展目标上明确指出，将“开展以月球探测为主的深空探测的预先研究”。

孙家栋在中国空间技术研究院探月工程会议上

嫦娥一号卫星发射成功后，孙家栋与沈荣骏（右二）、胡世祥（右一）、栾恩杰（左一）合影

中国向世界庄严宣告了向深空探测的进军号令！

在航天发展新跨越的重要历史关头，孙家栋又一次发表了独到见解。按照他的几轮描绘，庞大繁杂发散的头绪即刻向清晰的思路收敛。孙家栋的想法立即得到了栾恩杰和欧阳自远的赞同，他们三人分头行动，立即着手组织专家按照新的思路进行专门论证，开展编制技术经济可行性研究报告等工程立项方面的实质性的前期工作。

中国的探月计划从论证开始，就受到国家领导人的高度重视，在2002年10月17日国务院第三次会议上，朱镕基总理批示要抓紧探月工程的论证工作。

2002年10月，孙家栋接受国防科工委副主任栾恩杰的委托，负责月球探测工程的综合立项论证。2002年12月起，孙家栋组织全国各方面的力量，开展了“月球探测一期工程的综合立项论证”工作。经过四个多月连续奋斗，与2003年3月完成了绕月探测工程的综合立项论证工作，并提交了8份论证报告。

2. 开创探月里程碑

2003年1月，孙家栋被任命为探月工程筹备阶段总设计师。2月28日，国防科工委在北京召开了200余人参加的“2003年民用航天工作会暨探月工程筹备会”。国防科工委邀请孙家栋等20名院士作为正式代表参加了会议。会上，国防科工委副主任栾恩杰作了题为《与时俱进，开拓进取，谱写航天新篇章》的报告。报告中提出了“正式启动探月工程筹备工作”。国防科工委主任刘积斌宣布了探月工程组织系统名单，任命孙家栋为探月工程筹备阶段的总设计师，由他负责组织工程总体方案研究实施的筹备工作，孙家栋的肩上挑起了中国航天又一里程碑性质的新重担。

9月，国防科工委向中央专委汇报了我国探月工程的具体思路。

温家宝总理对开展月球探测十分重视。2004年

1月23日农历大年初二，温家宝总理批准绕月探测工程立项，将我国第一个探月工程命名为“嫦娥工程”。从此，绕月探测工程正式启动。

温家宝总理提出：“探月工程是一项复杂、多学科、高技术集成的系统工程，要统筹规划，合理确定科学和工程目标，要充分调动和整合各方面科研资源，加大重大关键技术的攻关力度。各部门要精心组织，团结协作，高标准、高质量、高效率地完成绕月探测工程任务。”

2004年2月19日，国务院批准成立由国防科工委任组长单位，国家发展与改革委员会、科学技术部、财政部、总装备部、中国科学院、中国航天科技集团公司等单位参加的绕月探测工程领导小组。

2月25日，召开了绕月探测工程领导小组会议。会上，国防科工委宣布：绕月探测工程开始实施。孙家栋参加了会议，他的内心异常激动，中国航天开始了飞向月球的挑战。出于航天人对事业的热爱，孙家栋觉得肩上的担子虽然沉重，但这仍然是一件令人兴奋的大事。绕月探测工程领导小组在会上确立了绕月探测工程的科学目标、工程目标和研制计划。向所有参加研制、生产、试验的单位和人员指出，绕月探测工程是继载人航天工程后又一举世瞩目的国家重大科技工程，一定要以高度的责任感、使命感和紧迫感，抓住机遇，乘势而上，团结一心，大力协同，抓紧抓好绕月探测工程的组织实施，确保按计划、高质量地完成任务；一定要发扬“两弹一星”精神和载人航天精神，不怕疲劳，连续作战，奋勇攻关，努力攀登新的科技高峰，为人类和平利用空间资源作出积极贡献。

3月25日，国内各大报纸以醒目标题发出令人关注的消息《“嫦娥工程”领军人物确定》。

中新社报道说：中国国防科学技术工业委员会25日在北京举行嫦娥工程第一次工作会暨大总体协调会，工程领军人物也已一一确定。

嫦娥工程领导小组组长：国防科工委主任张云川。

嫦娥工程总指挥：国防科工委副主任、国家航天局局长栾恩杰。

工程副总指挥四位：解放军总装备部副部长胡世祥、中国科学院副院长江绵恒、中国航天科技集团公司副总经理马兴瑞、国防科工委秘书长孙来燕。

嫦娥工程总设计师：中国航天科技集团公司高级技术顾问、中科院院士孙家栋。

副总设计师三人：中国载人航天工程副总设计师陈炳忠、中科院空间科学与应用研究中心姜景山院士、中国运载火箭技术研究院龙乐豪院士。

嫦娥工程月球应用科学首席科学家：中科院地球化学研究所研究员、国家天文台高级顾问欧阳自远院士。

嫦娥工程由五大系统组成，发射系统总指挥、总设计师分别是西昌卫星发射中心徐宏亮、解放军总装备部工程设计所于建平；测控系统总指挥、总设计师分别是西安卫星测控中心董德义、解放军总装备部测通所于志坚；应用系统总指挥、总设计师分别是国家天文台艾国祥、李春来；卫星系统总指挥兼总设计师为中国空间技术研究院叶培建院士；运载火箭系统总指挥、总设计师分别是中国运载火箭技术研究院岑拯、贺祖明。

至此，中国航天开始了新的里程碑，中国绕月探测工程在工程领导小组的统一领导下，按照工程总指挥、总设计师两条指挥线正式展开了工作。

工程组织指挥体系的建立，标志着中华民族千年奔月之梦开始圆梦。多年来，中国所有的航天活动都是围绕地球活动，而探月则拉开了中国人迈向深空的序幕。75岁的孙家栋又一次接受了新的挑战，“婵娟从此不寂寞，广寒期盼故乡人”。

探月工程运筹于科学殿堂，决策于高层领导。按照温家宝总理的批示，我国探月工程确定了四项实施原则：

(1) 要服从和服务于科教兴国战略和可持续发展战略，以满足科学、技术、政治、经济和社会发展的综合需求为目的，把推进科学技术进步的需求放在首位，力求发挥更大的作用。

(2) 探月具有大型科学探索活动的显著特点，高投入、高风险、高收益，工程要根据国情国力，贯彻“有所为、有所不为”的方针，选择有限目标，突出重点，集中力量，在关键领域取得突破，循序渐进，持续发展，为深空探测活动奠定坚实的基础。

(3) 探月工程虽然起步晚，可以利用已有的国外探测成果，借鉴国外探月工程的经验和教训，但起点要高，要优选探测目标，优化技术实施途径，做一些别人尚未做过的事，有一定的先进性和创新性，在填补我国探月空白中，形成自己的特色，为国际探月作出应有贡献。

(4) 要在独立自主、自主创新的基础上，大力开展国际交流与合作。探月具有开展国际交流与合作的有利环境和条件，积极探索多层次、多渠道的国际交流与合作，从学术交流、共同研究到合作研制，逐步扩大合作规模，提高合作层次，以较少的投资，争取更多的成果，并实现技术上的飞跃。

孙家栋组织有关专家经过充分酝酿后一致认为，绕月探测工程的主要目的是从科学的角度去了解月球这个离人类最近的天体，通过对月球由浅入深的了解，促进航天工程技术带动相关产业技术的发展，向更深更广的领域迈进。

2004年3月，召开了绕月工程第一次工作会和大总体协调会，协调了总体技术方案和总体计划流程。经过设计人员的努力，嫦娥一号卫星按要求完成了方案设计阶段工作，进入初样阶段的研制工作。2004年4月30日，孙家栋参加了在中国空间技术研究院召开的嫦娥一号卫星转初样评审会，“嫦娥工程”副总指挥、中国航天科技集团公司副总经理马兴瑞以及国防科工委、中国运载火箭技术研究院、中国空间技术研究院、中国电子科技集团公司的有关领导和专家参加了会议。

会上，孙家栋同与会人员认真听取了《嫦娥一号卫星初样详细设计报告》《嫦娥一号卫星初样可靠性、安全性分析报告》以及《嫦娥一号卫星整星测试覆盖性分析报告》。主管卫星研制的工程副总指挥马兴瑞认为，嫦娥一号卫星按方案完成初样试制后，将进入初样试验阶段。嫦娥一号卫星初样产品将对设计、工艺和方案进行实态验证，进一步完善方案，为飞行试验产品研制提供全面、准确的依据，为发射卫星奠定技术基础。

至此，嫦娥一号卫星方案设计阶段的各项工作已全部完成，具有较好的继承性，设计的功能和技术性能指标满足任务要求；卫星总体与各分系统之间、卫星与各大系统之间接口要求明确，大型试验项目安排及试验方案合理可行；研制技术流程完整，计划流程合理可行；卫星进行了可靠性、安全性设

孙家栋与中国航天科技集团公司总经理马兴瑞在长征三号火箭出厂评审会上亲切交谈

计，可靠性关键项目明确，测试覆盖性分析的项目完整，可以转入初样研制阶段。

这些成果使大家精神大振，令孙家栋兴奋不已。他在一次会议上谈到，不论哪个国家，从事航天活动共同遵循的原则通常都是尽量采用成熟技术，在成熟技术的基础上继承、发展、运用新技术。通过解决、攻克工程中的难关，科学技术水平将会很自然地得到提高，从而在相关领域产生连锁性的跨越式发展。如果说世界各国为探月付出了巨大代价的话，那么，中国的探月则应该在他们成功与失败的基础上，采取最为优化和最为经济有效的方案。要围绕突破探月卫星的研制、有效载荷和数据解译等技术，初步建立深空探测工程大系统，在培养人才队伍等方面安排好相关计划，拟定出具体措施。

3. 探月伟业三步走

自2005年10月神舟六号载人飞船任务获得圆满成功后，探月工程成为中国航天新的热点，人们对此的关注与日俱增，这无疑增加了总设计师孙家栋的压力。

根据循序渐进的原则，在确定近期实施计划的同时，将尽最大可能对长期目标进行考虑和兼顾。我国探月工程规划按照“绕”“落”“回”三步走的原则进行，每一步所确定的科学目标和工程目标如下。

一期工程为“绕”。即发射探月卫星，卫星进入近月轨道后围绕月球飞行，卫星对月球遥测并将测量数据传回地面，计划2007年完成。

主要科学目标为：获取月球表面三维立体影像，精细划分月球表面的基本构造和地貌单元，进行月球表面撞击坑形态、大小、分布、密度等的研究。虽然别的国家已做过类似工作，但已得到的图像中还存在很多空白区，而中国为月球画像则要完全覆盖月球，包括人类探月活动从没涉足的南北极部分区域；分析月球表面有用元素含量和物质类型的分布特点，主要是勘察月球表面有开发利用价值的钛、铁等14种元素的含量和分布，绘制各元素的全月球分布图，月球岩石、矿物和地质学专题图等，评估月球矿产资源的开发利用前景等。此前美国曾对月球上5种有用元素铁、钛、铀、钍、钾做过分布规律与含量的探测，这次中国探月活动将元素探测范围扩大到14种，将对月球的一些有用资源进行更为全面的前景评估；探测月壤厚度，即利用微波辐射技术，探测和评估月球表面月壤的厚度，并在此基础上，估算部分有用资源分布及其资源量等；探测地球至月球的空间环境，月球与地球平均距离为38万千米，处于地球磁场空间的远磁尾区域，卫星在此区域可探测宇宙射线高能粒子和太阳风等离子体，研究太阳风和月球以及地球磁场磁尾与月球的相互作用等。

主要工程目标为：研制和发射我国第一颗探月卫星，初步掌握绕月探测基本技术，首次开展月球科学探测，初步构建探月工程系统，为探月后续工程积累经验。

二期工程为“落”。即发射一颗带有月球软着陆器的月球探测器，并携带一辆月面巡视车，进行首次月球软着陆和月面自动巡视勘测，计划在2012年前后发射。

主要科学目标为：进行着陆区月貌与月质构造调查和综合研究，测定着陆点的月表环境，测定着陆点的热流、岩石剩磁等；进行月球内部结构研究，对月岩进行现场探测或采样分析，探测着陆区岩石的化学与矿物成分；日地月空间环境监测与月基天文观测。

主要工程目标为：发射带有月球软着陆器的月球探测器，试验月球软着陆技术；研制和发射月面巡视车、自动机器人；进行高分辨率摄影；为月球基地的选址提供月面环境、月形、月岩的化学与物理性质等数据。

三期工程为“回”。即发射一颗带有月球软着陆器和返回器的月球探测器，进行首次月球样品自动取样并安全返回地球，在地球上对取样进行分析研究，计划2017年前后发射。

主要科学目标为：进行着陆区的探测与研究；采集月球样品返回地球，对样品进行系统的岩石学、矿物学同位素月质和月球化学研究，结合月面物质成分的分析数据，深化月球和地月系统的起源和演化的研究。

主要工程目标为：研制新型月面巡视车；研制小型采样返回舱、月表钻岩机、月表采样器、机器人操作臂等；在现场分析取样的基础上，采集样品返回地球；对月面着陆区进行考察，为载人登月探测、月球前哨站的选址提供数据。

嫦娥一号卫星由于是中国第一次向深空探测领域的迈进，是第一次对地球以外的星体进行近距离探测，一期工程面临着一系列新的关键技术和难点，比如轨道设计与飞行程序控制，远距离跟踪测量与地面操作控制的实现等。

孙家栋作为探月工程总设计师，在工程方面他考虑最多的问题自然是工程目标的实现、关键技术的解决途径和各系统间的配套协调。在工程目标确立后，他要找出主要矛盾，将与各系统相关的问题搞清楚。以往我国发射的航天器，全部是在地球引力场作用下环绕地球运动的航天器，实现对地遥感、通信、数据传输、载人飞行等任务。要实现探月，则必须使航天器飞出地球引力场，进入到38万千米远的月球引力场。由于月球以及月球与地球、太阳的相对关系具有其固有的特点，因此，研制和发射探月卫星是一个复杂的三体定位问题，与一般的地球卫星有很大的不同。

在制定嫦娥一号卫星技术方案的会议上，作为总设计师的孙家栋非常果断地说出了自己的观点，他认为，“嫦娥一号”如同其他人造卫星一样，也是由卫星平台与有效载荷两部分组成。在满足技术指标要求的前提下，尽量采用成熟技术，不仅可以提高可靠性，减少资金投入，而且可以缩短研制周期。然而，作为一项新的航天工程，必然是国家高新技术的集合和应用，必然要采用大量当代最先进的技术，需要研制大量新设备，会遇到从来没有接触过的新问题。因此，需要将成熟技术与新技术科学地交叉使用，最大限度地保证可靠性，保证工程目标的实现，保证为后续任务的发展奠定尽可能多的理论与实践基础。虽然孙家栋说他是在抛砖引玉，供大家制定方案时参考，但大家一致认为这个观点应该作为工程实施的原则。

孙家栋的脑子里经常反复思考着地球、月球、卫星三体运动的关系。他举了个例子说：“卫星在地球上发射，但在发射那一刻，月球在太空的什么位置？因为地球与月球都在不停地转动，地球在什么季节与月球的距离最近？何时发射最有利于发射控制？这些因素使运载火箭和卫星的轨道设计难度更大，对各个系统的要求也更加苛刻。”

孙家栋还讲到：“探月卫星的发射，计算好在某一天、某一时段几点几分发射，是不能轻易变的。”说到这里，他竟然像小学生背数学口诀似的很流利地说：

孙家栋看着月球仪讲述“三步走”伟业

“比如计划好要在某年的4月18日发射，发射时间就要定在6时23分，如果推迟一天，就是6时28分，再推迟一天，就是6时33分。本来发射就是一件很难的事情，卫星又必须确保在这个时间里准确发射升空就更是难上加难。火箭点火是牵动全局的事情，与之有关的火箭、卫星、发射场、测量控制、通信保障等系统，都要保证与这一发射时间绝对同步，这是新的尝试，当然也是一场挑战。仅五大系统绝对同步这一要求，就是中国以前所有的航天发射从来没有经历过的。”

孙家栋多年来养成了一个习惯，脑子里只要装上问题，就会觉得茶无味、饭不香，他会沉默寡言，日思夜想。好几次，有时是半夜，有时是凌晨，老伴醒来发现床上的老头不见了，细听房间没有一丝动静，吓得她大喊。孙家栋却很沉稳地说：“你睡你的觉，不要大惊小怪。”原来，孙家栋夜里醒来看到窗外挂在空中那明亮的月亮，便身不由己地走到凉台上看上几眼，他仔细看着月亮在天上慢慢移动，心里在默默琢磨探月工程总体的一些技术方案。有时他在窗前一站竟是几个小时，折腾的老伴也睡不踏实，一会儿要给他披衣服，一会儿要给他搬椅子让他坐在那里看。但有一条，老伴会看他的眼色行事，绝不敢打乱他的思绪惹他不高兴。有一次，孙家栋在凉台上从后半夜一直站到天空泛白、月亮轮廓变淡，老伴才打趣地说：“月亮真好看是么，看够了，看出名堂了。呵呵，是不是该吃早饭了，司机都该来接你了。”这时的孙家栋却似乎没有倦意，早饭吃得似乎比平时还要多，想必是观察月亮有了新的感悟。

按照发射程序，卫星首先由运载火箭送入地球大椭圆轨道，与运载火箭分离后，卫星利用自身推进系统经过三次调相轨道加速，进入地月转移轨道，在此期间卫星需要进行多次轨道机动，以确保能够准确地被月球引力捕获。卫星在地月转移轨道运行4 ~ 5天后，进入月球捕获轨道，进行三次制动，分别经过三个不同轨道阶段进入月球的目标轨道，执行预定任务。卫星从发射到进入月球目标轨道共需飞行8 ~ 9天。

卫星姿态控制的三矢量控制问题也是难点之一。在环月飞行期间，卫星上的各种探测器要保持对准月面，以完成科学探测任务；卫星发射和接收天线要保持对地定向，以将科学数据传回地球，供地面应用系统研究；卫星的太阳能电池帆板要保持对日定向，为了使电池阵尽量获得日照，需采用正飞和侧飞两种姿态，以获得正常工作所需的电力。在卫星运行期间，月、地、日三个天体都是相对运动的，姿态控制是三矢量控制过程，需要在卫星整体布局、质量分布、多轴控制跟踪等方面进行很多新的理论研究，也带来了许多工程实践上的挑战。

卫星环境适应性设计也是一个崭新的课题。卫星运行的复杂空间环境是以前从来没有遇到过的，这对卫星及星上设备的环境适应性、可靠性提出了更高的要求。比如，地月空间的强辐照环境会对电子器件产生很大影响，月球在背日面、对日面条件下的温度会在 -170℃到130℃之间变化，所以对探测器的温控要求更高。

远距离测控与通信问题更是以往我国航天活动所没有经历的。中国航天创建50年，我国卫星到达的距地面最远的距离约7万千米，而月球距地球大约38万千米，这给测控系统的传输能力带来了新的挑战。此外，卫星在飞往月球的漫漫长路上，必须要对其实施多次姿态调整，而姿态调整的前提，是必须对卫星准确测量、准确定位，为地面提供精确的数据。由于我国本土从东到西只有

孙家栋检查探月卫星配套设备研制生产情况

5000千米，我国目前尚未建成全球深空测控网，所以卫星如果飞出中国国土的观测区便会“丢失”，采用已有的航天测控网和天文观测网相结合的办法，虽可基本满足要求，但余量太小，将给测控的连续性增加难度。

4. **绕月技术难度高**

探月工程由探月卫星、运载火箭、发射场系统、测控通信系统和地面应用系统五大系统组成，在这五大系统中，将坚持使用中国自己的技术、自己的设备、自己的产品、自己的设计、自己的条件来完成。五大系统必须有高度统一的协调配合，每个系统都必须在所要求的时间内按照总体计划，保质保量地完成各自的研制任务。

探月工程采用的卫星平台，以中国成熟的东方红三号卫星平台为基础进行研制，选用该卫星平台主要原因是鉴于它的成熟性和高可靠性。该卫星平台采用了许多较先进的技术，如三轴稳定的姿态控制技术、一体化双组元液体推进技术、公用平台设计、大面积密栅太阳能电池阵和高强度轻型碳纤维多层复合材料等。此卫星平台1997年5月首次投入使用后，在其他型号的卫星上进行了多次应用。嫦娥一号的卫星平台充分继承了东方红三号卫星平台的成熟技术，并进行了适应性改造。所谓适应性改造，实际是在继承基础上的创新，包括突破一批关键技术。例如三维定向技术、轨道设计和紫外月平仪的技术攻关，这些都具有相当高的技术难度。

嫦娥一号卫星上选用的有效载荷共6套24件，包括CCD立体相机、激光高度计、成像光谱仪、γ/X射线谱仪、微波探测仪和太阳风粒子探测器等。其中CCD立体相机是拍摄全月面三维影像的专用相机，在中国属首次使用。成像光谱仪用于获取月面光波图谱。γ/X射线谱仪用于探测月球表面元素。微波探测仪除用于获取月壤厚度信息外，还能给出月球背面的亮度温度图和月球两极月面的信息。集望远镜、激光器和接收电路于一体的激光高度计，在探月卫星的发射阶段和转移阶段都处在“睡眠”状态，卫星进入环月轨道后，激光高度计不断向月面发射激光束，可清楚地得到每个探测点的海拔高度。这些数据与CCD立体相机拍摄的平面图像相叠加，就是一幅完整而精确的月面三维地形图。只要激光高度计发射的探测点足够密，就能获得覆盖整个月球，包括人类探月活动从未涉及的月球两极区域。对于科学研究来说，月球立体影像资料的价值并不仅仅是为了看到月貌，重要的是，据此可勾画出月球地质构造演化史，研究月球、宇宙的起源。

根据“嫦娥一号”对运载火箭的技术要求，火箭要把“嫦娥一号”送到近地点200千米、远地点51000千米的大椭圆轨道。为满足探月卫星的特殊要求，长征三号甲火箭控制系统增加了单机和线路备份，确保飞行过程中不出现任何偏差，万无一失。选择使用长征三号甲火箭还考虑到它是长征系列火箭中发射成功率最高的型号之一。这种火箭拥有灵活而先进的控制系统，可在星箭分离前对有效载荷进行大姿态调姿定向，并提供可调整的卫星起旋速率，具有很强的适应性。长征三号甲火箭主要用于发射地球同步轨道有效载荷，同时兼顾低轨道和太阳同步轨道等其他轨道有效载荷的发射，也可进行一箭双星或多星发射。

发射嫦娥一号卫星的发射场确定在西昌卫星发射中心。这个卫星发射中心自1984年1月29日执行第一次卫星发射任务后，已经完成了几十次地球同步轨道卫星的发射任务，是中国专门用于发射地球同步轨道卫星的发射场。发射场的适应性改造工作量非常大，仅仅是发射塔架，就要对数十吨钢材大动干戈。截至2006年年底，发射场的改造工作已经完成。

卫星测控任务则立足我国现有测控设施，由我国卫星测控网和甚长基线干涉仪天文测量系统联合承担。通过适应性改造，它们可以完成探月工程各个轨道段的遥测、遥控及测轨任务。

地面应用系统的任务包括卫星在轨运行期间科学探测业务管理、数据接收与处理、科学研究与普及。目前，中国在上海佘山和乌鲁木齐分别拥有一个直径25米的天线，但它们只能有4 ~ 6小时可用来接收星上信息。为了探月工程的顺利实施，我国又分别在北京和昆明建设了一个直径50米和一个直径40米的天线。这样，在我国本土上可用4个天线交叉干涉，对近40万千米远的“嫦娥一号”进行测控，并为应对外界干扰因素和意外因素留有应急的能量。

孙家栋指导探月工程系统进行调试工作

地面应用系统包括探月卫星运行管理中心、数据接收中心以及科学数据处理和研究中心三个部分，按照总体技术要求也稳步进行了工程建设、设备研制，做好了各项准备工作。

根据国外探月走过的道路，美国、欧空局、苏联/俄罗斯和日本等在以前探月过程中从未使用过可以全天候、全天时工作和具有一定穿透能力的微波遥感技术，而我国的“嫦娥一号”则使用了微波探测仪，这将是世界上首次在探月卫星上装载微波遥感装置，一旦成功应用将可以实现对月面更为细致深入的探测，并可对所发回的数据进行反演和解析。不过，由于月球远离地球，对月球进行微波遥感探测有很大的技术难度和一定的风险。为确保探测成功和稳定地发回数据，专家们制定了相应的可靠性方案，加强对月球微波遥感的地面仿真研究，以确保成功。

要实现工程的技术领先，就必须要有所创新。在科学研究的征程上，每一个微小的创新都有可能带来连锁性的技术难点。孙家栋组织技术人员反复分析论证，攻克难关，坚定地向既定目标迈进。

我国探月工程的实施，实现了高起点、有特色、有创新的设计目标，为开展航天国际合作搭建了新的平台，有力地推动了我国航天领域的国际合作。在世界掀起新一轮探月高潮之际，探月的跨国界合作与交流，为我国在这一领域开展国际合作提供了广阔前景。我国可以利用这一平台开展多层次、多渠道的国际合作，加快我国空间科学和空间技术的发展。

5. 人类探月变奏曲

孙家栋在研究月球的同时，不仅安排了大量时间了解国外探月登月的事例，

孙家栋检查大型天线调试工作

而且多次向大家提出要多了解一些国外发展的新动向，要求技术人员深入分析国外在探月、登月方面的成功经验和失败教训，通过对国外情况的了解，增加自我的感性认识。

我国虽然是世界上最早对月球进行科学观测和记录的国家之一，但现在已经远远落后于发达国家。根据从河南安阳出土的文物记载，早在殷朝甲骨文中就已有日食和月食的记录。明代以前，中国对日月运行的观测、研究和认识达到了很高的水平，发明了一系列精巧的天文观测仪器，以日月运行规律为基础编制出来的历法，曾经一度领先于世界水平。明代中叶以后，欧洲科技的发展突飞猛进，对月球的科学认知水平很快就有了飞跃，从对月球的远距离观测逐步走向全面的科学探索。

现代人类对月球的探测始于20世纪50年代末。当时美苏两个航天大国出于争夺空间霸权的目的，展开了以探月为核心的空间竞赛。

1961年5月，美国宣布“在60年代结束之前将人送上月球，而且要让登上月球的人平安返回地面”。为了完成阿波罗登月计划，在18年时间内，美国耗用资金高达250亿美元，先后参加登月计划的人员多达400余万，其中仅工程技术专家就有1200余名，参加研制的有20000多家工厂、100多所大学。

在其后的10余年里，美苏两国共成功发射了45个月球探测器，美国曾经先后6次将航天员送上月球。

人类在探索月球的道路上虽然取得了辉煌成就，但探月之路并不是一帆风顺，不论是美国还是苏联，他们在探月、登月的道路上都充满着艰辛。

1967年1月27日，阿波罗一号飞船在一次模拟演练中突起大火，3名美国航天员在飞船内被无情的大火夺去了生命。

1969年7月，阿波罗十一号飞船实现了人类登月之梦，第一次在月球上留下了人类的足迹。这些活动显示了科学的力量，推动了航天技术的发展，促进了人类对月球的认识。

阿波罗十一号飞船登月道路并非平坦，从发射到返回竟有6次惊心动魄的险情。第一次险情发生在飞船起飞前4小时，当时发射场已经进入倒计时发射程序，而矗立在发射台上运送阿波罗十一号飞船的土星五号火箭却出现了推进剂泄漏，所幸问题很快得到了解决，火箭终于点火起飞。第二次险情发生在飞船升空后的48小时，这时的飞船已经安全飞行了20万英里，然而航天员却看到飞船外面有一个不明飞行物尾随着飞船时隐时现，似乎还有神秘的闪光，地面控制中心了解了这一情况后告知，这种现象应该是高速移动的重粒子，幸运的是飞船没有遭到重粒子的“轰击”。第三次险情发生在飞船即将着陆月球的时刻，船上计算机突然出现乱码，接着死机，紧急检查后认为是着陆传感器获取的信息超过了飞船计算机的内存，超量信息阻塞了计算机所至，问题解决后飞船开始降落。第四次险情又悄悄降临，登月舱离月面仅有150米时，航天员发现预定着陆区散布着许多巨岩，无法安全着陆，便手动控制登月舱继续飞行，在一块平坦的地方安全着陆。此时，仪表显示，下降发动机剩下的推进剂仅够维持30秒的时间。第五次险情发生在航天员准备历史性月球漫步的那一刻，登月舱的舱门竟然无法打开，原来是由于内外压差所致，当航天员平衡了压力才把舱门打开。第六次险情差点把航天员永远留在月球上，航天员在完成了2小时的月球行走后，臃肿的登月服在狭小的登月舱内刮断了启动发动机的一个电路开关，飞船将无法启动。聪明的航天员使用一支圆珠笔接好了电路，成功地使发动机点了火，登月舱具有历史意义地离开月球返回地球。7月22日下午1时56分，阿波罗十一号飞船指令舱离开月球，踏上返回地球的旅途。7月25日凌晨1时50分，飞船指令舱载着3名航天员平安地溅落在太平洋中部海面，人类首次登月宣告圆满结束。尼克松总统在白宫举行盛宴欢迎他们凯旋，他们所到之处充满了鲜花、鼓声。阿波罗十一号飞船实现了人类登月之梦，是人类在探月活动中取得的最辉煌的成就。

1976年以后，苏联停止了探月计划。接着，美国也停止了探月计划。至此，两个超级大国历时10多年的探月竞赛以美国领先而宣告结束。又过了近20年，随着冷战年代的结束，学者们逐步披露出一些探月竞赛鲜为人知的秘闻。

1989年11月，美国麻省理工学院和加州理工学院的6位教授访问苏联时，在莫斯科航空学院，亲眼看到了当年匆忙研制出来的登月舱，看到了用于把2名航天员从月球送回地球的飞船。莫斯科航空学院的主人在沉默了近20年后，坦率地向客人说："这些是为了抢在阿波罗登月之前而研制的，苏联原计划于1968年12月实现载人绕月飞行，但1968年12月初，美国阿波罗八号抢先实现了绕月飞行，1969年7月21日，美国阿波罗十一号飞船又率先登月成功。这时，苏联火箭不幸连续发生事故，便决定停止探月活动。出于政治上的原因，这段秘史被一直保密隐藏。”

近十几年来，随着航天科技的飞速发展和人类对月球认识的逐渐深入，人们意识到月球上蕴含的丰富资源将会对人类的未来发展起到重要作用，于是经过30年的平静之后，新一轮探月热潮正在掀起。

1989年，美国提出重返月球、建立月球基地的设想，并在1994年和1998年分别发射了两个探测器。1998年1月发射的以绘制月球表面地形图、分析月质结构和寻找月球存在冰或水证据等为目的勘探者号月球探测器，于1999年7月完成使命。2004年1月14日，美国总统布什在关于美国载人太空探索政策的演讲中，提出了美国重返月球计划。2006年4月又提出一项撞击月球南极的计划，希望能成功找到月球存在水的证据，以利未来航天员登陆月球并建立长期基地。

对欧洲来说，继2006年9月3日第一个月球探测器“智慧一号”圆满完成撞击月球使命后，欧洲还计划未来让航天员登陆月球并分阶段建立月球基地。

几年前，日本、印度也发射了月球探测卫星，各国的探月计划紧锣密鼓地准备着。

新的一轮探月热潮必将掀起一场国际间的竞争与合作，没有科学技术实力，就没有资格参加真正意义的航天国际合作。

孙家栋

孙家栋院士传记

Academician Sun Jiadong's Biography

第八章

"嫦娥"绕月

嫦娥一号卫星成功进入环月轨道，实现了中华民族的千年奔月梦想。喜讯传来，孙家栋这位年近8旬的科学家百感交集，悄悄背过身抹去眼角的热泪。

1. 探月开创新纪元

孙家栋、栾恩杰和欧阳自远作为探月工程“三巨头”，他们深知自己在工程中所扮演的角色。正如2006年他们在中央电视台演播室与电视观众见面时，主持人向观众做的形象介绍：“他们三位所承担的工作，形象地说就是，总指挥管的是绕月工程要做什么，总设计师管的是怎么做，而首席科学家管的是为什么要做。”

孙家栋和栾恩杰、欧阳自远认为，对探月工程展开一些必要的宣传，不仅能够起到科学普及教育的作用，增强人们对探月工程所取得效果的认识，而且可以以探月为契机，获得全国人民的支持，从而推动航天产业的发展，并对我国探月工程的意义做了七条言简意赅的阐述。

首先，探月工程是维护我国月球权益的需要。1979年联合国通过的《指导各国在月球和其他天体上活动的协定》(简称《月球协定》)中规定，月球及其自然资源是人类共同财产，任何国家、团体和个人不得据为己有。作为联合国外空委员会的成员国，我国只有开展探月并取得一定成果，才具有履行《月球条约》和分享开发月球权益的实力，维护我国的合法权益。

嫦娥一号卫星发射前，孙家栋与栾恩杰（左）、欧阳自远（右）在发射塔架前合影

第二，月球是人类研究宇宙和地球本身的最佳平台。科学家认为，通过利用月面上没有人为改造和破坏的本来面目研究月球，了解月球的成因、演变和构造等诸方面的信息，有助于了解地球的远古状态、太阳系乃至整个宇宙的起源和演变，有助于搞清空间现象和地球自然现象之间的关系，可以极大地丰富人们对地球、太阳系以至整个宇宙起源和演变及其特性的认识，从中寻求有关地球上生命起源和进化的线索。

第三，月球是促进科技进步和发展的重要载体。开发月球是空前艰巨的事业，需要解决一系列难题，这必然会带动诸如大推力火箭、巨型航天器、高速飞行、人工智能、计算机、机器人、加工自动化、精密仪器、遥感作业、通信、材料、建筑、能源等工程技术以及空间生物、空间物理、空间天文等科学技术的突飞猛进。

第四，探月工程为开发利用月球资源做准备。据探测，月岩中含有地壳中的全部物质元素，约有60种矿藏。在月球岩土中，具有丰富的氧、铁、镁、钙、硅、钛、钠、钾、锰等物质，初步估计共含有8万亿吨铁。此外，月球上有丰富的能源，尤其是月球上的氦3是地球上所没有的核聚变反应的高效燃料，据估计，在月壤中氦3的资源总量可以达到100万~500万吨，能够支持地球7000年的能源需要。

第五，促进深空探测。月球表面的引力只有地球表面的六分之一，因此，航天器从月球上起飞，可大大节省能源。月岩土壤中氧占40%，可以就地生产推进剂和作为生态环境和生命保障系统的氧气；硅占20%，可以为航天器制作太阳能电池帆板；其他金属可以为航天器制作各种部件设备；还可以用月球作中转站，为过往的航天器进行检修和补充推进剂。

第六，进行天文观测和研究的平台。月球表面的地质构造极其稳定，月球直接受太阳的辐射，没有大气层对光线和电波的吸收、散射和折射等干扰，没有尘埃污染，没有磁场，月球的背面没有人造光源和射电的干扰，月震很微小。同时，月球有漫长的黑夜，黑夜温度极低。这种环境为建造高精度天文观测台提供了理想的场所。

第七，推动经济发展。开发月球，可以产生难以估量的经济效益，而且其他技术的二次开发应用，势必促进工业的发展与提升。如美国研制和发射阿波罗载人飞船时，就产生了3000多项专利，带动了高新技术产业的发展，在阿波罗计划中，每投入1美元，就带来5美元的效益。

孙家栋组织相关人员认真分析国外探月活动的经验教训，使他所领导的专家和技术队伍更加信心十足。孙家栋决心充分利用成熟技术，大胆采用我们已经具备的高新技术，尽可能用最少的投资，在最快的时间里，“快、好、省”地获得探月第一手资料，为后续更加深入的探测积累经验、创造条件。

孙家栋预测，随着探月各期工程的分步实施，

孙家栋与欧阳自远检查探月工程测控设备研制落实情况

中国将逐步突破绕月探测关键技术、月球软着陆及自动巡视勘察技术、月球自动采样及地月往返技术，研制和发射探月卫星、月球软着陆器和月球车、月球采样返回器，建立并逐步健全月球探测工程系统，为未来的深空探测活动奠定技术基础。

2. 发射前夕细准备

随着时间的快速流逝，探月工程也在稳步推进。在孙家栋的领导之下，总体技术的难关逐项得到了攻克，每一步艰辛后面都显现出了可喜的成果。

2005年1月，国防科工委在北京召开了绕月探测工程第二次工作会议，绕月探测工程五大系统200余名代表参加了会议。会议要求全体人员，充分认识工程的艰巨性、复杂性，下大力气做好技术攻关。在研制过程中，以质量和可靠性作为中心环节，以质量促进度、保成功。月球探测是高技术、高效益，同时也是高投入、高风险的科学活动，积极开展国际合作，是快速提升技术水平、节约投入、降低风险、培养人才的捷径，因此要实施“请进来、走出去”战略，推进航天领域的国际交流与合作，应通过探月工程的实施，培养一批勇于探索的年轻的高科技人才。

2006年3月24日，国防科工委在北京召开了绕月探测工程第三次工作会暨决战动员会。会议提出，2006年将是中国绕月探测工程的决战年，工程五大系统在本年内要具备执行发射任务的能力，要求工程各系统和各参研单位以决战的姿态做好今年的各项工作，采取各种有力措施，确保工程每一个细节设计正确、生产规范、验证全面。要求全系统所有研制、生产和建设人员抖擞精神，严细慎实，努力铺就“嫦娥”飞天路。会上，国防科工委向绕月探测工程五大系统的总指挥、总设计师颁发责任书，并对工程初样研制建设阶段先进个人予以表彰。

随着探月工程各系统按计划进度纷纷完成任务，探月工程已经接近卫星发射的关键时刻。就在此时，国防科工委于2006年11月18日在北京召开了绕月探测工程五大系统的总指挥、总设计师年度扩大会议，孙家栋参加会议并在会上讲话强调：“探月工程已经到决战的总攻阶段，设计质量、各种配套产品质量必须严格按照要求进行逐项检查，各个环节的工作绝对不能放松，要使设计、生产全部做到百分之百的可靠。越是到了发射的关键时刻越是不能掉以轻心、不能松懈、不能麻痹，除此之外，还要把各个系统的查漏、补遗工作抓好，必须认真地把这些工作落到实处！”

2007年1月29日，温家宝总理、曾培炎副总理来到探月工程研制现场，视察绕月探测工程进展情况，孙家栋陪同视察并进行了汇报。温家宝总理对绕月探测工程提出四点具体要求：一是要高度重视，全力以赴；二是要安全可靠，质量第一；三是要团结奋战，大力协同；四是要尊重科学，敢于探索。

当今世界，航天领域的竞争非常激烈，谁占有优势，谁就占据了主动权。面对温家宝总理，孙家栋充满信心地表述了自己的观点：“中国航天经过几十年的迅速发展，已经建立起一套非常完整的系统，为中国探月工程的实施奠定了充分的技术、物质、人才和管理基础。我们一定能够圆满完成‘绕、落、回’各个阶段的探月任务，为中国乃至整个人类积累一笔宝贵的财富。”这是孙家栋对中国航天满怀深情的期望，也是他内心积蓄已久的心声。

担任解放军总装备部副部长、中国绕月探测工程副总指挥的张建启，参加了这几次会议。他从上任伊始就非常关注中国绕月探测工程的准备工作进展情况。张建启从中国研制、发射第一颗通信卫星开始，就与孙家栋有过接触，那时孙家栋是通信卫星总设计师，张建启在西昌卫星发射中心担任通信卫星发射指挥调度员。张建启对孙家栋一直怀有崇敬的心情，探月工程增加了他们经常在一起探讨工作的机会。

探月卫星发射前夕，孙家栋、沈荣骏和张建启为探月卫星发射准备工作的事情，又一次坐在了一起。

孙家栋说：“当前国际形势对我们有利，怎样用我们自己的智慧，用自己的能力把我们的航天事业发展得更快，这是非常重要的一件事情。当前的探月工程确实是一个很难得的机遇，但也是一个严峻的挑战。”

孙家栋与张建启（中）、夏长发（左）在北京航天飞行控制中心交谈

张建启说："探月工程是一个完全自主创新的高新科技工程，在'奔月'过程中精确测控这一艰巨环节，虽然没有经验、没有数据资料，但经过地面反复测试验算，我们心中有底、胸中有数，参加任务的各系统对探月工程的成功充满信心。"

沈荣骏形象地说："测控系统是用来测量航天器的飞行轨道、接收航天器发送的遥测信息和向航天器上发送控制信息、控制航天器工作和运动的。它像人们的眼睛，又像是一双无形的手，也像人的大脑和耳朵，它听着看着，遇到不对的地方就去操纵卫星修正。嫦娥一号卫星在空中要经历一系列复杂的过程，需要进行若干次减速控制；还要进行姿态控制，姿态控制不好，定向天线不朝向地面，就接收不到信号，卫星在运行时也会出现风险。我们成立了专门的飞行控制组，由多位专家组成，对卫星飞行中的运行数据进行分析，如果正常，就按正常程序执行，如果出现问题，就按照准备好的几十种预案'抢救'，我们严阵以待，做好了充分准备。"

中国航天经过几十年的发展和几代人的奋斗，在科学技术和人才培养等方面积累了丰富的经验，为绕月探测工程的实施奠定了坚实的基础。酝酿了10年之久的探月计划即将结出硕果。

2007年是嫦娥一号卫星发射升空的关键性一年，这一年确实也是孙家栋最为繁忙的一年。为了探月工

嫦娥一号卫星发射前，孙家栋与栾恩杰（右）和发射场区指挥长李尚福（中）在发射塔架前合影

孙家栋与中国空间技术研究院杨保华院长（右）、刘方副院长（左）探讨交流

嫦娥一号卫星发射前，孙家栋与中国空间技术研究院李开民书记在发射场

嫦娥一号卫星发射前，孙家栋接受香港凤凰卫视主持人吴小莉的采访

程能够按计划顺利实施，大量的事情需要协调落实，他经常马不停蹄地从一个城市飞往另一个城市，有时一周内竟然能去三四个城市。在卫星发射前夕，孙家栋更是忙得不亦乐乎，两周内他几乎不停息地穿梭于北京和四川、山西之间，从他2007年的日程安排中列举出几天的日程，便可看出他的繁忙和辛劳。

2007年9月11日，在西昌卫星发射中心召开探月工程总指挥、总设计师会议，听取嫦娥一号卫星与发射场准备工作情况汇报；

9月13日，在北京主持召开发射嫦娥一号卫星运载火箭的出厂技术评审会，会上孙家栋强调："要把各项预案工作做好、做细，确保卫星按时发射！"

9月16日，在太原卫星发射中心主持召开中巴资源一号卫星02B星发射前总体技术评审会；

9月19日，在太原卫星发射中心现场参加中巴资源一号卫星02B星发射任务，发射取得圆满成功；

9月21日，在北京就嫦娥一号卫星所肩负任务等问题，接受香港凤凰卫视"小莉看世界"栏目专访；

9月25日，在西昌卫星发射中心主持召开嫦娥一号卫星发射前技术评审会；

……

在2007年这一年里，孙家栋10次进入发射场，在发射现场指导了5次卫星发射任务，主持及参加了近百个与航天有关的会议，空中飞人似地从北京飞到全国20多个地方。从9月初嫦娥一号卫星进入发射准备状态开始，一直到11月26日卫星出图的近百天时间里，孙家栋全身心地投入到了探月工程的实施中。卫星发射成功后的一个月里，孙家栋虽然人在北京，但心系“嫦娥”，天天都坐镇北京航天飞行控制中心，时刻关注着卫星每个动作的准确性。

老伴魏素萍心疼地说：“他总是天天跑，穿皮鞋太累，我每年光布鞋就给他买了四五双，他都能穿出洞来，你说他费不费。”

3.“嫦娥一号”赴月宫

2007年10月24日，是嫦娥一号卫星发射的日子。上午，大凉山环抱的西昌卫星发射中心上空笼罩的阴云密雾在发射前8个小时终于缓缓飘走，阳光普照，发射场显示出新鲜与活力，发射场各个岗位人员有条不紊地按预定程序进行着各项发射前的准备工作。

“1小时准备！”指控大厅的扬声器里传来调度指挥员的口令。此时，孙家栋沉稳地坐在指控大厅的座位上，并不时侧过身体，小声地与坐在旁边的探月工程副总设计师龙乐豪、嫦娥一号卫星总指挥兼总设计师叶培建交谈。

“3分钟准备！”指挥大厅所有人都不约而同地将视线集中到了大屏幕，群山环抱的航天发射塔巍

孙家栋与龙乐豪院士亲切交谈

孙家栋与叶培建院士在嫦娥一号卫星测试厂房交谈

峨壮观，坐落在发射台上的长征三号甲运载火箭雄伟挺拔。在这3分钟内，液氧加注排泄连接器、液氢加注排泄连接器以及若干电信号、供气管路连接器将要从火箭脱落，所有监控镜头都对准了这些关键部位。

“1分钟准备！”供电连接器从火箭和卫星外壁脱落，发射塔架伸出的长长摆杆带着连接器插头徐徐摆向火箭后面的发射塔架一侧，顶天立地的星箭联合体挺立在发射台上，即将告别地球。

18时5分4秒，随着发射调度指挥员气壮山河的

“点火”口令，长征三号甲运载火箭喷射出巨大的烈焰，在震耳欲聋的轰鸣声中腾空而起、直刺苍穹，运载着嫦娥一号卫星开始了奔月征程。

18时28分0秒，“火箭三级二次关机，末速修正开始！”

18时28分37秒，“火箭末速修正关机，火箭调姿到位！”

18时29分，“星箭分离！”“卫星入轨！”

北京航天飞行控制中心传来的数据表明，火箭已将嫦娥一号卫星成功地送入近地点205千米、远地点50900千米、轨道倾角31度的超地球同步轨道，创造了长征系列运载火箭第103次发射和连续61次发射成功的纪录，取得了长征三号甲火箭连续15次发射成功的佳绩。

发射场指挥大厅里的人们激动地起立鼓掌，孙家栋瞬时放松了

孙家栋与探月工程总指挥栾恩杰（前排右一）、副总指挥张建启（前排右二）、中国航天科技集团公司副总经理雷凡培（前排右三）观看嫦娥一号卫星发射情况

绷紧的神经，但他的眼睛仍然紧紧盯着大屏幕，虽然火箭早已飞出了人们的视线，但他又沉浸在后续任务的跟进中。

嫦娥一号卫星发射成功后，孙家栋立即乘坐专用飞机从西昌赶回北京。在以后的一个多月时间里，他基本每天都在北京航天飞行控制中心，遇到卫星运行的关键节点，他常常昼夜难眠地凝望着卫星运行的数据图，他的大脑紧随着卫星的运行轨迹而运转，他的心随着显示屏上卫星的监控数据而跳动。

北京航天飞行控制中心既是中国载人航天工程的飞行指挥控制中心，承担着指挥调度、飞行控制、数据处理和信息交换等任务，是载人航天测控任务的“神经中枢”，是航天员的“生命通道”，同时也是中国探月工程的飞行指挥控制中心，承担着指挥决策、轨道控制、数据分析处理、应急控制以及卫星环月飞行后长期监控管理等任务，是决策要地。嫦娥一号卫星升空后仅仅400秒，北京航天飞行控制中心就开始对卫星实施全程指挥控制。飞行控制中心下属的轨道室担负着首次绕月探测工程的轨道计算、轨道控制、任务规划以及各阶段轨道和姿态实时监视计算等关键任务。

嫦娥一号卫星经过长途跋涉，在地面技术人员的精确指挥控制下，先后经过1次远地点加速和3次近地点加速，共绕地球飞行7圈，逐步将轨道由近地点高度205千米、远地点高度50900千米，调整到近地点高度约600千米、远地点高度约40.5万千米的地月转移轨道。卫星的飞行速度也由星箭分离时的10.33千米/秒提高到地月转移轨道所需的10.58千米/秒。

10月30日17时40分，“嫦娥一号”飞行至距离地球约11.98万千米的距离，突破了我国航天器到达的最远距离纪录。10月31日17时28分，卫星按预定的时间、位置、速度，成功进入地月转移轨道，标志着“嫦娥一号”开始进行奔月之旅。

在这成功的欢庆时刻，新华社记者就中国探月工程的创新点和新跨越问题，专门采访了总设计师孙家栋。孙家栋认为，作为航天工程，其创新点不像基础科学，它是在过去取得成果的基础上，进行非常合理的组织、安排，加上一些必要的关键技术，使得这样一个大型工程用比较低的代价、比较短的时间，高质量、高水平地完成了所制定的工程目标和科学目标，这就是创新点。从长远来讲，中国人肯定会到月球上去，但要依实际情况而定。国际上探月初期一般都是向月球发射一个探测器，从月球附近掠过，第二步是直接撞击月球，有了经验以后才环绕探月；而中国第一步就是绕月，第二步将要实现在月球着陆，所以说中国的探月计划起点高。我们不仅要绕月，马上还要展开很多探测，把数据传回地面研究。我们现在处于起步阶段，所进行的每一步都会为后续工作

孙家栋与任新民院士亲切交谈

打基础，每一步都有它的作用，我们将一步一步稳固向前发展。

11月7日8时34分，嫦娥一号卫星成功实施了第三次近月制动，带着中国人的奔月梦想，成功进入经过月球南北两极、周期为127分钟的圆轨道。三次近月制动，将“嫦娥一号”从近月点212千米、远月点8617千米的椭圆轨道调整为200千米的预定圆轨道。至此，“嫦娥一号”经过326小时的飞行，顺利实施了4次地球轨道加速、1次中途轨道修正、3次近月制动共8次变轨，总飞行距离约180万千米，成功进入环月工作轨道。

这一刻，在指挥现场控制大厅，中国绕月探测工程总指挥栾恩杰、副总指挥张建启、首席科学家欧阳自远等，争相与孙家栋紧紧拥抱，情不自禁地流出激动的泪花。

孙家栋自豪地说：“我们坚持的自主创新思想，在工程中起到了非常关键的决定性作用。”

嫦娥一号卫星进入环月轨道后，由巡航姿态转入对月定向工作姿态，星上配置的探测仪器全部开启，开始了对月球的科学探测，地面接收系统对探测数据分析处理后，成功地制作出了清晰的月球图片。中国拥有了属于自己知识产权的第一颗绕月卫星，实现了“准时发射、准确入轨、精密测控、绕月出图”的要求。工程五大系统经受了全面的考验，

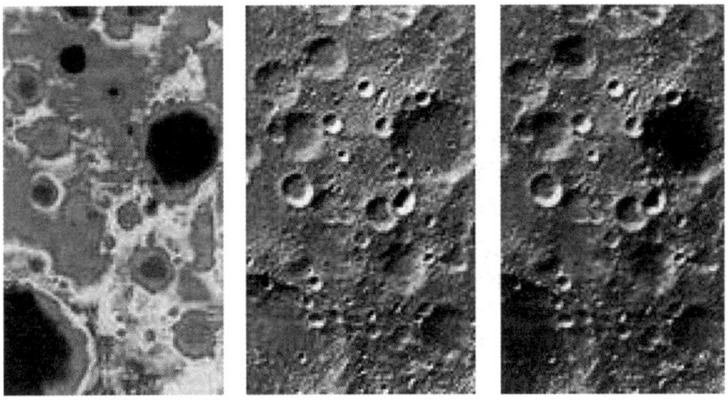

嫦娥一号卫星发回的月球图片

同时培养锻炼了一支新一代的航天科研队伍。

2009年3月1日16时13分10秒，嫦娥一号卫星环月飞行11500余小时，累积飞行5514圈，圆满实现工程目标和科学目标，超期完成绕月飞行的神圣使命，在地面操作人员的精确控制下，准确受控撞击在月球东经52.36度、南纬1.50度的指定位置，为我国探月一期工程画上圆满的句号，为月球探测后续工程积累了宝贵的技术和工程经验，为今后深空探测奠定了坚实的基础。

中国探月工程首战告捷的消息立即在国际上引起很大的反响，中国成为继美国、苏联/俄罗斯、欧洲和日本之后第五个进行月球探测的国家。2007年11月25日，俄罗斯探月工程总设计师格奥尔吉·波利修克在莫斯科感慨地说：中国2003年将航天员送入太空，标志着中国已成为一个航天大国，而嫦娥一号卫星的成功，则开辟了中国航天事业的新纪元。任何一个国家的深空探测计划都是从绕月探测开始的，但是中国的绕月探测并不是重复别人走过的路，中国的许多研究方向是之前其他国家的探月计划所没有涉及到的。首先，嫦娥一号卫星上配备的多个科学探测仪器在世界上都属于第一次使用；其次，卫星的仪器搭配巧妙，可以称得上是典范；再者，卫星所选用的科学探测仪器相互间的协调，可以发挥卫星的最大探测功效。

4. 胜利时刻洒热泪

2007年11月26日9时41分，国家正式公布了嫦娥一号卫星传回并制作完成的第一幅月面图。温家宝总理为第一幅月面图揭幕并发表重要讲话。发布仪式前，温家宝等领导接见了有关人员，温家宝总理来到孙家栋面前，握着他的手亲切地说："家栋，你是身经百战啊，你辛苦了！"

12月12日上午，人民大会堂内乐曲欢快、灯火辉煌，处处洋溢着热烈、喜庆的气氛。中共中央、国务院、中央军委在这里举行大会，隆重庆祝我国首次月球探测工程圆满成功。中共中央总书记、国家主席、中央军委主席胡锦涛出席会议并讲话，中共中央政治局常委温家宝、贾庆林、李长春、习近平、李克强、贺国强等出席大会。党、政、军、群有关部门主要负责同志，国家机关有关单位，参与绕月探测工程的各系统代表以及首都各界代表，共5000多人参加了庆祝大会。

庆祝大会前，中央领导接见了探月工程突出贡献者和突出贡献单位代表。胡锦涛总书记走到孙家栋面前表示祝贺与慰问，他握着孙家栋的手亲切地说："谢谢你！谢谢你作出的贡献！"

胡锦涛总书记在会上发表重要讲话。他讲到："我国首次月球探测工程的成功，是继人造地球卫星、载人航天飞行取得成功之后我国航天事业发展的又一座里程碑，实现了中华民族的千年奔月梦想，开启了中国人走向深空探索宇宙奥秘的时代，标志着我国已经进入世界具有深空探测能力的国家行列。这是我国推进自主创新、建设创新型国家取得的又一标志性成果，是中华民族在攀登世界科技高峰征程上实现的又一历史性跨越，是中华民族为人类和平开发利用外层空间作出的又一重大贡献。全体中华儿女都为我们伟大祖国取得的这一辉煌成就感到骄傲和自豪！”

38年前，孙家栋在人民大会堂两次参加向周恩来总理汇报中国第一颗人造地球卫星研制、发射准备情况；30年前，孙家栋在人民大会堂参加全国科学大会时，聆听了邓小平充满号召性的讲话，他还在那个大会上作了题为《关于人造卫星的成就及展望》的专题发言；8年前，孙家栋在人民大会堂被授予“两弹一星”功勋奖章，江泽民总书记亲自把奖章挂到了他的脖子上；今天，还是在这里，中共中央总书记胡锦涛、国务院总理温家宝与他亲切握手，向他致谢。当孙家栋与总书记、总理眼神对望的那一刻，他又一次感到祖国的伟大、事业的神圣、航天的光荣。

此时，孙家栋端坐在主席台下的第一排，他身披鲜红色加黄边的丝绸有功模范人物绶带，他与共和国最高领导人面对面坐在一起，一拨又一拨摄影记者不停地在他们面前摄影、拍照，闪光灯在他们面前闪烁不断，他是今天当之无愧的真正明星。平常总保持低调不愿意出头露面的孙家栋，坐在庄严的人民大会堂是那样的开怀、那样的自豪，他的笑容是那么的灿烂。

在“嫦娥一号”顺利完成环绕月球的那一刻，全国电视观众在电视屏幕上看到了一个被摄影师抢拍到的镜头：当北京航天飞行控制中心的扬声器里传出嫦娥一号卫星绕月成功的消息时，大家全部从座位上站立起来，欢呼跳跃，拥抱握手，而孙家栋却走

孙家栋在隆重庆祝我国首次月球探测工程圆满成功大会上

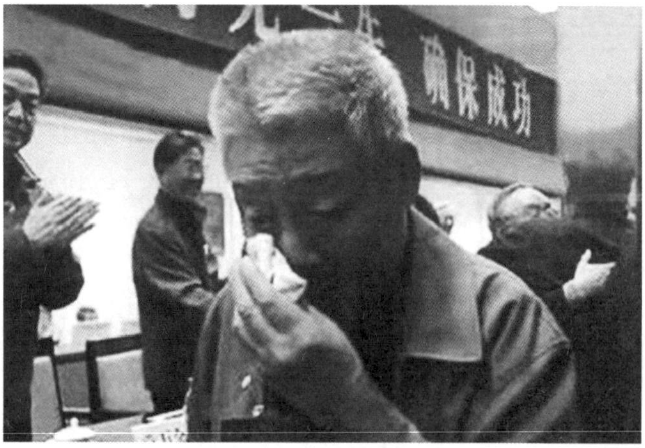

绕月成功后，孙家栋止不住激动的泪花

到一个僻静角落，悄悄地背过身子，掏出手绢偷偷抹泪。一位年近80岁的老人，一位为中国航天事业奋斗了几乎一生的科学家，在人们喜悦之时躲在僻静处偷偷抹泪，这是多么令人感动啊！

孙家栋从不大喜大悲，他不到极致是不会轻易掉泪的，那是喜悦的泪水，也是对昔日艰难拼搏获得成果时的泪水。孙家栋在航天发射试验中遇到过许许多多艰难险阻，身边的人未曾见他掉过眼泪，此时他悲喜交加流下激动的泪水，足以说明中国探月工程的艰难。

2007年12月27日，由科技日报社组织，部分院士、多家中央新闻单位参与评选的“2007年国内十大科技新闻”揭晓，中国人实现“嫦娥”探月梦想被评为中国最有影响的十大科技进步之一。

2008年2月17日，由中央电视台举办的“2007年度感动中国人物”评选活动揭晓，嫦娥一号卫星研发团队获“特别致敬”奖，这是唯一一个集体奖。在这项具有重大历史意义的航天工程中，所有的一切都是利用中国自己的技术、自己的产品、自己的设计、自己的条件完成的。孙家栋自豪地对新闻媒体称：“嫦娥一号”是完全的“中国创造”！

2008年7月5日，由《科学中国人》杂志社主办的“科学中国人——2007年度人物评选工作”在北京揭晓，共有35位科研工作者、科教管理人员以及科技型企业家当选。《科学中国人》对这次当选人的描述如下：

正是他们，引领并推动了中国经济的发展，圆了一个富国的梦想，他们的力量帮助中国挺起了脊梁，他们的智慧帮助中国迎难而上，他们的从容与自信让我们看到了中国面向世界大踏步发展的坚强！

送给孙家栋的颁奖词为：曾经的红衣少年，如今的白发先生，40载航天岁月谱华章，他与同事们，在茫茫星空中镶嵌了30颗中国卫星。如今，他更以儒将之风，挂起绕月工程之帅印。

孙家栋在这次评选活动中还被评为“科学中国人——2007年度人物特别奖”中的“最受公众关注奖”，送给他的颁奖词为：他是“两弹一星”功勋科学家，从“东方红一号”在九天之外向世界宣告——古老的民族跨进太空时代起，他就和造“星星”结下了不解之缘。他说，他的心愿就是要造一辈子中国“星”！

2008年10月12日，探月工程全月球影像图发布暨科学数据交接仪式在北京举行。“嫦娥一号”经过一年的在轨运行和探测任务，获得了大量科学探测数据，科研人员利用星载CCD立体相机获取的探测数据，制作完成了首幅全月球影像图，这标志着绕月探测工程圆满完成科学探测任务。评审专家认为，这幅月球全图图像数据完整、信息丰富、信噪比高、质量良好，其图像质量和影像制作方面均达到国际先进水平，也是目前世界上最清晰、最完整的月球影像图。国家国防科工局（2008年3月组建，其前身为国防科工委）决定将此月球影像图捐赠给国家博物馆永久收藏。

中国首次探月便获得圆满成功，体现出中国航天工程管理的高水平。总设计师孙家栋对中国绕月探测工程五大系统的创新成果非常自豪。在成功之刻，有一段记者采访孙家栋时的对话，让人们对他的内心世界有一些了解或感悟。

那次采访，记者完成了预先要孙家栋回答的对地球、月球、航天有关问题的提问后，突然像脑筋急转弯似的话锋一转，向孙家栋提出了一个新问题，记者问到：“孙总，假设我们实现了载人登月，航天员又可以把一件属于您自己的东西带到月球上作为永久纪念，您将会带什么上去？”

记者为自己高明的提问而得意，提完这一问题后，他的脑子飞速闪现了各种猜想：是一张有收藏价值的家人照片？是一张早年有意义的设计草图？是一枚令他自豪的大学时代的奖章？是一片树叶，一粒种子？记者满怀期待地望着孙家栋，等待着这位科学家随着自己灵活思路的即兴回答。

孙家栋的答案完全出乎记者的意料，孙家栋说：“我是这样看的，假设将来真正实现了我们中国人登上月球那一天，带上月球的每一克载荷都是非常宝贵的，我相信我不会带我自己的东西，肯定要根据我们国家整个事业要求来带更重要的东西。你可以看一看我们的嫦娥一号卫星，它本身的重量是2350千克，所携带的推进剂就占到1200千克，所以要把这颗飞

孙家栋的思绪随着月球仪飞向更遥远的深空

2013年12月，孙家栋与本书作者在孙家栋办公室月球仪旁合影

行器送到月球，它的代价相当大。你可以想一想，载人登月每一克载荷的价值是多少。我们绝对会精打细算，让每一克都用得非常有意义。你问我自己想带什么上去，这个我绝对不敢设想。”

孙家栋多年来养成总是以低调来应对各方面对自己的宣传，不论是说话还是办事，都像解决工程问题一样的严谨认真。谈技术是这样，谈生活也是如此，就连轻松的开玩笑似乎也保持着严格的逻辑。记者被孙家栋的回答深深感动，作为工程总设计师，他的脑子里装的全都是工程总体，全都是国家的总体利益，根本就没有想过自己的得失，就连假设都“绝对不敢”，记者此时真正体会到“无私”两个字的含义。

记者还是不甘心，又指着孙家栋面前的月球仪，话题一转像是开玩笑似地对孙家栋说：“既然您说上月球的每一克载荷都很宝贵，不能随便带，那您希望以自己的名字命名上面的某个地形吗？这总归不占分量了吧？”因为那个月球仪上标有许多以科学家或者发现者名字命名的环形山。

孙家栋朴实地笑笑：“不敢想，从来没想过。不过自从参与探月工程，现在每天晚上抬头看月亮，那感觉和从前好像是有点不一样了。”就是在这轻松的玩笑中，使人不难看到他对探月工程取得成功后心中的喜悦和对航天的执着、热爱。

孙家栋做什么事情都非常认真，“嫦娥一号”发射成功后的2007年12月31日，孙家栋收到国防科工委探月工程中心转来山东省青岛宁安路小学全体师生写给他的信及同学们精心制做的新年贺卡。孙家栋非常高兴，他认真地给全体师生回了信，他在信中说：“对学校的老师和同学们关注嫦娥一号卫星的情况表示衷心的感谢。希望学校在特色的教学中鼓励同学们敢于奇思妙想，奇思妙想是创新的

青岛宁安路小学的同学们争相阅读孙家栋爷爷的回信

青岛宁安路小学的同学们铭记孙家栋爷爷的厚望

基础，这样才能培养出更多爱科学、爱航天的人才，促进祖国科技事业的发展。”收到孙家栋的回信后，学校在新春佳节后的开学典礼上，提出要铭记老科学家孙家栋的厚望，以孙家栋的来信为契机，开展“培养学科学爱科学之风，迎科技奥运，做有志少年”的活动，为祖国航天事业发展、为祖国繁荣富强而努力学习。

2009年8月18日，情系青岛宁安路小学的孙家栋向该校邮赠了《星系我心》一书。该校校长刘晓燕收到赠书后立即回复：“全校老师和同学们衷心感谢孙老，这是开学之际最好的礼物。我们会在师生中传看，以学习老科学家为祖国航天事业奋斗的精神，教育孩子们了解祖国航天发展史，培养他们的爱国情感。同时祝孙老身体健康。”

5.“嫦娥二号”续辉煌

在嫦娥一号卫星发射前，孙家栋就在酝酿探月工程的后续发展，他已将一部分精力投入到探月工程第二期实施方案编制中。在那段繁忙的日子里，仅仅在2007年3月2日到7月13日短短4个月的时间内，孙家栋就主持召开了8次“探月工程第二期实施方案编制专家组会议”，他一边指挥协调“嫦娥一号”发射前的大量事项，一方面组织相关人员编制探月工程第二期实施方案。值得孙家栋欣慰的是，中国探月计划二期工程实施方案很快获得国家批准，中国航天可持续发展的步伐正在快速地向前推进。

2010年10月1日，西昌卫星发射中心万事俱备，又一次迎来发射任务。18时59分57秒，托载着嫦娥二号卫星的长征三号丙运载火箭在发射台上点火升空。这天是中华人民共和国建国61周年国庆日，全国人民都在享受国庆长假的休息日，而此时作为探月工程高级顾问的孙家栋与他的航天同事们仍然奋战在卫星发射现场的第一线。

从西昌卫星发射场回到北京后，孙家栋立即投入嫦娥二号卫星的飞行控制工作，坐在北京航天飞行控制中心的孙家栋，眯缝着眼睛紧盯着显示屏上的数据，当他看到成功的信息后，仍然是平常那副不喜形于色的表情，其实他的心里蕴藏着成功后的喜悦，抒发着他对参加探月工程所有人员的深深感谢和敬意，洋溢着对祖国航天事业取得又一工程成果的兴奋。

嫦娥二号卫星的发射成功，揭开了中国探月工程二期计划实施的序幕。嫦娥二号卫星在环月轨道飞行8个月，圆满完成月球探测任务，获取了大量完整而清晰的月球信息，于2011年6月9日下午4时50分5秒在地面操作人员的准确控制下脱离月球轨道，飞向150万千米外的第2拉格朗日点进行深空探测。

尽管孙家栋每天的日程安排得满满当当，但他天天都在关注着嫦娥二号卫星的工作状况，一有时间就了解最真实的第一手情况。孙家栋说，嫦娥二号卫星最为重要的任务是能够准确到达预定区域，也就是地面指向哪里，卫星就飞向哪里，这个目的已经圆满完成。而嫦娥二号卫星完成绕月探测任务后，还有一项主要任务是检验深空探测的能力，为以后进行火星或其他深空探测任务奠定基础，积累和掌握我国自有的数据资料。

2012年12月13日，嫦娥二号卫星飞至距离地球大约700万千米外的遥远深空，以10.73千米/秒的相对速度，与国际编号4179的图塔蒂斯小行星以100多千米的距离擦肩而过，首次实现了中国对小行星的飞越探测，卫星上装载的监视相机对小行星完成光学成像并及时发回地面，同时完成了包括测量、控制、信息获取、数据传输等一系列我国从未进行过的试验。至此，嫦娥二号卫星各项试验圆满完成，大获成功。

截至2013年7月14日，嫦娥二号卫星已飞离地球5000万千米，再次刷新“中国高度”，并作为中国首个人造太阳系小行星，继续向更遥远的深空飞行……

孙家栋

孙家栋院士传记

Academician Sun Jiadong's Biography

第九章

“北斗”普照

作为中国北斗卫星导航工程总设计师，孙家栋为北斗工程近百次出入发射场。在他的具体组织下，中国仅用了5年时间，便将16颗卫星布于太空。

1. 谋篇环球布“北斗”

自人类有文明开始，就有关于北斗星的记载。在中国悠久文明的历史长河中，年复一年、日复一日地广为传颂着北斗星的美丽故事。北斗星由七颗亮星组成，形似斗勺，易于辨认，它类似勺头的两颗星直指北极星，被称为“指极星”。北极星能够帮助人们在广袤无垠的黑夜指点迷津、辨别方向。先祖们根据离地球最近最亮的北极星与北斗七星斗转星移旋转变化的关系，不仅认识了地球自转的方向，而且认识了春夏秋冬四季交替的规律。一年365天，北斗星斗柄方位的变换，为人们报晓季节变换。古人云：斗柄东指，天下皆春；斗柄南指，天下皆夏；斗柄西指，天下皆秋；斗柄北指，天下皆冬。先祖们奠基的“极星不动，斗转星移，天道左旋”的天文认知，不仅为世代子孙留下了发展天文科学的丰厚遗产，而且运用北斗七星把握方向，认识天、地、人之间的和谐关系，更为后人留下了宝贵的精神财富。

人们利用太阳、月球和其他自然天体来定位导航的历史至少已有数千年。北斗星为人类定位导航是人们几千年来孜孜不倦观测探索的结果，而利用现代科学技术发明创造的人造天体定位导航则给人类带来了新的文明。早在19世纪后半叶，人们就曾提出利用人造天体实现定位导航的设想，而真正实现这一设想是1964年美国建成的子午仪卫星导航系统，该系统建成后首先交付海军使用，三年后向民间开放。采用导航卫星对地面、海洋、空中和空间用户进行导航定位技术应用，被称为卫星导航。卫星导航综合了传统导航系统的优点，真正实现了在各种气象条件下全球高精度被动式导航定位，特别是时间测距卫星导航系统，不但能提供全球和近地空间连续立体覆盖、高精度三维定位和测速，而且具有很强的抗干扰能力。

20世纪90年代初，孙家栋就意识到国家发展卫星导航定位系统的重要性，他与时任国防科工委副主任沈荣骏中将探讨这一问题时，竟不谋而合。这两位对国家安危具有强烈责任感的主管部门领导，敏锐地认识到，一个快速发展的强大国家，拥有自主知识产权、独立自主控制的卫星导航定位系统，对国家安全、军队保障非常重要，其价值和利害关系是无法用普通数字衡量的，对民间应用市场的经济价值也难以估量。几年后，沈荣骏与孙家栋联名致信中央军委委员、总装备部部长曹刚川，阐明了他们对国家发展卫星导航系统重要意义的分析以及实现方法和途径的建议。曹刚川对此予以高度重视和支持，有效地推动了中国卫星导航系统工作的开展。沈荣骏与孙家栋的建议在学术界也引起了争议，但随着论证的深入，争议的焦点逐步明确，为工程实施起到了积极作用。

在此之前，“两弹一星”功勋、著名电子学家陈芳允提出利用两颗卫星初步解决地面定位的“双星定位”理论，使我国迈出卫星导航自主研发第一步，又可以克服资金不足的困难，少花钱办成事。孙家栋与沈荣骏不仅支持陈芳允的这一理论，而且从具体的工程应用方面积极推进中国卫星导航计划的立项工作。

在孙家栋与沈荣骏的积极推动下，加上天时、地利、人和的大好机遇，北斗导航卫星工程顺利立项，并列入国家科技重大专项。

目前，全世界已经建设使用的卫星导航系统共有四个。

美国全球定位系统（简称GPS）。经过20余年试验研究，1989年2月4日，美国全球定位系统发射成功第一颗GPS卫星，1994年达到全球98%覆盖率的GPS系统，将24颗卫星布置在互成30度角的6条地球轨道上，轨道高度20200千米，实现了地球上任何一点均可监测到超过4颗卫星的目标。

俄罗斯格洛纳斯系统。俄罗斯格洛纳斯系统起步早于美国全球定位系统，于1995年完成了卫星星座的组网布局。系统由31颗卫星组成，其中24颗工作星和7颗备份星均匀布置在相隔120度、高度19100千米的3个轨道平面上。

欧洲伽利略卫星导航系统。欧洲伽利略卫星导航系统计划于1999年2月由欧盟公布，欧盟和欧空局共同联合负责。系统由30颗卫星组成，其中27颗工作星和3颗备份星位于3个倾角为56度的轨道平面，轨道高度23616千米。2011年10月，第一批两颗卫星发射升空，2012年10月，第二批两颗卫星发射升空，计划于2013年完成全系统组网，期望早日开始正式运营。

中国北斗卫星导航系统。中国北斗卫星导航系统是世界上第四个卫星导航系统，是中国自主建设、独立运行，与世界其他卫星导航系统兼容共用的全球卫星导航系统。系统建成投入运营后，可在全球范围内全天候、全天时，为各类用户提供高精度、高可靠的定位、导航、授时服务。

北斗卫星导航系统由空间段、地面段和用户终端三部分组成。空间段包括5颗静止轨道卫星和30颗非静止轨道卫星；地面段包括主控站、注入站和监测站等若干个地面操作控制站组成；用户终端由北斗用户终端以及与美国全球定位系统、俄罗斯格洛纳斯系统、欧洲伽利略卫星导航系统等其他卫星导航系统兼容的终端组成。

中国北斗卫星导航系统实施“三步走”发展战略。

第一步，2000年采用双星定位理论首先建成北斗卫星导航试验系统，使我国成为继美俄之后世界上第三个拥有自主卫星导航系统的国家，解决我国自主卫星导航系统的有无问题。

第二步，2012年建成拥有10颗以上在轨运行卫星，组成区域北斗卫星导航网络系统，形成区域覆盖能力，开通亚太地区的正式运营，为亚太地区民众提供定位、导航、授时以及短报文通信服务。

第三步，2020年左右拥有并陆续发射补齐5颗地球同步轨道卫星和30颗非静止轨道卫星，建成全球卫星导航定位网络，形成全球覆盖能力。与此同时，完成全球性运营管理及用户终端开发工作。

1994年12月，孙家栋被任命为北斗导航试验卫星工程总设计师，系统研制、建设全面启动。2000年随着第一步计划的顺利完成，工程由第一步的试验阶段正式转入第二步应用实施阶段，按时完成原计划。2004年5月，孙家栋被正式任命为北斗第二代导航卫星工程总设计师。

孙家栋指出："全球卫星导航系统已成为经济社会不可或缺的空间信息基础设施，它将惠及人类生活和经济发展。"

战略上宏伟、超前，战术上细致、缜密。孙家栋从北斗工程一开始就紧紧盯住卫星网络和用户终端市场同步协调与相互促进。

在北斗导航卫星工程建设期间，孙家栋始终按照国家科技重大专项发展战略，把握各系统间的协调性、前瞻性和科学性，在完成眼前每一项具体工作的同时，尽可能地为后续发展留有充分空间。孙家栋用以下三点概括具有中国特色的北斗卫星导航系统。

第一，发展这样一个大型的工程，从它一起步就要确立"三步走"的发展战略，既结合当时的实际情况，又要有一个长远的目标。

第二，有一个非常重要的中间环节，就是建设区域导航系统，这是我们一个非常大的特色。世界上各个国家，无论美国、欧洲，还是俄罗斯，一开始就是全球的，当然它们是根据各自国家的经济建设特点来确定的。

第三，"北斗"的短报文通信功能，非常巧妙地把导航定位和信息传递两个功能结合起来。执行任务过程中，定位者和指挥者之间变被动联系为主动联系，这个效果非常好。

卫星导航系统是重要的空间信息基础设施。中国高度重视卫星导航系统建设，一直在努力探索和发展拥有自主知识产权的卫星导航系统。我国在实施北斗卫星导航系统建设过程中，始终遵循建设与发展相协调，以应用推广和产业发展为根本目标，不仅要建成系统，更要用好系统，强调质量、安全、应用、效益的建设原则。

（1）开放性。因为北斗卫星导航系统的建设、发展和应用将对全世界开放，为全球用户提供高质量的免费服务，只有积极与世界各国开展广泛而深入的交流与合作，才能推动卫星导航技术与产业的发展。

（2）自主性。北斗卫星导航系统为中国自主建设和运行、拥有完全自主知识产权的全球系统，可以独立地为全球用户提供高质量的导航定位服务。

（3）兼容性。在全球卫星导航系统国际委员会和国际电联框架下，北斗卫星导航系统可以与世界各卫星导航系统实现兼容与互操作，使所有用户都能享受到卫星导航发展的成果。

（4）渐进性。中国将积极稳妥地推进北斗卫星导航系统的建设与发展，不断完善服务质量，并实现各阶段的无缝衔接。

针对今后北斗导航卫星工程的发展，孙家栋指出：“国家投入巨资，建起北斗导航卫星网络，现在向亚太地区，将来向全球发送免费信号、提供免费服务，而可望回收效益的终端接收设备市场如果被国外抢占了，那将是我们很大的失误。形象点说，也就是我们免费提供的网络和信号，却让别人赚走了大把大把的钱。一定不能出现这种状况，一定要想办法在未来终端产品环节投入更多力量，要花大气力研究开发全球不同情况、不同状态的终端接收设备和产品，这个问题从工程实施一开始就应当给予高度重视。”

目前，第二步目标已经实现。从现在起到2020年，仅仅只有7年时间。孙家栋勉励年轻一代首先要树立信心，其次要认识到在如此短的时间内建成全球系统，不仅需要精锐的科技人才队伍和强大的资金支持，而且需要克服和解决许多系统间可能出现的问题。

(1) 做好调查研究，准确理解和满足用户需求。按照目前制定的研制总要求，严格落实卫星的设计工作，确保系统性能和可靠性指标要求，满足卫星与运载火箭技术接口要求。

(2) 在卫星设计验证技术、元器件选择以及卫星试验与考核方法等环节，要层层把关，采用科学的手段和方法抓好质量，抓好进度。

(3) 在区域系统建设的经验基础上，优化整个技术状态控制方法，在认真执行已有规范的同时，针对可能出现的新情况，实时修改和制定有效措施。

(4) 在批量生产方面，做好资源保证。确保在7年内完成30多颗卫星的研制、生产、发射、运营和管理。与此同时，全球运营管理以及用户市场开发同步进行。

(5)充分考虑工程大系统间的组织协调，实时解决卫星、火箭研制与发射场、测量控制、运营管理控制等系统间出现的没有意料到的技术和管理难题。

2. 惊心动魄射“北斗”

北斗卫星的每次发射都牵动着总设计师孙家栋的心。2000年10月31日，长征三号甲运载火箭将第一颗北斗导航试验卫星送入地球同步轨道。仅仅时隔50天，12月21日，长征三号甲运载火箭又将第二颗北斗导航试验卫星送入地球同步轨道，标志着我国拥有了自主研制的第一代卫星导航定位系统。该系统能全天候、全天时地提供卫星导航信息，主要为公路交通、铁路运输、海上作业等领域提供导航服务。这个系统的投入使用，不仅可以满足国内卫星导航需求，对我国经济建设起到积极的推动作用，而且使我国成为继美俄之后世界上第三个拥有自主卫星导航系统的国家。

2003年5月25日、2007年2月3日，第三颗、第四颗北斗导航试验卫星相继发射升空，作为第一代卫星导航轨道替补和备份星。

国家总体实力的提升和航天产业的快速发展，加速了北斗卫星导航系统建设。自2007年4月14日第二代导航卫星的试验星发射升空，经2010年1月17日北斗二号第一颗导航应用卫星发射升空，至2012年10月25日第16颗北斗导航应用卫星发射升空，在短短5年时间里，我国将16颗卫星全部布置在广袤太空的预定轨道。

说起北斗导航卫星系统的建设历程，谈到北斗导航卫星的发射，孙家栋如数家珍，慈祥、兴奋的面容，一副兴高采烈、喜上眉梢的表情。

然而，每一次重大节点跨越的历程都有无数的艰难险阻，每一次成功的背后都会出现惊心动魄的历练。这一次次艰难险阻和惊心动魄的降临都难以预料，都不以人的意志为转移，它不仅是对所有研制、试验人员的考验，更是增添了孙家栋这位总设计师肩上的重担和责任。

2007年2月3日子夜，正是人们昏昏欲睡的时间，但孙家栋肩上的北斗重担已悄然将他身体的睡眠生物钟调整为兴奋状态。从坐落在发射台上的长征三号甲运载火箭及其顶端的第四颗北斗导航试验卫星，一直延伸到太平洋的测量控制系统，全部进入发射前的紧张状态，孙家栋的精神虽然兴奋，但他的心底却很沉稳，因为火箭起飞前地面所有重要技术状态检测结果和疑点，他都胸中有数。当然，不论是孙家栋，还是所有参加发射任务人员，内心都很清楚，火箭发射不可能轻松，科学试验总有人们经验不足、状态不同、认识不到的偶然情况。零时28分，长征三号甲运载火箭托举着第四颗北斗导航试验卫星起飞了。约24分钟后，星箭分离，从西安卫星测控中心传来的数据表明，卫星准确进入预定轨道。这是中国航天2007年的第一次卫星发射，也是长征系列运载火箭的第95次飞行。

当人们还未从发射成功的喜悦中平静下来时，西安卫星测控中心的技术人员分析测量数据发现，星箭分离后45分钟，地面突然失去了这颗星的所有信息，设计师们从最后收到的一帧数据分析发现，卫星出现了短路故障，太阳能电池帆板未能指向太阳，系统处于掉电状态。此时卫星所处的太空环境温度约为 -100℃，没有电能，卫星内部的加热设备便不能正常工作，致使卫星内部不能维持必要的环境温度，卫星极有可能会被冻坏。失去电力的卫星能否经受住复杂而恶劣的太空环境考验呢?

孙家栋的大脑神经一下子紧张起来，他立即召集科研人员分析研究，随即按照讨论决策，着手地面模拟试验。

科研人员通过计算推断，按照卫星目前的巡航状态，约15天后能够使已经展开的太阳能电池帆板具有一定的太阳光入射角。卫星若能利用这点太阳光入射角获得一定能量，地面便有可能接收到卫星发来的非常有价值的遥测数据，这样便可以根据遥测数据模拟卫星在轨状态，准确制定卫星抢救方案。

时间在人们的焦急等待中一天天过去，奇迹发生了！远望号测量船在严密监测中率先接收到卫星传来的遥测信号，接着有关测控站也相继收到了卫星的遥测数据。与人们捉迷藏似地消失了17天的卫星，重新又回到科研人员的掌控之中。此时正是中国传统节日春节前的除夕，孙家栋率领科研人员顾不得与家人团聚，根据卫星遥测数据，很快制定出卫星抢救实施方案。航天系统的科研人员与西安卫星测控中心的科技人员紧密配合。测控站严密监测，及时提供技术数据，科研人员立即进行地面模拟验证和状态复查，很快发现此时卫星所处轨道每天都在下降，他们及时将这一情况向总设计师孙家栋作了汇报。孙家栋果断决定提前对卫星实施点火变轨。

接到点火变轨命令后，西安卫星测控中心向卫星首次发出了发动机点火指令，卫星接收指令正确，准确完成变轨，成功进入新轨道，从而避免了坠入大气层的危险。

经过航天科研人员与西安卫星测控中心人员两个月的联合奋战，攻克了多项技术难关，4月11日，第四颗北斗导航试验卫星故障被排除，卫星运行姿态良好，星上仪器工作正常，转入在轨长期管理。

中国航天人又一次创造了奇迹！孙家栋疲惫的脸上又一次露出欣慰的笑容。

2007年4月14日发射第一颗北斗导航应用卫星，是长征系列运载火箭第97次飞行；2011年7月27日发射第九颗北斗导航应用卫星，是长征系列运载火箭第141次飞行。中国航天在短短四年间就成功发射了45颗不同种类、不同型号的航天器，这在国际航天史上当属领先。但同时高密度、常态化的卫星发射，对航天科技人员的考验也将更严、更高。孙家栋感慨道："我国实施载人航天工程，对整个航天系统产品质量的提高、协调合作等有着非常大的帮助，对'北斗'的建设起到了非常大的作用。载人航天工程因为关系着航天员的生命安全，所以对系统的可靠性要求非常高，进而带动了整个航天系统的产品质量提升。从这点也可以看出，载人航天工程实施的意义是非常重大的。但航天发射次数的增加，也绝对增加了广大科技人员的压力。"

孙家栋自担任中国北斗导航卫星工程总设计师以来，在西昌卫星发射现场组织指挥了14次北斗卫星发射，每次发射至少要亲临西昌卫星发射现场两次。自发射第一颗北斗导航应用卫星以来，在短短的几年时间里，为了北斗导航卫星工程运载火箭、卫星、发射场、测控通信、地面应用这五大系统间的技术难关协调，测试疑点分析协调，研制进度协调，技术状态协调，技术变更协调……作为工程五大系统总师的孙家栋，每当遇到大的工程计划中大的节点，他都会亲临现场组织指挥。在此期间，他从北京飞向这里、飞往那里，仅前往西昌卫星发射中心指挥决策通信卫星、气象卫星、北斗导航卫星、探月卫星等数十颗卫星发射，空中飞人似地在空中穿梭飞行足足超过100次。如果西昌机场举办年龄最大、进出最多人员的评选活动，孙家栋绝对可以被评为“冠军”“第一名”！

卫星发射使孙家栋与发射中心结下了深厚的感情。发射中心的领导和技术人员认为孙家栋既是总设计师，也是忘年交朋友；既是老师，也是领导。更重要的一点，孙家栋是当今中国航天界泰斗级的科学家，他在发射现场坐镇，大家心里更为踏实。

2011年7月27日，中国第九颗北斗导航应用卫星按计划执行发射任务。凌晨4时，距离预定发射时间不足两小时，火箭进入了不可逆转的倒计时程序。此时发射场漆黑的夜空乌云低沉，伴随着闪电袭来的滚滚雷声相继炸响在发射场上空，滂沱大雨从黑压压的空中向发射场倾泻。孙家栋与发射中心主任李尚福、党委书记孙保卫在发射指挥控制室紧张地等候“老天爷”出现转机。作为发射中心的最高领导，孙家栋非常相信他们的决策指挥能力。

西昌地区极为复杂的气象条件，尤其是雷雨季节的恶劣天气，严重制约了发射任务的实施，而2011年连续7次频繁发射却回避不了这个季节。发射场等待发射的火箭、卫星，航区数个测控站以及远在太平洋的航天测量船的准备工作时间，全部随着标准时钟的每一秒倒计时递减。怎么办？！

天上顶着雷声和暴雨！

倒计时！

发射窗口！

不可逆！

这既是一种历史的考验，又是一个现实的重任，千斤重担沉甸甸地压在发射指挥室的各位指挥决策者的肩上，更是压在发射中心主任李尚福的肩上。李尚福虽然面部沉稳，但国家大型航天发射任务让他内心异常沉重。当他的眼神与总设计师孙家栋的眼神相对一瞬间，即时有一种倍增的互相鼓舞。

此时，气象部门传来发射场上空的实时云图，训练有素的气象专业人员向李尚福汇报，根据雷电云层的变化趋势和移动速度，两大云团大约在5时到6时间会在发射场上空产生一个缝隙。李尚福的大脑瞬间快速运转，他凭借在西昌发射场30年、参加指挥70次发射任务的经验和科学的判断，语调不高、沉着而果断地下达了进入发射程序的命令。尽管发射控制室外雷声依然“隆隆”作响，雨点“噼里、啪啦”下个不停，但发射场各个岗位井然有序。阴沉的清晨正是人们的梦乡时刻，而孙家栋和他身边的指挥人员们大脑高度紧张，个个

孙家栋与李长江总指挥（左二）、谢军总师（右一）、李祖洪副总师（左一）、范本尧院士（左三）在卫星测试厂房交谈

精神十足。

5时44分28秒，随着指挥员一声“点火”口令，长征三号甲运载火箭在稀稀拉拉的雨水中喷出耀眼的烈焰，这条呼啸的火龙托举着中国第九颗北斗导航应用卫星从两块雷电积雨云的缝隙中神话般地平稳升空，片刻两块云团汇集在一起，又是雷声大作，暴雨狂倾，但火箭已经穿过云层愈来愈快地向太空预定转移轨道飞驰。卫星发射任务获得圆满成功。

人们熟知卫星发射因诸多原因而设定的发射窗口，但在发射窗口内抢占雷电窗口则闻所未闻，在雷电间隙成功发射卫星，在中国乃至世界航天史上也是难以想象的。美国发现号、奋进号航天飞机因为天气原因曾数次推迟发射，2010年12月28日，欧洲阿里安5火箭在圭亚那航天中心由于天气原因而被迫推迟。世界航天发射史上由于气象原因导致发射失败的先例屡见不鲜。航天气象专家曾告诫，快速升空的航天器在雷雨中飞行，一旦被雷电击中，后果不堪设想，对航天器造成致命损害。

航天发射牵一发而动全局，敢在恶劣气象条件下发射必须具备绝对的科学判断和万无一失的决策能力。此时坐在西昌卫星发射中心指挥控制室指挥席中间位置的孙家栋，环视着指挥控制室四周每名参加发射的指挥人员，内心格外激动。

这位见证了中国航天事业发展全过程的中国北

斗导航卫星工程总设计师曾说过，航天的压力是与生俱来的，也是贯穿始终的。面对压力，最好的文化之道就是热爱，热爱我们的祖国，热爱我们的航天事业，热爱自己的工作岗位。此时，他不由自主地站起来，激动地说："这次发射创造了恶劣气象条件下中国航天发射的新纪录。我们的指挥官有气魄，我们的操作人员技能高，我们的火箭抗干扰能力强。"中国有句俗语"水火不相容"，发射场的射天人绝不是冒险，他们肩负着国家重任和人民利益，他们的果断决策出自于经验的积累、科学的判断、强烈的责任感和使命感。"

发射任务结束后，西昌卫星发射中心主任李尚福说："面对高密度发射，针对变幻万千的发射状态，我们发射中心必须做到稳中求快不盲动，快中求稳不出错。"大家惊叹这近乎哲学家的理论竟出自于这位发射场高级指挥员口中。李尚福以非常自信的表情沉稳淡定地说："卫星发射本身就是辩证关系的实践，国家正在加紧创新型社会建设，发射场也必须跟上国家发展的时代步伐，单纯跟踪国外先进技术已经不能满足我国可持续发展对航天发射的要求。发射场虽然地处深山，但我们的目光瞄准的是国际航天发射先进技术的前沿，我们把航天技术牵引和带动作用延伸到了发射中心的各个领域。虽说每次发射都惊心动魄，但我们必须做到遇事不惊，

孙家栋与西昌卫星发射中心主任李尚福在发射现场

临危不乱。因为每次发射都代表着国家利益，代表着民族形象，我们的每一次发射成功都是对国家整体科技实力提升的贡献。”

又一次发射任务后，李尚福幽默地说：“我在发射场工作的30年间，西昌卫星发射中心总共实施了70次发射，我参加了西昌卫星发射中心的所有发射任务。到现在为止，我还从来没有在室外亲眼目送火箭的真实起飞，从来没有在外面亲耳听过火箭点火的轰鸣声。”

的确是这样，奋战发射场30年如一日，火箭起飞70次如一次，身在发射场，坐在火箭旁，却没有在室外看过火箭起飞、没有亲耳听过火箭轰鸣。这一点孙家栋体会更深。孙家栋见证了中国航天50余年的发展历程，他同样也没有在室外看过火箭起飞、没有亲耳听过火箭轰鸣。因为每次发射，他们的岗位都在掩体、在山洞里的发射指挥控制室，他们只能通过电视、扬声器指挥发射。这种待遇绝对不是一般人能够享受到的。指挥卫星发射而不能亲眼所见火箭飞天，这绝对是发射场射天人的一种特殊待遇。

“确保发射成功”是发射中心努力的方向、追求的目标，其所取得的辉煌成就，孙家栋的心里最清楚。

西昌卫星发射中心党委书记孙保卫说：“在航天发射征途上，人们往往惯于模仿、惯于跟踪，但为了应对高密度常态化航天发射的形势，西昌射天人建立了一整套现代化科学理论和应对措施。发射任务数量之多、发射密度之大、协调统筹之难、保障任务之重都是前所未有的。航天发射是高风险事业，颗颗螺钉连接航天事业，小小按钮维系民族尊严，任何一个小小的失误都可能对发射任务造成巨大影响。针对发射任务的实际情况，我们研究制定了一系列综合措施，技术水平稳步提升，管理能力不断加强，人才队伍建设持续推进。我们采用事业励人、环境育人、感情留人的思路，提高各岗位人员的整体素质。科学决策、严谨作风和成熟心态，使航天综合发射能力一步步地向新的目标迈进。”

成功已成为过去，每一项关键性的举措都意味着责任和风险同在，“准时准点发射”“零窗口”“零缺陷”“零故障”是西昌卫星发射中心保证成功的又一管理思路。在发射任务每个环节实现组织指挥零失误、技术操作零差错、设备设施零故障、任务软件零缺陷、数据判读零遗漏，使发射中的每个步骤都有章可循，有据可依。

西昌卫星发射中心主管发射任务的赵民副主任说：“为了确保高密度卫星测试发射的安全可靠性，发射场进行了技术厂房改造、测试设备更新，软硬件设备优化、完善、升级等一系列技术保障措施。2010年发射中心迎来了210名大学生和研究生，这些蓬勃向上的年轻人为我们带来了朝气和希望，他们有幸经受了一次次发射任务的实际锻炼，能力和技术水平得到不断提高，更为可贵的是通过发射任务使他们的思维意识快速融入射天人的精神世界，成功已成为过去，这里永恒不变的是确保发射成功的责任感、自豪感和为了实现这一目标的神圣追求。”

发射中心总工程师陶钟山感慨地说：“发射中心从2011年4月开始平均每个月发射一次，正在完成有史以来最繁忙的发射任务，创造了在同一发射塔架上间隔18天成功发射两颗卫星的纪录，并且在今年年内要为国外客户发射三颗大容量通信卫星。这一次发射成功显示了西昌卫星发射中心综合发射试验能力跨上了一个新台阶。”

西昌卫星发射中心团队在发射任务中的出色指挥决策能力，令总设计师孙家栋十分欣慰。2007年8月，国家批准在海南省文昌市由西昌卫星发射中心负责建设、管理、使用新一代运载火箭发射场。全面动工的几十个工程项目和今后的发射任务，为西昌卫星发射中心带来了空前的机遇与挑战。孙家栋从海南发射场论证开始就数次前往海南现场勘查，西昌、海南同样牵动着孙家栋的航天心。

情系发射场、魂系卫星发射，是每一个从深山沟走出来的射天人内心的秘密。30多前，自国家确定在西昌卫星发射中心发射我国自主研制的通信卫星开始，地球静止轨道气象卫星、外国通信卫星、探月卫星、北斗卫星，孙家栋进出西昌数百次，他亲眼见证了西昌射天人艰苦创业的历史，亲眼见证了一批批老人走出去、一批批新人开进来，前赴后继成就航天发射事业的壮举。当年执行西昌第一次卫星发射任务的那批来自全国高校的近四百名大学生，如今还在从事这项工作的早已所剩无几。在发射场的火箭下，航天测量控制专家、高级工程师张授动情地透露：1973年他随山东籍1500名热血青年乘坐铁路闷罐子专列，翻过一座座大山，穿过一条条河流，越过一个个隧道，由齐鲁大地驰往这块神秘的山沟，为西昌卫星发射场建设挥洒汗水，留下了不可磨灭的功绩，而目前还在这个领域工作的仅剩下3个人，相当于原来的五百分之一。张授不论在西昌、洛阳，还是在北京，几十年如一日，为了卫星、火箭的测量控制，为了外星发射而进行的测控站建设，其足迹踏遍北美、南美、欧洲、非洲、东南亚数十个国家。这位从西昌走出来的山东汉子为人厚道、性格耿直，在航天测量控制这个工作岗位上兢兢业业、认真负责、心细如丝，深受大家赞扬。

孙家栋从西昌第一次发射卫星开始，与发射场情系情、心连心。当他目睹火箭升空那一刻，从他双眸中迸发的是他与射天人割舍不下的发射场情结。孙家栋看到西昌射天人正站在新的历史起点，以世界一流现代化航天发射中心为奋斗目标，占据当今航天发射领域制高点，扩展思维、开发潜能、与时俱进，不断取得一个个辉煌成就。他深深地感到，国家的实力促进了航天事业的快速发展，高密度的航天发射锻炼和造就了一代技艺高超的航天发射高级指挥决策者和一支高水平的卫星发射队伍。

卫星发射险象环生，几乎每次发射都会出现意想不到的问题，在以分秒计算的紧要关头，任何细小问题都会关系到整个发射的成败。

2003年5月23日，第三颗北斗导航试验卫星发射前一天进行推进剂加注时，加注系统软件突发故障，加注被迫中止。当5月24日发射进入射前倒计时3小时准备时，控制系统又突然出现线路漏电现象。在这危机关头，技术人员凭着练就的过硬功底，使卫星转危为安，确保了发射获得成功。

2007年4月14日凌晨4时7分，长征三号甲运载火箭托举着我国第一颗北斗导航应用卫星矗立在发射台上等待点火升空，正在此时，测试人员报告，火箭上一个供气连接器未按规定脱落。距火箭点火程序只剩4分钟，若3分钟内不能脱落，火箭、卫星乃至整个发射场都将面临灭顶之灾。在这千钧一发之刻，发射指挥员临危不乱，1分钟内连续下达7道口令，相关岗位人员密切配合、准确操作，最终排除了故障。4时11分，火箭准确点火升空，卫星发射又一次获得成功。

2012年4月30日凌晨4时50分，中国首次采用一箭双星发射方式，将第十二颗和第十三颗北斗导航应用卫星同时发射到太空预定转移轨道。这是中国北斗卫星导航系统首次一箭双星发射导航卫星。

时间仅仅过去四个多月，9月19日凌晨3时10分，中国再次采用一箭双星发射方式，成功地将第十四颗和第十五颗北斗导航应用卫星送入太空预定转移轨道。

采用一箭双星发射方式，技术繁琐、环节复杂，不论是对火箭、卫星、发射场，还是对测量控制都是严峻的考验。发射圆满成功，标志着我国火箭、发射、控制技术的日臻成熟。

艰难险阻，一个个排除！

惊心动魄，换来一次次成功！

耄耋之年的孙家栋每次都在发射现场，与大家共同奋战，排除了一个又一个艰难险阻，用惊心动魄换来了一次又一次的发射成功。孙家栋觉得到了发射场就如同回到了家，而发射场的科技人员更觉得孙家栋像一种精神、一面旗帜，激励着射天人创造一个又一个奇迹。

3. 坐镇西昌发射场

自2000年10月31日至2007年2月3日，我国共发射4颗北斗导航试验卫星。这4颗卫星在空中进行了充分的理论及实际验证，取得了完整的技术数据和初步的工程经验。自2007年4月14日发射第一颗北斗导航应用卫星至2011年12月2日，太空中已成功运行着10颗中国自主知识产权的北斗导航应用卫星，中国初步具备了北斗卫星导航系统的运行能力。

2011年12月27日，中国卫星导航系统管理办公室正式宣布北斗卫星导航系统开始试运行，转入建设与应用推广并举新阶段，开始向中国及周边地区用户提供连续的导航定位与授时服务，并逐步展开交通运输、气象、渔业、林业、电信、水利、测绘等应用领域的试运营。

2012年，孙家栋抽出大量时间前往有典型意义的北斗导航卫星使用单位和企业进行调研。当他看到试运行服务以来，导航系统运行稳定、服务水平不断提升时，心底流露出一阵阵喜悦；当他看到北斗卫星导航系统定位精度在水平面达到10米，高程优于15米，测速精度达到0.2米/秒、授时精度达到50纳秒的测试数据，已产生显著的经济效益和社会效益时，更增强了对整个工程正确性的信心，也更增添了对后续发射成败的压力。他深知，10月份即将发射的第十六颗北斗导航应用卫星的成功，对提升系统服务水平、扩大服务区域非常关键。这次发射也关系到中国自主设计、研发、地面运营管理等阶段性检验，发射成功将顺利实现导航卫星向亚太大部分地区提供正式服务。

2012年10月25日，西昌卫星发射中心正在按计划实施北斗导航卫星发射任务。

这是2012年中国北斗导航卫星的第四次发射，也是西昌卫星发射中心一年内连续发射的第六颗北斗导航应用卫星。孙家栋这位83岁的老人，为了卫星发射任务，9个月内已经7次进出西昌卫星发射中心。

孙家栋在北斗卫星发射现场接受记者采访

孙家栋凭借几十年的航天工程经验、几十年领导岗位练就的对航天工程敏锐娴熟的洞察力与祥和、果断的人格魅力，总是能在关键时刻找到关键问题所在，提出解决疑难问题的正确方法。

为了工程按计划实施，为了系统间互相不拖后腿，为了不影响工程整体进度，孙家栋付出的心血令航天界数十万科技工作者钦佩。在担任北斗导航卫星工程总设计师的18年中，他的陈旧性腰肌劳损屡屡犯病，剧烈的疼痛常常让他步履艰难；每当疲劳至极，大脑供血不足的毛病使他头晕目眩、天旋地转；皮肤瘙痒症常常令他不思饮食、夜不能寐……他常常拔掉正在输液的针头，从医院急忙赶往飞机场，飞向发射场，这之中的辛酸苦辣，孙家栋内心清楚，周围的同志们也清楚。但每每谈到这些，孙家栋说的更多的是对同志们的感谢、赞赏和鼓励，表现更多的是疑难问题得到解决后的兴奋和发射成功后的喜悦。

22时33分，西昌卫星发射中心指挥控制大厅内发出有力的声音："各号注意，1小时准备！"

孙家栋查看完有关系统工作状态后，又一次神情专注、身板端庄地坐在了指挥位置，深邃沉稳的目光凝视着正前方的三块大型电子屏幕。屏幕上显示着不断变换的火箭、卫星、发射场以及有关系统发射前的技术状态，为发射指挥决策人员实时提供各类信息。

……

"5分钟准备！"

宽敞的卫星发射指挥控制大厅异常安静，除发射调度的扬声器里传出系统间的对话口令外，所有人员都注视着大屏幕上显示的图像和数据。

"1分钟准备！"

只见显示屏上火箭上部的脱落插头一个个正常脱落，扬声器里传来牵动人心的"哧哧"声和"脱落正常"的报告声。液氢排气连接器脱落后弥漫着一片雾气，发射塔与火箭连接的电缆摆杆稳稳、徐徐地摆开到位，火箭屹立在发射台上，长征三号丙运载火箭尾部6台液体大推力发动机喷口如同神圣而威武的护卫使者。

长征三号丙运载火箭是一枚三级大型液体捆绑

式运载火箭，它用经适应性改造后的长征三号甲运载火箭作为芯级，增添了两枚液体助推器捆绑而成。长征三号丙运载火箭除在一级捆绑有两个助推器外，其他技术状态与长征三号甲运载火箭基本相同。长征三号丙运载火箭由箭体结构、推进系统、控制系统、遥测系统、外测安全系统、滑行段推进剂管理与姿态控制系统、低温推进剂利用系统、分离系统以及辅助系统等组成，其地球同步转移轨道运载能力为3.8吨。全箭起飞质量367吨，一、二子级直径3.35米、助推器直径2.25米，三子级直径3.0米，卫星整流罩最大直径4米，全箭长56.33米。它的一子级、助推器和二子级均使用偏二甲肼和四氧化二氮作推进剂，三子级则使用超低温高效能的液氢和液氧作推进剂。长征三号丙运载火箭于2008年4月25日首次发射，成功地将中国首颗天链一号数据中继卫星送入太空。

孙家栋听取长征三号丙运载火箭总设计师姜杰（右）介绍火箭情况

“10、9、8、7、6……”

发射倒计时的口令逐秒递减，声音由发射场灌入西昌指挥控制大厅、西安卫星测控中心、北京航天飞行控制中心和太平洋等待接收数据对卫星实施控制的远望号航天测量船上所有参加发射试验任务者的耳膜里。每一秒的递减使每一个人的心跳加速。

孙家栋交叉的双手松开又抱拳。虽然他经历了上百次航天发射，但每次发射的感觉从来没有轻松过，每次火箭点火前的那一刻都是高度紧张，因为这一刻凝聚着太多人的心血，承担着太艰巨的重任，寄托着神圣的使命！

23时33分，一声“点火！”口令响彻指挥控制大厅，响彻发射场，响彻西安卫星测控中心，响彻北京航天飞行控制中心，响彻远在太平洋海域的远望号航天测量船。

孙家栋屏住呼吸，盯着大屏幕上火箭6台发动机喷口喷出的猛烈火焰。随着震耳欲聋的呼啸声，火箭离开发射台笔直地向空中冲刺，孙家栋的呼吸变得紧张而急促。此刻点火起飞的长征三号丙运载火箭是短短四年间的第十次飞行，也是运载北斗导航卫星的第六次飞行。

漆黑而宁静的发射场上空，火箭6台发动机同时喷吐出的火焰，排山倒海般的呼啸震耳欲聋，呼啸声经群山的回声反射又一次发出如同礼花绽放般的“噼里、啪啦”的巨响，更是增添了神奇的震撼。运载火箭和卫星由几十万个零部件制造组装，火箭测试合格，吊装对接在发射台上，合格的四种推进剂、三种特殊压缩气体加注到火箭“体内”……千军万马一枚箭，众志成城一颗星。这么长时间的精心准备就是为了这屈指可数的26分钟。从发射程序的技术设定来讲，火箭起飞离开发射台那一刻为倒计时与正计时的0点，此时火箭正在精准地按照理论设定的时序，1秒、2秒、3秒、4秒、5秒、6秒……向太空飞行。火箭随着每秒1吨多推进剂的消耗、箭体逐级分离，在短短20多分钟内达到7.9千米/秒的第一宇宙速度，孙家栋大脑里储存的数据随着飞行时序递减。

孙家栋多年养成了一个战略性思维和战术性实施的独特方法，当他筹划战略规划时，总是以发展眼光，从前瞻性、预见性、战略性和国家整体发展趋势的角度超前思维，确定宏伟蓝图的正计时，而当落实每一项具体计划时，总是立足现实、一丝不苟、精益求精、疏而不漏、严肃认真、周到缜密，以完成任务的目标为零点而倒计时，每完成一个步骤如同缩短了倒计时的距离。火箭已经远离发射场，整个指挥控制大厅又是一片宁静。火箭飞行时间在一秒一秒地递增，孙家栋的担心在一点一点地递减。

火箭起飞后10秒，按照箭上计算机设定的程序，火箭准确实施了程序转弯，火箭向东偏转，加速飞行；

火箭起飞128.991秒，助推器分离；

火箭起飞146.659秒，一级与二级火箭级间孔隙喷出火焰，一级与二级火箭分离；

火箭起飞258.659秒，火箭顶端的整流罩分开抛向两侧；

火箭起飞334.000秒，二级火箭与三级火箭顺利分离，火箭三级发动机准确点火成功；

火箭起飞650.605秒，为了有效利用火箭飞行的能量，箭上计算机对三级发动机实施关机，火箭靠惯性滑行飞行；

火箭起飞1323.242秒，箭上计算机对三级火箭发动机实施第二次点火，三级火箭携带着3吨多重的北斗导航卫星向浩渺太空加速冲刺；

火箭起飞1474.866秒，三级火箭发动机完成了全部飞行使命，准确关机；

火箭起飞后1574.866秒，指挥控制大厅的调度扬声器里传出报告："星箭分离，卫星已成功进入预定转移轨道，此次发射获得圆满成功！"

孙家栋情不自禁地从座席上起身，与所有参试人员热烈鼓掌。卫星发射成功之刻是指挥控制大厅最热闹、最风光之时，照相机快门"咔咔"响，闪光灯亮光划过，记者采访忙做一团，大家情绪高涨、兴高采烈地盛情邀请孙家栋与他们一起在"热烈庆祝北斗二号第十六颗导航卫星发射圆满成功"的字幕下合影留念。随即，淡定、低调的孙家栋趁大家不注意，向紧随身边的秘书李钢递了一个眼神，默默地从大厅的旁门悄悄离开指挥控制大厅。

李钢秘书跟随孙家栋已有10多年，长期跟随孙家栋马不停蹄深入卫星试验间、进出火箭总装厂、赶赴西昌发射场、飞往卫星测控站，会议一个接一个，活动一场又一场。李钢不仅学到了孙家栋低调做人、认真做事的习惯和方法，而且这些事务性工作全部都经李钢之手灵活布局、缜密安排，既要保

北斗二号第十六颗导航卫星发射成功后，孙家栋与参试人员合影留念

2008年4月7日，孙家栋与夫人魏素萍同他的几任秘书（前排左一潘良，后排左一李钢、左三侯秀峰、左四霍明儒）及中国航天科技集团公司办公厅副主任傅敏（后排左二）合影

证不耽误重要工作和重大事项，还要保证孙家栋能够抽空休息。要长期把这些事情做好，真需要动一番脑筋，真需要很高的能力和水平。李钢虚心向前几任秘书学习：跟随孙家栋的王永汉秘书曾任中国空间技术研究院党委书记；潘良秘书曾任国务院秘书局局长、国务院派驻企业监事会主席；董培江秘书现任通泰新能源公司董事长；侯秀峰秘书现任中国航天科工集团公司办公厅副主任；霍明儒秘书现任中国航天科技集团公司科技委副秘书长。孙家栋的几任秘书目前在各自岗位上努力践行着他们的职责，他们取得的优秀业绩常常令孙家栋露出满意的笑容。

发射前一环扣一环的高度紧张，火箭起飞后一秒一秒直到26分钟的漫长等待，卫星准确进入预定轨道的初战告捷，使孙家栋悬着的心暂时有了着落，但极度的疲惫袭来，令孙家栋浑身如散架一般。

第二天一早，孙家栋又要飞往西安卫星测控中心，他要在另一个现场与那里的技术人员一起对卫星实施一系列的飞行轨道测量、计算，发出卫星上远地点发动机点火指令，测量卫星变轨后的准确轨道数据，判断卫星变轨后的工作状况。随后，还要对卫星各分系统进行在轨测试……

4. 宏图大略初告成

2012年10月26日清晨，天还没亮，孙家栋便来到西昌青山机场，停靠在停机坪的发射任务专用飞机的发动机已“隆隆”转动，孙家栋一行登上飞机，连日来的紧张和疲惫使他很快进入朦胧状态。当飞机徐徐降落在西安机场触地的一刹那，孙家栋的大脑顿时清醒，他的思维从卫星发射入轨已经转移到对在轨卫星实施控制的另一个范畴。自当天凌晨发射的北斗导航卫星进入轨道后，仅仅过去10个小时，孙家栋便步入西安卫星测控中心指挥控制大厅，他的目光又凝视在大屏幕显示着的远在36000千米之遥的卫星运行轨迹上。西安卫星测控中心的科技人员向孙家栋等领导进行了简短汇报。针对这次卫星测控技术状态的新变化和复杂的控制过程等特点，西安卫星测控中心采用了创新任务组织指挥模式，对变轨控制和姿态控制等计算方案进行了设计改进，进一步优化了卫星变轨的新方案。火箭点火飞行后，西安卫星测控中心及所属测控站随即展开接力式跟踪测量控制。星箭分离后，测控中心在第一时间精确计算出了卫星轨道，卫星成功入轨。接着，孙家栋参加指挥了对卫星的各项控制操作，卫星按照预定方案准确进入准地球静止轨道。

2012年10月30日，西安卫星测控中心对在轨运行的第十六颗北斗导航应用卫星实施四次远地点变轨和两个批次定点捕获，使卫星于11时41分卫星成功定点于东经80.3度赤道上空，之后开始对卫星上各个分系统、子系统进行检查测试。孙家栋高兴地离开西安，在飞机从西安机场起飞的那一刻，他的思维又转向北斗导航卫星工程的整体运营服务。

2012年5月，孙家栋在广州召开的第三届中国卫星导航学术年会上讲到：“卫星导航应用经历了从广度深度发展，到效用价值的提升，十几年来改变着人们的生活方式。互联网信息文明和现代商业模式的快速发展，推动着社会经济形态和信息产业的变革，也为卫星导航的应用创新提供了各种可能。北斗卫星导航系统独立兼容体制，定位通信一体，独具特色的增强，建用相依的政策，将迎来最好的应用产业发展期。希望有志于卫星导航事业的各界人士，充分利用年会平台，交流卫星导航新理论、新方法和新技术，探讨惠及人类生活福祉和经济发展的应用途径，推动北斗走向应用，促进全球卫星导航系统的发展。”

孙家栋说：“人造地球卫星的功能概括起来主要有三种：信息获取、信息传递、信息定位。其中，信息定位包括空间和时间的定位，这便是北斗导航卫星所发挥的功能。它相比前两个功能，实现起来难度要大得多，必须是电子技术、航天技术、材料科学等前沿科学技术达到一定水平之后才能实现。另外，北斗导航绝对是国家战略计划的体现，当然，航天技术整体水平的发展和我国载人航天工程的实施，对北斗卫星导航系统的建设起了非常重要的促进作用。北斗卫星导航系统是国家重要的战略设施，是现代化、信息化的基本保障，必须拥有自主知识产权，依靠外国、依靠金钱是绝对买不来的。北斗卫星导航系统的建成共需要三十多颗卫星，而卫星的寿命有限，一般10年至15年就须发射新的卫星更换替代。一个国家建设这样高科技累积起来的复杂系统，必须有国家强有力的政策支持和长期、大量的资金投入，才能保证工程顺利进行。”

孙家栋作为北斗卫星导航工程总设计师，考虑最多的还是站在国家整体利益的高度确定其战略意义。

(1) 建设北斗卫星导航系统，是提高我国国际地位的重要体现。北斗卫星导航系统的建设不仅需要雄厚的技术实力为依托，同时还需要雄厚的经济实力作保障。也就是说，有技术没钱或有钱没技术，都不可能实施这样宏伟而复杂的航天工程。我国建设独立的北斗卫星导航系统，向世界展示了综合国力和技术实力，不仅可以从根本上摆脱受制于人的局面，而且对于提升我国的国际地位和国际影响力具有重大意义。

(2) 建设北斗卫星导航系统，可以强有力地促进和推动经济社会发展。北斗卫星导航系统是服务于众多国民经济领域、带来巨大经济利益的产业链。北斗卫星导航系统的广泛应用正在向人们提供产业应用效益方面的信息，卫星导航产业已成为继移动通信和互联网之后，全球第三个发展最快的电子信息产业。一个国家如果没有自己独立的卫星导航系统，其中庞大的经济利益产业链将被掌握在他人之手。

(3) 建设北斗卫星导航系统，是推动我国信息化建设的重要保证。随着社会和经济的发展，卫星导航系统越来越渗透到社会和人们的生活之中，如果没有自主可控的卫星导航系统，国家信息安全将缺少可靠的保障。北斗卫星导航系统作为国家重要的空间信息基础设施，是国家的战略性新兴产业，对于转变经济发展方式、促进国家信息化建设、调整产业结构、提高社会生产效率、转变人民生活方式、提高大众生活质量，都具有深远的意义。

(4) 建设北斗卫星导航系统，是应对重大自然灾害的生命保障。当重大灾害突然袭来，卫星导航系统在抢险救灾的作用凸显。如重大地震等灾害发生后，地震区域的所有地面设施将可能丧失功能，而卫星导航系统却可在应急设备配合下及时报告灾害位置，北斗卫星的短报文功能，可及时为抢险救灾提供有效支持。

(5) 建设北斗卫星导航系统，可进一步发挥武器效能，增强国家安全保障能力。目前使用的卫星导航系统，初始动机均出自于军事用途。美、俄（苏）的两代卫星导航系统都是冷战条件下的产物，欧洲的伽利略系统本身就是欧洲独立防务计划的一部分。随着科技的发展，武器装备的智能化水平不断提高，对导航定位卫星的依赖程度也在不断提高。如果没有自己的导航卫星系统，在紧急情况下，一旦拥有导航定位卫星系统的国家关闭系统，性能再高的武器装备也无法发挥效能。

(6) 建设北斗卫星导航系统，是有效利用空间频率资源的重要举措。按照联合国国际电信联盟的规则，卫星频率的使用权属于先发射使用该频率卫星的一方。尽早发射导航卫星，不仅是技术积累的需要，也是主权国家频率资源占有的需要。北斗卫星导航系统作为国家重大科技专项工程，对于维护和拓展我国空间轨道和频率资源，争取主动，具有重大意义。

(7) 建设北斗卫星导航系统，是我国履行航天国际责任的需要。北斗卫星导航系统不仅属于中国，也为世界服务。北斗卫星导航系统的建设，争取到了新的卫星导航频率资源，为系统发展和应用开辟了新的空间，对全球航天领域的竞争与合作起到了推动作用，有效地促进了系统的合作发展。

(8) 建设北斗卫星导航系统，对提升中国航天的能力，推动航天强国建设意义重大。在现代社会，航天技术的重要作用是其他技术无法替代的，航天产业对于推动经济社会发展效果明显。发展北斗卫星导航系统将进一步为中国航天的后续发展提供相应的技术储备。

成功发射的第十六颗北斗导航应用卫星是北斗卫星区域导航系统组网的最后一颗卫星，它将极大地促进中国在国际导航卫星领域竞争的主动性，区域导航系统建成投入运营，亚太地区的广大民众距北斗导航时代也越来越近。这次成功发射，在国际航天领域又一次引起强烈反响。美国《航天新闻》网站发表文章称，中国发射第十六颗北斗导航卫星，标志着其自主研发的卫星导航系统建设进入一个关键阶段，对美国的GPS在全球的霸主地位形成进一步挑战；美国《今日美国》、英国《卫报》、日本《读卖新闻》也纷纷对中国北斗卫星导航系统完成亚太组网进行了相关报道，评价中国航天科技近年来所取得的进步，并期待着北斗卫星导航系统今后能够更好地服务于亚太地区乃至世界各国人民。

孙家栋组织工程五大系统认真细致地分析、研究和总结北斗卫星导航工程的重要作用，大家一致认为，北斗卫星导航工程建设在创新复杂系统、工程管理模式、优化科研生产管理体系、强化精细化质量管理措施，以及加强人才队伍建设等方面，都取得了很大的进步，是继载人航天工程之后，我国航天科技工业能力的又一次全面提升。

在技术方面，依靠自主创新，突破了一箭双星发射、多星组网、高精度星载原子钟、卫星抗空间辐射加固等多项关键技术。

在管理方面，探索实践了一套行之有效的组批生产和测试管理方法，质量控制在继续坚持“双五条”等事后归零措施基础上，进一步加强了预先控

孙家栋听取北斗导航卫星总设计师谢军（中）介绍卫星情况

制和过程控制精细化质量管理，同时针对航天发射高风险的特点，全面推进航天型号风险分析与量化控制工作，保证了卫星发射连续成功。

在人才队伍建设方面，培养了一批具有国际水准的年轻优秀人才。卫星型号总指挥、总设计师的平均年龄为47岁，卫星型号科技人员队伍的平均年龄为34岁，一大批“70后”“80后”科技人员崭露头角，已经成长为科研一线骨干力量。这支年轻且具有丰富工程实践经验的人才队伍，是中国航天在未来发展中最具国际竞争力的重要力量。

在对中国航天工业的创新发展方面，起到了有力的带动作用。北斗卫星导航系统建设是航天科技工业转型升级的重大实践，在中国航天进入高密度常态化发射时期，2012年全年成功发射19箭28星（船、器），北斗卫星导航系统便有4箭6星。

2012年12月27日，国务院新闻办公室在新闻发布厅召开了北斗卫星导航系统新闻发布会。会上介绍了北斗卫星导航系统正式提供区域服务有关方面的情况，并对记者提出的相关问题进行了解答。发布会宣告：北斗卫星导航系统是中国自主建设、独立运行，与世界其他卫星导航系统兼容共用的全球卫星导航系统，可在全球范围内全天候、全天时，为各类用户提供高精度、高可靠的定位、导航、授时服务。尤其是2012年一年内成功实施了4次发射，将6颗卫星布局在茫茫太空，扩大了系统覆盖范围，增强了星座稳健性，提高了系统服务精度。目前，在轨卫星和地面系统工作稳定，通过各类用户终端测试和评估，系统服务性能均满足设计指标要求。从现在起，北斗卫星导航系统在继续保留北斗卫星导航试验系统有源定位、双向授时和短报文通信服务的基础上，开始向亚太大部分地区正式提供连续无源定位、导航、授时等服务，其位置精度为水平面10米、高程10米，测速精度为0.2米/秒，授时精度为单向50纳秒。

2012年12月28日，中共中央、国务院、中央军委对北斗二号卫星导航系统开通服务发出贺电。贺电中指出，建设我国独立自主的卫星导航系统，是党中央、国务院、中央军委着眼国家安全和发展作出的重大决策。北斗二号卫星导航系统研制建设，凝聚了广大工程技术人员的聪明才智，体现了自主创新、团结协作、攻坚克难、追求卓越的北斗精神。该系统建成并投入使用，是国家和军队信息化建设的重要里程碑，是对我国经济社会发展的重要贡献，标志着我国卫星导航发展三步走战略的第二步取得了全面胜利，标志着我国在建立自主可控的卫星导航系统进程中又迈出了一大步，意义重大，影响深远。

卫星上天，开通应用，皆大欢喜，但如何才能真正地应用于广大用户，如何真正地展开服务、创造效益，成为孙家栋亟待解决的心结。随着工程阶段性的重点转移，他的重心也在转移。

据调查，交通运输行业具有移动性、线路长、范围广、分布点多等特点，

孙家栋参观北斗星通海洋渔业安全生产运营中心

目前的卫星导航民用用户大约90%集中在交通运输系统。为此，国家交通运输部2012年12月31日发出《关于加快推进“重点运输过程监控管理服务示范系统工程”实施工作的通知》，从2013年1月1日起，专项启动北斗卫星导航系统第一个民用示范工程，在江苏、安徽、河北、陕西、山东、湖南、宁夏、贵州、天津共9个示范省、市、自治区建设7个应用系统和一套支撑平台，安装8万台北斗终端，由交通运输部与总装备部联合组织实施，计划用2年时间，上述示范省、市、自治区凡上路行驶的大客车、旅游包车、危险品运输车辆，全部更新安装北斗兼容车载终端；所有新进入运输市场的重型载货汽车和半挂牵引车，全部加装北斗兼容车载终端，并接入道路货运车辆公共监管与服务平台；鼓励农村客运车辆安装北斗兼容车载终端。从2013年6月1日开始，所有新进入示范省份运输市场的以上三类车辆及重型载货汽车和半挂牵引车，在车辆出厂前应安装北斗兼容车载终端。凡未按规定安装或加装北斗兼容车载终端的车辆，不予核发或审验道路运输证。与此同时，交通运输部还将结合春运检查工作对各地的落实情况进行监督检查。

孙家栋认为，任何国家性的工程都离不开政府的扶持和政策支持，交通运输部制定的这一强制性措施，为北斗卫星区域导航系统投入使用营造了良好环境，这必将有效地推进系统应用，也必将以点带面、加速推广，必将更快、更好、最大限度地发挥系统的经济效益。

孙家栋期盼的这一宏图大略已经初步告成。工程总体规划第二步计划的完成和提供正式服务，为亚太这块地球上人口最为密集地区生活着占全世界总人口五分之三的民众带来福音，使他们拥有了文明和美好生活的新选择。

孙家栋

孙家栋院士传记

Academician Sun Jiadong's Biography

第十章

奋斗人生

从开始研制中国第一颗卫星的那一刻起，孙家栋就与中国航天结下了不解之缘——造一辈子中国“星”。如今，他仍继续着为之奋斗一生的追求。

1. 姻缘造就终身情

婚姻历来被视为人生之大事，姻缘往往是一种缘分，一旦你有了这种缘分，那姻缘的发展速度会如同闪电一般。

孙家栋他们这批留苏学生归国时，基本都属于“大龄青年”，虽说他在其中还算是年轻的，但也是快30岁了。回到祖国后，他们马上投入到热火朝天的科学试验中，挑灯夜战不分昼夜，一头扎进绘图板、资料堆和实验室里，几乎没有节假日，更没有功夫安排“个人问题”。不仅家里人为他们的婚姻大事着急，也成了当时室里、部里的指导员、政委开展政治思想工作的一项很重要内容，就是要帮助大龄技术骨干解决好“个人问题”。

孙家栋这小伙儿，不仅身材魁梧、五官端正，而且腰杆挺得倍儿直，还长了一副喜兴脸，微笑总挂在脸上。更招人喜爱的是他办事的那种坚韧不拔劲儿，考虑问题时脑瓜子的那个聪明，不善言谈但又透出的那股灵气，还有就是为人处世的热情劲儿。主动向他暗送秋波的女孩子为数不少，组织出面帮他成人之美的事也经常不断，可楞是没有哪个能打动他的心。

1959年4月5日是星期天，北京的阳春季节，春暖花开，姹紫嫣红，大地一片生机盎然。

很长时间没有休息的年轻人由研究院组织去游颐和园，其实也是组织有意强迫让他们休息一下，为他们创造一个男女交往的机会。很久没有出门的孙家栋和他的同伴们尽情享受着大自然的春意，浑身放松，心情好极了。

这天早晨，孙家栋起了个大早，端着脸盆到屋外接水，听到树上喜鹊对着他“喳、喳、喳”地叫个不停，平日没有那么多闲情逸致，今天也许是精神放松的缘故，他竟也对着喜鹊顽皮地“啾、啾、啾”地做出回应。喜鹊似乎被他的情绪感染，在树上欢快地蹦来跳去。

孙家栋他们坐车从北京城南向西北边的颐和园驶去，年轻人在车上有说有笑，热闹的气氛使他们仿佛又回到了昔日的校园。孙家栋隐隐地想起在苏联学习时的同学和战友，当时几个女同学向他表达的意思竟是那么的明白，可自己为什么就一点没有为之动心呢?

“哎呀！坏了！照相机忘带了。”孙家栋心里想，“大家交给我这么重要的任务，竟被大清早这群喜鹊的‘叽叽喳喳’叫声给搅忘了，真是不好意思，必须立即想办法弥补。”

当车驶到木樨地，孙家栋便赶忙下车找与他一起留学苏联的战友刘恩光借相机。

没想到，就借相机这么几分钟时间，竟促成了孙家栋的人生姻缘。

“由于借了相机还要急着赶到颐和园，下车后我就急急忙忙地往刘恩光家跑。那个年代没有现在这么方便的电话，由于工作忙的原因，我已有好长时间没有和刘恩光联络了。刘恩光见我来到他家非常高兴。说明原委后，我就急着要走，而他却刻意挽留我多待一会儿，并拿出一张照片给我看。刘恩光的夫人王淑贤在旁边介绍说，照片上的女孩与她是哈尔滨医科大学的同学。”

映入眼帘的是一个秀丽女子，孙家栋的眼睛“唰”地闪出一道亮光。

孙家栋慌忙将照片揣入衣袋中急急离去，刘恩光夫妇一边塞给他一张写有地址的纸条，边在他的身后喊：“别总是那么不当回事，如果合适的话，抓紧写封信联络联络。”

这照片上的女孩当时在哈尔滨市立医院当医生，她就是以后与孙家栋患难与共的妻子魏素萍。

孙家栋回来后对着照片仔细端详，认真琢磨，越看越可心，越看越动情，立即提笔写了一封信，一支丘比特的箭就这样由北京飞向了哈尔滨。

几十年过去了，孙家栋每次想到这里还会自言自语地说：“姻缘其实就是一种缘分，这点我信。”

孙家栋的丘比特之箭射向哈尔滨25天后，利用“五一”劳动节放假时间，他专程踏上了驶往哈尔滨的火车。当然，这之间与魏素萍究竟通了多少封书信，那就是他俩心中的秘密了。

后来才知道，由于大方而秀丽，魏素萍那张照片曾经在哈尔滨照相馆的大陈列窗里陈列过好长时间。

有人问，魏素萍人长得美不美，孙家栋嘴上不说心里说，不美怎么能上陈列窗呢？

郎才女貌。一个上过明星榜，一个进过陈列窗，真是天生的一对。

孙家栋有对象的消息在同事们中间传开了，并且传得非常浪漫。

一种传说：孙家栋一次在火车上遇到一位女孩，两人在火车上谈得不错，便相互留下了地址，以后通过一来一往的信件交流，终于结成秦晋之好。

另一种传说：孙家栋看到当时一期《人民画报》封面上登的一位女孩照片，不仅漂亮，而且朴实大方，这是女孩从辽宁省到北京参加演唱会获奖时的照片，他探听到地址后，就发出了探测信号，得到佳音后便开始了鸿雁传书，结果成全了桃李之美。

孙家栋与魏素萍约会的地点定在哈尔滨秋林百货公司的大门口。孙家栋特意穿上了给魏素萍寄去的那张照片上的军装。谁说孙家栋在对待“个人问题”方面不当回事，只是没有遇到意中人而已。

孙家栋的各种考虑看来都是多余的，什么标志、什么暗号都没有用，有缘千里来相会，无缘见面不相识。孙家栋与魏素萍在目光相撞的那一瞬间，都不约而同地认出了对方。

孙家栋的母亲每当说起这件事，慈祥的笑容禁不住展现在脸上，说:“这是月下老人早就用红线把俩人拴在了一起，这就是人们说的缘分。”

魏素萍出生在哈尔滨一个铁路工人的家里。父亲魏锡武是一位中国传统式老实的铁路工人。魏素萍12岁时，父亲因积劳成疾撇下7个孩子离开人世，老大、老小是男孩，中间5个是女孩，魏素萍是女孩中的老大。当时哥哥才16岁，最小的弟弟刚满4个月，要强的妈妈带着7个孩子在吃不饱、穿不暖的贫困线上苦苦挣扎，懂事的魏素萍自然是妈妈的好帮手。同样争强好胜的魏素萍在生活重压下还顽强地坚持学习，自己补习了初中课程。正好在这个时候，有一个高级助产士学校招生，魏素萍前去应考竟然考上了二年级的插班生。在这个学校读了一年，毕业后，机遇又一次降临到她头上。省卫生厅接收了一个军队医疗学校，这个学校就是以后的佳木斯医

年轻时的孙家栋与魏素萍

学院，要招收家庭出身好、学习成绩好的学生，魏素萍以自己的努力、实力、聪明被保送插班入学。她顽强地补习文化课，不仅跟上了课程，而且年终考试获得了全班第一名。魏素萍两次插班跳级，两年就完成了大学学业，被哈尔滨市立医院录取，成为令人羡慕的内科医生。

孙家栋与魏素萍见面后两人有一个同感，仅仅见了一面就好像已经成了知己。各自心里都很满意、很喜欢对方，自然两人在一起的话特别多，第一次见面，竟然有说不完的话。魏素萍虽然不知道孙家栋具体是做什么工作的，但知道他是科研单位从事保密工作的，从他朴实的话语中能感觉到他是个厚道人，是个可信赖、可依靠的人，感到他有学识、有上进心，是个令她喜欢的人。

孙家栋在哈尔滨总共待了20多个小时，就急着回北京搞科学研究去了。他所从事的工作伟大、光荣，也非常艰巨，况且这种工作在当时是要求绝对保密的，对谁都不能讲，魏素萍自然也被蒙在鼓里。

孙家栋从1959年4月5日看照片，5月1日两人见第一次面，7月份利用到哈尔滨军事工程学院出差之机与魏素萍见了两次面，到8月9日，也就是两人第一次见面后的第100天，按照约定，魏素萍带着自己在哈尔滨秋林百货商店量身定做的镂花布拉吉裙和时髦高跟皮鞋，拎着提包，只身从哈尔滨来到北京找孙家栋。

这一天，领导和同志们为他俩举行了简朴、热闹的婚礼，令众领导着急的婚姻大事，终于美满地解决了。

婚后，魏素萍很快由哈尔滨调到北京，在航天系统的医院从事医疗工作，曾任心血管科副主任。穿上白大褂，戴上听诊器，她是个好医生；回到家里，家务全包，又是个好妻子。她几十年如一日，任劳任怨地做好“贤内助”。魏

20世纪70年代初孙家栋的全家福

素萍回忆起家庭与工作时说：“自打与孙家栋在一起就没见他闲过，一方面知道他的工作重要，另一方面他也经常不在家，在北京时不是加班就是开会，否则就是出差，到发射基地执行试验任务一去就是几个月，家里的事情别说压根儿没想靠他，就是想靠也靠不上。我们年轻时上有老、下有小，几十年如一日也成自然了。现在孩子都长大了，家里没有负担，我们也老了。”魏素萍将几十年生活说得那么轻松，丝毫没有怨言。

1994年11月24日，作为我国第一颗大容量通信卫星总设计师的孙家栋，已经在西昌卫星发射中心待了很长一段时间。此时火箭、卫星都已测试完毕，太平洋上的远洋测量船和国内各个测量站都已完成各项准备工作，发射场的各项工作都已经就绪，卫星发射进入到最紧张的时刻。

这一天，作为心血管病医生的魏素萍正住在医院里接受治疗，她隐隐地觉得自己的脑血管有点异常，似乎患了脑血栓，医院立即对她进行了全力以赴的紧张抢救和治疗。即便这样，她的半边身子还是失去了感觉。

消息当天便传到了远在几千里之外的发射场，几乎人人都知道了这件事，唯独孙家栋不知道。此时他脑子里主要装的是卫星发射前到底还有什么问题没有定论？作为一个高层领导，凭着多年来的感觉和经验，他总要在发射前夕把所有技术问题再在脑子里过一遍，一定要保证使每个异常现象都能有把握地清零，要绝对做到卫星不带问题上天。由于他的责任重大，同事们没敢把魏素萍的病情告诉他。

一周后，卫星被成功地送入太空。多日来的疲劳紧张，卫星发射成功后孙家栋突然一放松，顿时觉得浑身像散了架似的无力，而这时还需要他立即回北京主持与美国航天代表团的谈判。他强力支撑着自己疲惫的身体，咬着牙完成了谈判，在会谈文件上签了字后，当天便累倒了，同志们用担架把他直接抬进了附近的医院。

孙家栋住进医院，这才惦记起老伴这一段时间怎么没有一点消息？老伴的胆结石症前一段时间发作后，自己也一直没有顾得上陪她去看，出发去西昌前，老伴说准备去住院治疗。到西昌后与她通电话时，心里想的都是卫星方面的问题，总是催她快讲、快讲，用公家的长途电话别太啰嗦。这可好，没人在耳边啰嗦了，可她的身体怎么样也无法知道了。纳闷儿的是，孙家栋问秘书、问同事，他们总是含含糊糊地打马虎眼，总说："挺好的，挺好的。"

孙家栋很快弄清了情况，经他再三要求，老两口住在了同一个医院接受治疗。医生和秘书陪同他到另一间病房去看望卧在病床上的魏素萍，为了不让夫人替他担心，孙家栋提前想好了对老伴该说些什么。他见老伴病得很重，满怀歉意地说："最近工作太忙脱不开身，要不早来看望你了。"而魏素萍凭着做医生的敏感，看到他苍白的脸上写满了憔悴和疲惫，就猜到他是生病了在住院。患脑血栓的魏素萍尽管言语吃力，但连说带比划地向医生表达了她要如实了解孙家栋的病情。后来，医生同意了她的请求，并按他们的想法，把老两口安排进了同一间病房。此时，孙家栋和魏素萍虽然彼此不能互相照顾，但两人相距近了，心里也就踏实了。

魏素萍从医院出来时，脑血栓虽然好了，可身体半边麻木，不仅腿脚不灵活，连胳膊和手也不听

幸福的老两口——孙家栋与夫人魏素萍

指挥。为了让魏素萍的四肢恢复正常功能，孙家栋在精神上鼓励她，在生活上照顾她，从百忙中挤出时间，和她一起锻炼身体。爱情的阳光雨露温暖了魏素萍的心，一年后，魏素萍竟奇迹般地康复了，让身边的人都惊讶不已。有谁能想到，这一年，孙家栋的体重一下子减了20多斤。他还开心地打趣道："这个减肥办法真好，就连最难对付的脂肪肝也一下子恢复正常了。"

是什么神奇的力量使半身不遂的魏素萍这么快就恢复正常？"这是爱的力量！"魏素萍动情地说，"是老孙用爱心为我创造了奇迹！"

孙家栋平时总没时间去回忆，现在卫星发射成功了，他躺在病床上闲下来后，不禁对自己的家事浮想联翩。

1967年12月8日，魏素萍就要临产了，可孙家栋整天忙得根本没有时间回家。刚刚组建的空间技术研究院，大量的工作都已全面展开，孙家栋有时想晚上抽点时间去看一看夫人，可他这个“拼命三郎”真的没有时间。女儿魏红在北京平安出生后，魏素萍躺在医院的床上很伤心，看到别的产妇都是家人欢天喜地、全力照顾，自己的床边却见不到丈夫的身影。想到这，魏素萍一阵阵心酸。第二天晚上，魏素萍总算把孙家栋盼来了，可他到医院的时间太晚了，由于晚上还有等待处理的急事，孙家栋看了看孩子，也就仅仅停留了十几分钟，便匆匆离去。

现在，孙家栋帅气的儿子孙中亮，漂亮的女儿魏红早已长大成人，他们在各自的工作岗位上出色地成就着自己的事业。儿女们随着年龄的增长，对儿时

1983年孙家栋的全家合影

父亲的忙碌，对常常见不到他们的父亲更增加了几分理解和敬佩，一直到现在，父亲还总是那样的忙碌，但只要父子、父女们在一起，儿女仍然在慈祥的父亲面前无拘无束地聊天或探讨问题。每当这时，母亲魏素萍总会面带微笑地说，孩子们一见到爸爸就总是长不大，孙家栋与一家人其乐融融的那一刻，大概就是他精神最为放松之时。

有时星期天休息，孙家栋心里满怀歉意也想帮夫人干点家务。别看他在航天事业上大智大勇，做起家务活却笨手笨脚。一个星期天上午，孙家栋休息在家，打算帮夫人点火做饭。不知是柴不干还是煤不好的原因，炉子里的火总是只冒烟而不着火，孙家栋趴在地上鼓着腮帮子对着火炉使劲吹，直吹得浓烟翻滚，却不见火苗。黑烟、柴灰搞得他两眼淌泪，满脸像涂花了的黑包公。恰巧宋健同志来办事，顺便到他家里看他，见状后哈哈大笑说："孙家栋呀孙家栋，空间技术研究院的大部分职工都用上了煤气灶，你这个当领导的却趴在这个破煤炉下弄个大花脸，你这是怎么搞的嘛？！"

当时，北京老百姓的家里已逐步用上了煤气灶，中国空间技术研究院也要让从事高技术的科技工作者在生活上跟上时代潮流。那个年月物资紧缺，连日用品都要凭票供应，液化气灶更是要按数量分配，身为院领导的孙家栋，每次院里分配煤气灶，他都是先让给别人，所以自己家一直还在烧蜂窝煤炉子。为这事，夫人心里还老犯嘀咕，她对孙家栋说，煤气灶这玩意儿各单位都是男方分，你们那儿怎么就没有轮到你的时候？后来才算搞明白，孙家栋总是学雷锋，先人后己。

孙家栋带领科研人员忘我工作，攻关项目硕果累累，为国家的科技进步作出了重大贡献，被评为航天部劳动模范，还被评为有突出贡献的国家级中青年科学家，荣立一等功。时光如云，转眼过去了许多年，住院的一时轻闲，反使得孙家栋心里隐隐内疚。老伴魏素萍也有自己的医学事业，回到家里还要为他

孙家栋与魏素萍在延安

服务，里里外外一把手，不仅毫无怨言，还要让他感受到家庭的温馨和快乐，老伴是那么通情达理，那么善解人意，他觉得自己应该多多回报老伴才对。

有一件使魏素萍想不通而生气的事。那时家里装了电话，经常半夜三更电话铃一响，孙家栋就不披衣服从床上跳下，到外屋去接电话，一捧起电话就像开会讨论问题似的没完没了。每当这时，魏素萍就会拿着大衣跟过来给他披上，然后默默地离开。但有时不知是不愿让老伴听到他谈工作的内容，还是嫌老伴在旁边影响他的谈话，孙家栋总用眼睛瞪她，示意她走开。有一次，他接电话时，一手捧着电线不够长的电话，一边斜着身子伸长脚尖把门关上，这下惹恼了魏素萍："这家里就我俩，你工作上的事就是再保密，也不至于这样防备我吧，真是职业病！"话是这样说，她照样还是把家务活都担了起来。孙家栋心里明白，当时中国刚起步研制导弹、卫星，上不告父母，下不告妻儿，他只能沉默寡言，默默奉献。

古稀之年，夫妻同乐

几十年一晃过去了，孙家栋觉得自己对不住老伴。唉，虽然都是为了工作，事后老伴也都能理解，但自己也确有过分之处。

为了弥补自己的过失，虽然孙家栋的社会活动和日常工作仍然很忙，有时每周都要乘飞机飞来飞去，但只要在家，每天一大清早，总会准时在老伴的监督和陪同下，到楼下的草坪旁活动活动腿脚，屏声静气地打上一轮太极拳。每次锻炼完，还总忘不了帮老伴把弄皱的衣服抻一抻，然后，拉着老伴的手慢慢地散会儿步，他要给老伴增添些“温暖”。

其实，孙家栋的工作再忙，心里还总是惦记着与自己甘苦与共的老伴。一次，孙家栋出差新加坡有片刻闲暇，陪同人员提议出去逛一逛，或是去看看美丽的风景，孙家栋却提出可不可以去个买鞋的地方。当陪同人员领他到买鞋的地方，才知道他是想给老伴买双合适的软鞋。大家都明白“鞋子舒服不舒服，只有自己脚知道”的道理，所以只能帮着介绍鞋的种类和舒适的品牌，因为不知道尺码胖瘦，也

孙家栋与夫人魏素萍在北京香山

不好过多地提参谋意见。就在这时，孙家栋像变戏法似地拿出一张纸，说这是比照老伴的脚画好剪下来的样子，说着把这纸样塞到鞋里进行比试，使在场的人大为感动，既为他这种科学家的做法所折服，也为他对老伴的认真态度所感动。不难看出，孙家栋是一个严肃认真的人，不论办什么事情，他都会非常周到，这也是他多年来养成的为人做事的好习惯。

其实，孙家栋就是这样一个人，几十年来不论是做领导还是搞技术，他都非常认真，一丝不苟，不论是当研究室主任，还是当航天工程总设计师，他都能做到抓大放小，充分发挥大家的力量，自己勇于承担责任，能够以身作则。用神舟飞船总设计师戚发轫院士的话说："孙家栋是小事不纠缠，大事不放过的人，跟他在一起痛快！"嫦娥一号卫星系统总指挥兼总设计师叶培建院士说："孙家栋待人谦和，在工作中他总是能抓住问题的要害，提出解决问题的点子，跟他在一起心里踏实！"

2000年6月，我国风云二号气象卫星发射在即，他在卫星到达发射场后已经几次进出发射场了，由于其他事情又不能总待在发射场，只好几头兼顾地飞来飞去，几乎是平均每3天飞一个地方。一到发射现场，他就立即听取火箭、卫星的测试情况汇报，既要处理卫星发射方面的事务，又要协调各系统之间的相关事宜，一下飞机就忙得不亦乐乎，那时他已年过70岁了。

有一次，孙家栋与老朋友聚会，当谈到社会上一些人，包括科学界、学术界对待技术成果和名利的一些不正之风时，他的老同学刘从军又一次动情地说："孙家栋在中国航天发展中做了那么多默默无闻的工作，很多都不被人知道，他计较过吗？那些追名逐利的人，应该拿孙家栋同志做榜样，拿他跟自己对照一下……"此时，孙家栋却憨憨地夹一筷子菜放到老同学、老搭档、老朋友的盘子里说："吃这个，吃这个，这可是你喜欢吃的东西啊。"在众人的"哈哈"笑声中，他巧妙地把对自己的评论岔了过去。

孙家栋取得了辉煌成绩，采访他、宣传他的机会时不时就会落到他头上，但他的原则是能推则推，能拒则拒，尤其是对自己的宣传始终保持低调，他从不居功自傲。

孙家栋有一句经常说的口头语：什么名利不名利的，如果做出了成绩，那是组织上给了你活动的平台，那是同志们共同努力的结果。几十年来都是确定了任务按照分工开始忙起来，大家伙一门心思都扑在工作上，哪有心思去考虑什么个人得失。同志们都在那么努力地工作，你如果总考虑自己，那也太不够意思了吧，哈哈哈……

2. 有惊无险传奇事

人们开玩笑时总是说孙家栋命大福大造化大，为什么这样说呢？因为他确实遇到过好几次非常惊险的灾难降临，但每次都是与死神擦肩而过，有惊无险。

第一次是孙家栋求学考上锦州大学报到后的事情。那是1946年，17岁的孙家栋拿着锦州大学的录取通知书前去报到。天寒地冻的东北大地滴水成冰，树上挂满粗粗的白色树挂，屋檐垂着长长的冰柱，放眼望去，白雪皑皑，银装素裹。报到后，孙家栋来到学生宿舍找到了自己的铺位，他心中暗自窃喜，这是一个紧挨隔墙、比较安静也比较干净的铺位。当孙家栋正要把自己的东西放下时，一个当地的学生亮开嗓门说这个铺位属于他，要孙家栋让出这个铺位。岂有此理，但仔细一思量，这点事情也算不得什么大事，今后同学在一起共同生活何必那么斤斤计较，于是他爽快地把这个本属于自己的铺位让给了别人。当夜，学生们正在甜蜜的梦香中，一场厄运连一点前兆都没有就突然降临了。那堵隔墙“轰隆”一声坍塌了，倒下来的墙正好砸到了那位同学的铺位。原来那坍塌的墙是新垒起来的，当时天寒地冻，隔墙被冻得结结实实，学生入住后，火炕烧得热热乎乎，那堵隔墙解冻后便坍塌了。同学们纷纷说是孙家栋的大度和谦让美德，使他躲过了这一劫难。

另一次是孙家栋随团出访古巴时所遭遇的惊险。那是1964年炎热的夏天，担任导弹总体技术主任设计师的孙家栋随同领导来到了位于加勒比海西部的古巴。当他结束了繁忙的工作后，好客的主人向他们热情介绍了古巴优美的风景：古巴由4195个岛屿组成，古巴岛是大安德列斯群岛中最大的岛屿，由于古巴岛形状酷似鳄鱼，因此它又有“加勒比海的绿色鳄鱼”的称号。古巴独一无二的地理位置和别具风情的亚热带海洋气候，使岛上风光别具一格。那里四季常青、植被茂盛，植物种类多达8000多种，其中50%以上的植物是古巴岛上特有的。它的生态旅游资源也异常丰富，海里游弋着900多种鱼，陆地上生活着4000多种软体动物，林间飞翔着400多种鸟……诱人的古巴咬鹃和色彩艳丽的小鹦鹉是这里独有的。介绍后，主人非常友好地安排了一天的观光项目，希望能够给他们留下美好的印象。那天，孙家栋一行乘坐游艇沿着近海观光。观光快艇一艘接一艘排着队，风驰电掣般的前行，气势颇为壮观。谁也没想到，他们乘坐的游艇突然搁浅，而后面紧跟着的游艇仍然以闪电般的速度向前飞驰。此时，跟进的游艇采取任何措施都已经来不及了，刹那间，后面的游艇如同飞鱼从水面跃起，擦着前面的游艇飞跃过去。孙家栋是游艇上个子最高的人，同艇上好几个人的头部、脸部都被不同程度地擦伤，而他那刻正巧弯腰捡地下的东西，因而毫发无损，真是“老天保佑”。

还有一次是1971年，孙家栋在北京遭遇翻车事故。1970年4月24日，中国第一颗人造地球卫星“东方红一号”发射成功后，作为实践一号卫星技术负责人的孙家栋立即全力以赴，开始了中国第一颗科学实验卫星“实践一号”的紧张工作。按照1971年3月初发射的预定时间，卫星将要出厂运往发射场，尚有大量事情需要孙家栋去处理：电子设备的精度和稳定度需要调整，卫星与火箭的系统匹配需要协调，总装中出现的问题需要解决，许许多多的事情等待着他去组织落实。1971年1月24日，农历腊月二十八，这是每年一度北京最为寒冷的日子。俗话说“腊月二十八，年货备到家”，再过两天就是中国传统节日——除夕。孙家栋家里有老人、妻儿和3岁的女儿等着春节与他团聚，可孙家栋满脑子装的都是实践一号卫星的那些事儿。这天一大早，孙家栋就起床了，他匆匆忙忙擦了把脸，就与同事们一起乘坐吉普车前往西北郊的一个研究部门，解决卫星配套设备问题。一天的劳累结束了，正当大家各自在颠簸的归途中静静地梳理自己的思绪时，冷不防吉普车载着连同司机在内的10个人突然翻下路边很深的河沟里。灾难发生了，可奇迹却也出现了。按常理，吉普车翻到那么深的河里，一定是灭顶之灾。但车上的10个人无一人重伤，孙家栋裹着他一天到晚不离身的棉大衣，硬是没有受到一点损伤。几天后，孙家栋随同运送卫星和参加试验任务的火车专列向卫星发射场开进。1971年3月3日发射成功的中国第一颗科学实验卫星“实践一号”并没有因这场事故受到影响。

有一次，孙家栋与外国朋友在宴会上随意漫谈，跟孙家栋共事几十年的老朋友在聊天中谈到了孙家栋人生中的几次惊险遭遇，在座的人听完后纷纷发出“呜……”的惊叹声，纷纷表示以后坐飞机要能跟孙家栋同乘一架，心里就踏实了，因为孙家栋是大家心目中的“幸运神”。

3.“两弹一星”功勋奖

1999年9月18日，中共中央、国务院、中央军委在人民大会堂隆重召开表彰大会，表彰为研制“两弹一星”作出突出贡献的科技专家，并为23位科技专家授予“两弹一星”功勋奖章。孙家栋是其中的一位。

中共中央、国务院、中央军委表彰为研制“两弹一星”作出突出贡献的科技专家，并授予“两弹一星”功勋奖章的决定如下：

在新中国50年的光辉历程中，“两弹一星”的研制成功，是中华民族为之自豪的伟大成就。50年代中期，以毛泽东同志为核心的第一代党中央领导集体，根据当时的国际形势，为了保卫国家安全、维护世界和平，高瞻远瞩，果断地作出了独立自主研制“两弹一星”的战略决策。大批优秀的科技工作者，包括许多在国外已经有杰出成就的科学家，怀着对新中国的满腔热爱，响应党和国家的召唤，义无反顾地投身到这一神圣而伟大的事业中来。他们和参与“两弹一星”研制工作的广大干部、工人、解放军指战员一起，在当时国家经济、技术基础薄弱和工作条件十分艰苦的情况下，自力更生，发愤图强，大力协同，无私奉献，勇于攀登，完全依靠自己的力量，用较少的投入和较短的时间，突破了原子弹、导弹和人造地球卫星等尖端技术，取得了举世瞩目的辉煌成就。

“两弹一星”的研制成功，成为新中国社会主义建设伟大成就的重要标志，充分显示了中华民族的创造能力，在国内外产生了巨大而深远的影响。它有力地推动了国家经济建设，大大增强了国防实力，促进了我国科学技术的发展。它打破了超级大国的核讹诈和核垄断，奠定了我国在国际事务中的重要地位，振奋了国威、军威，极大地鼓舞了中国人民的志气，增强了中华民族的凝聚力。“两弹一星”的研制成功，培养和造就了一大批能吃苦、能攻关、能创新、能奉献的科技骨干队伍，为我国高新技术及相关产业的发展打下了坚实的基础。在“两弹一星”研制过程中积累的丰富经验和科学管理方法，已广泛应用于我国社会、经济和科技发展等各个领域；在“两弹一星”研制者身上体现出来的“热爱祖国、无私奉献，自力更生、艰苦奋斗，大力协同、勇于登攀”精神，已经成为全国各族人民宝贵的精神财富和不竭的力量源泉。40多年特别是改革开放以来，在一代又一代科技工作者的不懈努力下，从研制“两弹一星”开始创立起来的我国高科技事业取得了长足的进步。

当前，我们面临着新的形势和任务。世界局势总体上趋向缓和，但天下仍不太平，维护世界和平、促进共同发展依然任重道远。特别是新的科技革命以及由此引发的社会经济变革方兴未艾，这既给我们提供了难得的历史机遇，又带来了空前的严峻挑战。我国改革进入攻坚阶段，发展处于关键时期，任务十分艰巨。为了在新的形势下大力弘扬研制“两弹一星”的革命精神和优良传统，动员广大科技工作者和全党、全军、全国各族人民，抓住机遇，迎接挑战，加快实施科教兴国和科技强军战略，在庆祝中华人民共和国成立50周年之际，党中央、国务院、中央军委决定，对当年为研制“两弹一星”作出突出贡献的23位科技专家予以表彰，并授予于敏、王大珩、王希季、朱光亚、孙家栋、任新民、吴自良、陈芳允、陈能宽、杨嘉墀、周光召、钱学森、屠守锷、黄纬禄、程开甲、彭桓武“两弹一星功勋奖章”，追授王淦昌、邓稼先、赵九章、姚桐斌、钱骥、钱三强、郭永怀“两弹一星功勋奖章”（以上排名按姓氏笔画为序）。这23位科技专家是人民共和国的功臣，是老一辈科技工作者的杰出代表，是新一代科技工作者的光辉榜样。

党中央、国务院、中央军委号召，全党、全军和全国各族人民向为研制“两弹一星”作出突出贡献的科技专家学习，大力弘扬研制“两弹一星”的伟大精神，在以江泽民同志为核心的党中央领导下，高举邓小平理论伟大旗帜，万众一心，艰苦奋斗，顽强拼搏，开拓创新，为夺取我国改革开放和社会主义现代化建设新的伟大胜利而努力奋斗。

国家主席江泽民亲自将“两弹一星”功勋奖章挂在了孙家栋的脖子上，孙家栋为中国“两弹一星”作出的贡献，将永远铭记在中华民族的光辉史册上。

举行授勋仪式前一天，孙家栋秘书接到通知，要求获奖者立即前往人民大会堂进行实地“走场”。秘书赶快安排孙家栋赶到人民大会堂，按照预定程序在主席台上走了一圈。第二天，23位获奖者中实际到场的有15人，钱学森由于身

1999年9月18日“两弹一星”功勋奖受勋后，孙家栋与夫人魏素萍在一起

体原因无法到场，而孙家栋高大的身板和抖擞的神情，在这15人中显得有点出众。遗憾的是，这23位获奖者中已有7人过世，他们虽然没能参加隆重的大会，但他们为中国航天事业发展所贡献的精神将发扬光大。

“两弹一星”表彰大会召开的当晚，曾任第七机械工业部副部长并于1979年至1984年担任中国运载火箭技术研究院院长的张镰斧，在家中聚精会神地收看了中央电视台关于“两弹一星”表彰大会的实况。表彰大会实况转播完后，张镰斧仍然沉浸在对往事的回忆中。

这时，张镰斧的儿子问道：“今天获得‘两弹一星’功勋奖章的23人中，好像孙家栋最精神，从年龄上讲他也最年轻，老爸你了解他吗？”张镰斧回答说：“当然了解啦，你可不要小看这个孙家栋，他从苏联回来后就来到导弹总体设计部做导弹总体设计，在那个年代，他就已经初露头角了。”儿子接着问：“这些‘两弹一星’功勋奖章获得者都是80岁出头的老科学家了，而孙家栋比他们小10多岁，在成千上万的航天大军中，为什么能获得国家这种最高荣誉的奖章？”张镰斧回答说：“‘两弹一星’除了发射了导弹、爆炸了原子弹，还有向太空放卫星，关键是孙家栋主持放成了中国的第一颗卫星。孙家栋担任技术负责人以后，大大加快了研制

2008年1月,孙家栋与张镰斧在“神舟辉煌的记忆”新春联谊活动上合影

进度，孙家栋领导大家大胆地改进了卫星总体技术方案，以满足国家任务为前提，在很短的时间里就完成了卫星的设计与研制工作，中国第一颗人造卫星一举成功，在当时确实是件震撼世界的事情。孙家栋办事实在，善于发挥集体智慧，人缘也好，事实证明孙家栋的科学方法是对的，当时大家一致认为孙家栋是有能力、有办法的。所以，孙家栋获得这个功勋奖章也是当之无愧的。”

历史是公正的。人们也没有忘记在孙家栋之前担任第一颗卫星技术负责人的赵九章、钱骥，没有忘记第一颗卫星运载火箭的技术负责人王希季、任新民，没有忘记第一颗卫星地面测控系统的技术负责人陈芳允，更没有忘记我国第一颗卫星工程的技术负责人钱学森，他们这六位都与孙家栋一起，被授予“两弹一星”功勋奖章。

2008年新年伊始，张镰斧早早来到了航天科技老领导、老专家新年座谈会会场。当他远远看到孙家栋到会场时，便大声喊道：“小孙、小孙你过来，到这里来坐。”年近90岁的张镰斧喊年近80岁的孙家栋为“小孙”，这在偌大的会场中引起了人们的关注和好奇。年纪大的老同志很习惯于这种称呼，年青人从两位老领导之间的举止笑貌中就能看出他们昔日的情谊。孙家栋走过去后，张镰斧马上说：“我看到作者写我对你获得‘两弹一星’功勋科学家后的谈话内容了，但他写的内容根本不够，写得过于精练，他写的内容仅仅只有我想说的很少的几句话，其实我还说了许多话，并且有更多的话要说，我要找作者把我想说的话说完，他把我所说的话写全才对嘛。”

张镰斧是经历过抗日战争、解放战争和抗美援朝战争的老革命，他英勇善战，战功卓著，在上甘岭战役中是勇猛显赫的英雄团长。他从朝鲜回国后进入解放军高等军事学院学习，38岁时，被中央点名选派到国防部五院一分院任副院长并兼任火箭总装厂厂长。2011年6月11日，张镰斧因病在北京逝世，享年90岁。从20世纪50年代开始，张镰斧伴随着中国导弹、运载火箭的发展，经历了中国航天发展的风风雨雨，是中国航天事业发展的见证人之一，他对中国的航天事业充满深情，他熟悉“两弹一星”功勋奖章获得者，他与功勋奖章获得者有着共同的经历和深厚的战斗友谊，从他对孙家栋的赞赏可见一斑。

4. 国家最高科技奖

国家最高科技奖是国家为了奖励在科技进步活

动中作出突出贡献的公民、组织，专门设立的国家最高科学技术奖、国家自然科学奖、国家技术发明奖、国家科学技术进步奖、中华人民共和国国际科学技术合作奖五项国家科学技术奖。国家最高科学技术奖每年授予人数不超过2名，获奖者必须在当代科学技术前沿取得重大突破或者在科学技术发展中有卓越建树，在科学技术创新、科学技术成果转化和高技术产业化中，创造巨大经济效益或者社会效益。获奖者的奖金额为500万元人民币。

孙家栋当之无愧地获得了国家给予他的这份特殊大礼。在历史长河中，10年是弹指一挥间的短暂过程，而人生又能有多少个10年！人生是美好的，又是短暂的；有的人生寂寞，有的人生多彩，不同的人有着不同的人生追求。唐代诗人贾岛“十年磨一

孙家栋获奖后与家人合影

剑，霜刃未曾试”极具豪爽之气的名句，洞悉了托物言志的才华和理想。孙家栋的10年、10年又10年，默默无闻却掷地有声，其顽强拼搏的精神赢得了党和国家的赞扬和认可。

1959年，30岁的孙家栋从加入中国导弹研制起步，开始并为之奋斗了一生、历经艰险、攻克难关，也令其引以光荣而自豪的航天生涯。

1969年，40岁的孙家栋主持研制的中国第一颗人造地球卫星大功告成，在北京人民大会堂亲自向国务院总理周恩来汇报卫星情况。

1979年，50岁的孙家栋被中共北京市委任命为中国空间技术研究院副院长，担任东方红二号通信卫星总设计师。在这一年，他当选为中国第一届宇航学会副理事长。

1989年，60岁的孙家栋由航空航天工业部副部长改任航空航天工业部科学技术委员会主任。在这一年，他代表中国政府与美国政府签署了《关于卫星商业发射服务》的协议书。

1999年，70岁的孙家栋在人民大会堂被授予“两弹一星”功勋奖章。他参加领导的中国、巴西合作研制的中巴资源一号卫星在太原卫星发射中心发射成功。

2009年，80岁的孙家栋也许最为忙碌，在这一年中，他参与的活动多，主持的技术会议多，空中飞来飞去工作的内容多；在这一年中，他主持、参加卫星发射会，登月战略研究会，火箭技术评审会等重要会议和活动近50次。这一年是孙家栋厚积薄发、赞扬与荣誉集中而至的一年，其中最为重大的事件是荣获2009年国家最高科学技术奖和国家科学技术进步奖特等奖。

这一年——

3月1日16时13分10秒，嫦娥一号卫星累计飞行494天，其中环月飞行482天，圆满完成了工程目标和科学目标，孙家栋在北京航天飞行控制中心目视嫦娥一号卫星准确落向月球东经52.36度、南纬1.50度的预定撞击点；

3月5日，孙家栋收到97岁高龄、著名科学家钱学森亲笔签名祝福他80岁大寿生日快乐的贺信；

4月8日孙家栋生日那一天，中央政治局委员、中央书记处书记、中组部部长李源潮送来了生日贺卡，“尊敬的孙副部长：在您80华诞之际，谨祝您生日快乐，健康长寿！”

9月30日，孙家栋受国务院总理温家宝的邀请，出席在人民大会堂举行的庆祝中华人民共和国成立60周年盛大国庆招待会；

10月1日上午，受中共中央的邀请，孙家栋作为“两弹一星”功勋奖章获得者与胡锦涛、江泽民等党和国家领导人一起登上天安门城楼，参加首都各界20万军民庆祝中华人民共和国成立60周年大会，在天安门城楼上观礼盛大阅兵仪式和群众游行活动。当晚，孙家栋与胡锦涛、江泽民等党和国家领导人一起登上天安门城楼，参加庆祝中华人民共和国成立60周年联欢晚会并观看礼花绽放的盛况。党和国家给予的崇高荣誉，让他感到无比幸福与荣耀，也深感光荣使命所赋予的责任重大。

2010年1月11日上午，中共中央、国务院在人民大会堂隆重举行国家科学技术奖励大会。党和国家领导人胡锦涛、温家宝、李长春、习近平、李克强出席大会。10时，与会人员起立，高唱雄壮的国歌。在热烈的掌声中，中共中央总书记、国家主席、中央军委主席胡锦涛首先向获得2009年度国家最高科学技术奖的中国科学院院士、上海复旦大学教授谷超豪，中国科学院院士、中国航天科技集团公司高级技术顾问孙家栋颁发奖励证书，与他们热情握手、祝贺，并一起合影留念。孙家栋手捧印有国徽的鲜红证书站在胡锦涛主席右侧，留下了历史性的影像。当胡锦涛主席与孙家栋的手热情地握在一起时，孙家栋的内心激荡起伏，他又一次感到祖国的伟大、事业的神圣、航天的光荣。

中共中央政治局常委、国务院总理温家宝代表党中央、国务院讲话，向2009年国家科学技术奖励获得者表示热烈祝贺，向全国广大科技工作者表示诚挚问候和崇高敬意。

中共中央政治局委员、国务委员刘延东在会上宣读了《国务院关于2009年度国家科学技术奖励的决定》。她说："为全面贯彻党的十七大和十七届四中全会精神，深入贯彻落实科学发展观，大力实施科教兴国战略和人才强国战略，推进科学技术的自主创新，国务院决定，对为我国科学技术进步、经济社会发展、国防现代化建设作出突出贡献的科学技术人员和组织给予奖励。根据《国家科学技术奖励条例》的规定，经国家科学技术奖励评审委员会评审、国家科学技术奖励委员会审定和科技部审核，国务院批准并报请国家主席胡锦涛签署，授予谷超豪、孙家栋两位院士2009年度国家最高科学技术奖。全国科学技术工作者要向谷超豪院士、孙家栋院士及全体获奖者学习，继续发扬团结协作、顽强拼搏、奋力攀登、开拓创新、爱国奉献的精神，坚定不移地走中国特色自主创新道路，提高自主创新能力，培育战略性新兴产业，为建设创新型国家、促进科学发展作出更大贡献。”

孙家栋代表全体获奖人员在大会上发言。

尊敬的胡锦涛总书记，各位领导，同志们：

今天，党中央、国务院隆重召开2009年度国家科学技术奖励大会。胡锦涛总书记亲自为谷超豪院士和我颁发了国家最高科学技术奖励证书，中央领导同志还向获奖人员代表颁发了奖励证书，我们感到十分荣幸和激动。这充分体现了党和国家对科技事业的高度重视和对科技工作者的热情关怀。荣誉不仅属于我们获奖人员，也属于科技战线的全体同志。在此，我代表全体获奖人员，向党中央、国务院以及社会各界表示衷心的感谢！

我是一名航天科技工作者，50多年来，亲身经历了我国航天事业从开创到不断发展壮大的历程。我参加了我国第一颗人造卫星、第一颗返回式卫星、第一颗静止轨道试验通信卫星的研制，以及卫星导航系统工程和月球探测工程的实施。我国早期卫星研制工作是在科学技术落后和工业基础薄弱的困难情况下发展起来的。在毛泽东、周恩来、聂荣臻等老一辈革命家的领导和关怀下，在以钱学森为代表的老一代科学家的指导下，我们自力更生、艰苦奋斗，克服重重困难，攻克了一大批核心技术和关键技术，实现了我国卫星技术的重大突破。我主持过多颗卫星的研制和多项重大航天工程的实施，深感责任重大。我与同事们牢记使命、协力攻关、顽强拼搏，共同完成了党和国家赋予的光荣使命。

重大航天工程是国家标志性高技术工程，涉及科技领域和很多行业，凝聚着广大参与人员的智慧和力量。我国航天事业能有今天的成就和国际地位，是中央科学决策和正确领导的结果，是全国人民大力支持和通力协作的结果，是广大科技工作者团结奋斗和顽强拼搏的结果。作为一名航天科技工作者，我将不负党和人民的期望，继续为我国航天事业更好更快发展努力工作。

2011年1月13日，全国政协副主席、科技部部长万钢专程来到中国航天科技集团公司，代表科技部向孙家栋表示问候，感谢他为中国航天科技事业作出的巨大贡献，以及为谋划我国科技事业特别是航天科技事业发展、促进决策科学化所作出的努力。

1月26日上午9时50分许，一阵爽朗的笑声从孙家栋的家里传出。中共中央政治局常委、中央书记处书记、国家副主席、中央军委副主席习近平一到孙家栋家里便说:“孙老您好，春节快到了，我代表胡锦涛总书记和党中央，给您拜年啦！”习近平紧握着孙家栋的手说:“您是航天科技领域的领军人物，曾作出了许多重大贡献，祖国和人民都不会忘记您。对您为我国航天科技事业发展作出的突出贡献表示敬意和感谢。”孙家栋说:“我们在去年和‘十一五’期间连续取得了一系列很不容易的成绩，同时也有一批非常优秀、非常有战斗力的人才脱颖而出，这都得益于集团公司信任年轻人，给他们压担子。另外，航天精神代代相传，年轻人深受感染，这点我体会很深。”习近平说，“两弹一星”精神激励和鼓舞了几代人，是中华民族宝贵的精神财富。广大航天工作者培育和发扬的“特别能吃苦、特别能战斗、特别能攻关、特别能奉献”的载人航天精神，是航天精神、“两弹一星”精神的延续和发展。我们要充分发挥“集中力量办大事”的优势，大力弘扬航天“三大精神”，加快科技进步和创新步伐，不断开辟人才培养新路径，为改革开放和社会主义现代化建设提供强有力的科技和人才支撑。孙家栋点头回忆道:“一直以来，航天就提倡联合起来求发展，集中力量办大事，遇到困难后要联合攻关。”习近平希望中国航天科技集团公司能够延续这个优良传统，围绕目标动员各种力量，完成好党和国家赋予的神圣使命:“中国航天科技集团公司有一个如此好的基础，有一批这么可靠的领军人才、主心骨，有这么一套很好的体制，一定能朝着胜利的方向迈进。我对你们有很大的信心！”

2011年7月1日，孙家栋荣获全国优秀共产党员称号。7月2日，孙家栋参加全国先进基层党组织和优秀共产党员、优秀党务工作者代表纪念建党90周年座谈会，并在会上作了题为《造一辈子中国“星”》的发言。会前，中共中央总书记、国家主席、中央军委主席胡锦涛，中共中央政治局常委、中央书记处书记、国家副主席、中央军委副主席习近平等中央领导同志亲切会见了包括孙家栋在内的全体与会人员。

2012年1月17日，在中国传统节日春节到来前夕，中共中央政治局委员、国务委员刘延东响亮而温馨的祝福声，打破了孙家栋家中的宁静：“孙老，给您拜年啦！过节好！”刘延东一进屋，就和孙家栋亲切交谈起来，“孙老，你是我国航天事业的奠基人和参与者之一，为我国航天事业发展作出了重要贡献。近年来还在北斗卫星导航系统建设和月球探测工程中担当了重任。看到中国航天科技集团公司去年取得的成绩，我感到很受鼓舞。航天事业振民心、扬国威，孙老在其中发挥了不可替代的重要作用，您的事迹将被永远铭刻在国家的历史、党的历史上！”刘延东用充满敬意的话语，微笑着对身边的人说，孙老80多岁高龄还坚持在一线工作，还带出了一支特别能战斗的高水平航天队伍，十分了不起。“党中央高度重视科技工作，现在正大力推进科技体制改革、加快国家创新体系建设，全国广大科技工作者都需要学习航天精神，也希望孙老多给我们提些意见和建议。”孙家栋听后谦和地说：“衷心感谢党中央、国务院对我们航天科技工作者的关心。我深深感到，中国航天事业取得的成绩离不开党中央、国务院的关怀和全国人民的大力支持，离不开我们这支航天科技队伍的努力奋进。集团公司的年轻同志既善于发扬和传承老一辈留下来的航天精神，又注重自主创新，是一支朝气蓬勃的队伍。”

孙家栋的事迹引起了全社会的关注。中共中央宣传部发出通知，组织各大新闻媒体积极宣传报道孙家栋的先进事迹，要求在全社会掀起学习孙家栋院士的热潮。中国航天科技集团公司党组发出《关于开展向孙家栋院士学习活动的决定》，集团公司组织开展了座谈会、报告会、读书心得交流等一系列形式活泼、内容丰富的学习活动，受到中央高度重视和中央各大媒体的广泛关注：

2010年1月11日召开的国家科学技术奖励大会结束后，新华社评论《有一种纯粹令人敬仰》中写道："非淡泊无以明志，非宁静无以致远"。对工作严谨敬业，对名利淡泊知足，对他人宽和谦逊……在孙家栋看来，这一切都是理所当然。他不刻意追求所谓的"崇高"，只要做一个纯粹的科学家，一个恪尽职责、恪守良知的科学家。但这份纯粹却让人倍加感慨，在如今这个诱惑很多的时代，这份纯粹显得越发珍贵，越发可敬。纯粹更意味着一种境界。人活着得有点理想，有点超脱精神，不能急功近利。为名利所驱、为外物所役的人，其实是很可怜的：他们整天汲汲以求，却往往在不知不觉中迷失方向，失却了真正的自我。做一个纯粹的人其实并不难，我们或许无法取得孙家栋那样的科学成就，但只要像他一样老老实实做人、认认真真做事，就可以无愧于己，无愧于人。正如毛泽东所言："一个人能力有大小，但只要有这点精神，就是一个高尚的人，一个纯粹的人，一个有道德的人，一个脱离了低级趣味的人，一个有益于人民的人。”

2010年1月27日，中央电视台晚间新闻节目专题播出记者访谈——孙家栋：中国航天事业的见证人；

4月16日，PTV人民电视专题播出——孙家栋：从东方红到嫦娥40年三大突破；

9月2日，中央电视台新闻频道播出8月31日孙家栋在上海世博会太空家园馆院士系列讲座第一场开讲的报道，同时播出与夫人魏素萍一起观看世博会太空家园馆及航天展品的相关内容；

10月1日，中央电视台新闻频道专题播出——孙家栋：为嫦娥二号研发团队打满分；

12月16日，《科技日报》刊登了大型报道文章《航天大师孙家栋》；

12月17日，《人民日报》头版头条刊登了《时代先锋：航天赤子孙家栋》文章，并配发了评论员文章《爱国奉献的楷模》；

12月18日，中国广播网报道了《“中国卫星之父”孙家栋的精神家园》，中央电视台“新闻联播”《时代先锋》节目专题播出——孙家栋：兢兢业业50载，只为梦圆在太空。

2011年《求是》杂志开年首期刊登了《航天赤子孙家栋》一文。文章说：“孙家栋，我国卫星事业和深空探测事业的开拓者。他参与创造了中国航天史上多个第一，从‘东方红一号’开启中国太空时代，到‘嫦娥一号’踏上中国深空探测征程。他是我国最年轻的‘两弹一星’元勋和最年长的卫星工程总设计师，也是我国月球探测工程的主要倡导者之一和月球探测一期工程的总设计师。”

1月17日，美国纽约时报广场的电子显示屏以每小时15次、每天共300次的频率，循环播出《中国国家形象片——人物篇》，孙家栋和长征三号甲系列火箭总指挥岑拯作为中国科技界代表在片中亮相。至2月14日，中国国家形象片共计播放约8400次，孙家栋以中国国家形象为中华民族争得了荣誉。

1月18日，“2010 CCTV中国经济年度人物颁奖典礼”在北京举行。孙家栋荣获终身成就奖。中国科协常务副主席、书记处第一书记邓楠为其颁奖并讲话：“孙家栋获得终身成就奖，是科技创新在国家战略层面的一种体现，表明国家系列重大科技创新获得了企业界、媒体界、学术界和政府部门等评委的一致认可，也表明航天科技树立起中国经济新兴力量的一道标杆，为未来中国经济发展转型注入了新的活力。”

2012年6月4日下午，小行星命名仪式在北京举行。根据国际天文联合会第77508号《小行星通报》，第148081号小行星正式命名为“孙家栋星”。全国政协副主席、科技部部长万钢向孙家栋及其他四位获奖者颁发了小行星命名证书和小行星运行轨道图。万钢指出，国家最高科学技术奖获奖者是我国科技界的杰出代表，以国家最高科学技术奖获奖者名字命名小行星，是对这些贡献卓

2012年6月4日，孙家栋（右七）参加国家最高科学技术奖获奖者小行星命名仪式

越的科学家的尊重和爱戴，在鼓舞广大科技工作者、激励自主创新、营造和谐创新环境等方面将产生积极影响。孙家栋在发言中表示，近年来在党和国家科学决策和正确领导下，在全国人民大力支持和协作下，国家科技创新体系逐步完善，一批重大科技专项相继启动，大幅提高了国家的科学实力和创新能力。广大科学工作者要抓住机遇，自强不息，努力拼搏，不辱使命，为建设创新型国家作出更大贡献。

5. 航天路上不停歇

孙家栋对中国的航天事业充满着深厚感情，他也深知航天工业的强盛对国家所起的作用。几十年前，毛泽东、邓小平等老一辈革命家高瞻远瞩，对加速中国航天发展发出的号召，令他记忆犹新。胡锦涛等新一代领导人对中国航天给予的支持指导和高度重视使他精神焕发。2006年5月8日，孙家栋在北京接受中国国防科技工业编辑部采访时强调："几十年的历史实践已经让我们深刻认识到，最先进的武器是买不来的，军工核心技术是买不来的，航天尖端产品也是买不到的，我们必须依靠自己的力量强大国防。增强军工科技创新能力，是国防科技工业增强核心竞争力的必由之路。"这是一个老航天人的情感之言、肺腑之言。

有一次，在有众多听众的航天活动上，孙家栋动情地讲到，中国经过几十年的努力奋斗，航天科技工业已形成规模庞大、专业齐全、技术配套的科研生产和试验基地，建成了完整的研究、设计、生产、试验体系。到目前为止，中国依靠自己的力量，成功地研制并投入使用了12种不同型号的长征系列运载火箭，具备了发射近地轨道、太阳同步轨道和地球静止轨道航天器的能力。在人造卫星方面，我国自主研制发展形成了6个卫星系列即返回式遥感卫星、东方红通信广播卫星、风云气象卫星、实践科学探测与技术试验卫星、地球资源卫星和北斗导航定位卫星，此外构建“环境与灾害监测预报小卫星星座”计划正在加紧实施。这些卫星已广泛应用于国防和国民经济的各个领域，取得了巨大的社会、经济效益。从近年来航天事业所取得的成就可以看到，我国的卫星回收技术、静止轨道卫星发射测控技术、一箭多星技术以及载人飞船技术，都标志着我国航天事业已经跨入世界先进行列。中国将加强空间应用，推进航天产业化进程。以通信卫星和卫星通信、卫星遥感、卫星导航、运载火箭为重点，积极构建卫星制造、发射服务、地面设备制造、运营服务的航天产业链。加强空间技术的推广应用和二次开发，改造和提升传统产业。我国航天科技工业取得了令人瞩目的成就，壮国威、扬军威、振民心，对于增强中国的综合国力，提高中国的国家地位和威望，产生了重大而深远的影响。随之，孙家栋的话锋一转说道：“我们的卫星同国外发达国家相比还有一定差距，想要赶上和超过发达国家的水平，我们还要做相当的努力，按照我国近年来经济发展速度和科学技术前进的步伐，在不远的将来我们必然会达到世界级的高水平，那时候，我们的航天技术必然会走在世界的最前列！”

孙家栋是中国卫星技术和航天工程的主要开创者之一。50年来，他对中国导弹和航天事业的发展具有强烈的责任感和献身精神，他把全部心血都倾注到了中国的航天事业中。他善于团结同志，勇于承担责任，在长期领导大型航天工程研制的实践中，积累了丰富的经验，形成了自己独特的思维方式、工作特点和领导风格。系统思想方法是他重要的思维特点；循序渐进，严格按程序办事，创新与求实相结合是他重要的工作特点；善于组织、引导科学技术人员发挥群体的智慧和力量，是他的领导风格。

2007年5月31日深夜，鑫诺三号通信卫星发射在即，这次发射是长征系列运载火箭的第100次发射。孙家栋坐在西昌卫星发射中心指挥控制大厅听着倒计时口令，等待火箭点火升空。孙家栋是参与中国第一次卫星发射和第100次发射的目击者和见证人。长征系列运载火箭顺利实现第100次发射，使中国成为世界上第五个主力品牌火箭航天发射次数到百的国家。经过37年的发展，我国长征火箭总体技术性能达到国际一流水平。

37年前，41岁的孙家栋踌躇满志；今天，78岁的孙家栋豪情满怀。

坐在孙家栋旁边不远的中国运载火箭技术研究院党委书记兼副院长梁小虹在发射前夕对孙家栋说：“执行长征系列运载火箭第100次发射任务的发射队出征前，研究院隆重举行了以‘新长征启程’为主题的升国旗仪式。参加长征系列运载火箭第100次发射的队员们穿过特意搭起的红色‘成功门’，来到蓝底白字的第100次发射队队旗前，拿出刻有各自名字的印章，依次将自己的名字盖在队旗上。一个个鲜红的名字，代表着发射队员们庄严的承诺和必胜的信心，我和院长吴燕

在长征系列运载火箭第100次发射现场控制大厅（右起：王礼恒院士、孙家栋院士、解放军总装备部政委迟万春上将、国防科工委副主任金壮龙）

生都非常激动。您是我国航天事业的老前辈和见证者，我们对您无比敬佩，我们期待着今天的发射成功。”

2007年6月1日0时8分，孙家栋坐在指挥控制大厅前排的指挥位置上，目不转睛地盯着显示屏上的火箭。随着指挥员“点火”口令的下达，火箭喷着烈焰离开发射台，直刺天穹。备受全国人民关注的鑫诺三号通信卫星，准确地进入太空预定轨道，圆满完成了长征系列运载火箭具有里程碑意义的第100次发射。

在西昌卫星发射中心坐镇指挥的发射中心主任李尚福，握着孙家栋的手激动地说：“太好了，我们的发射又一次获得了成功。孙总，我们大家都要感谢您！”

历数中国长征系列运载火箭发射记录，从第一次到第10次发射，中间经历了漫长的14年时光，而从第90次到第100次发射则不足9个月。截至2012年11月27日最近的10次发射仅用了6个月，就将14个航天器准确送入太空预定轨道。更令孙家栋喜

2002年，孙家栋与中国运载火箭技术研究院院长吴燕生（右）、书记梁小虹（左）在卫星发射现场

上眉梢的是，在2012年4月30日至5月29日的一个月时间内，中国长征系列运载火箭连续5次成功发射，创造了一个月内将7颗卫星送入太空的发射纪录。这些数据足以说明具有自主知识产权和较强国际竞争力的高科技产品长征系列运载火箭技术、高密度常态化发射能力以及航天测量控制管理水平，对中国经济发展、科技进步、基础实力所做的贡献。孙家栋深为中国航天取得的成就而自豪，深为自己为之奋斗一生的航天事业而欣慰。

2007年6月15日，长征系列运载火箭第100次发射成功座谈会在北京隆重召开。会上传达了中共中央政治局常委、国务院总理温家宝的重要指示："广大航天科技工作者要以长征火箭实现100次发射为新的起点，全面提高航天科技水平，增强航天工业的产业带动力和综合竞争力，建设国际一流的航天工业。"

此刻，解放军总装备部副部长张建启中将与孙家栋同坐在一个会议室，会议室里还坐着许多航天界的老专家、老领导。张建启望着孙家栋，望着这些老同志，心里一阵阵激动，他在座谈会上动情地作了题为《为航天腾飞作出新的贡献》的讲话。座谈会上，航天战线的老领导、著名航天技术专家刘纪原、孙家栋、梁思礼、王永志等和中国航天科技集团公司马兴瑞、吴燕生等领导，分别从不同角度回顾了我国长征系列运载火箭的发展历程，对长征系列运载火箭发展的美好前景满怀信心。大家纷纷表示，在未来的航天型号大型飞行试验中继续发扬“严慎细实”的工作作风，强化航天产品的质量和可靠性，在连续成功面前保持清醒头脑，大力提高自主创新能力，以创新促成功，以成功谋发展，努力建设国际一流航天企业，为中华民族的伟大复兴作出新的更大贡献。

2008年2月26日，孙家栋在接受《科技日报》记者为纪念1978年全国科学大会30周年专题采访时，对我国改革开放30年来科技领域的飞速发展感慨万千。在谈到自主创新时，孙家栋说：建设创新型国家，不是说出来的，必须认识到创新有很大难度，需要一个过程。创新要有长远思想，不能急功近利，有宽松的环境很重要，这样才能鼓励人们大胆创新。

11月13日，第六届中国卫星导航系统应用论坛在广州隆重召开，孙家栋作为轮值主席，参加并主持了会议，他在会议开幕式的致辞中强调：导航系统应用始终得到了党中央、国务院和国家有关部门的高度重视，北斗导航卫星要在做好系统建设的同时，及早开展系统应用开发，注重卫星导航产业培育，形成产业收益与系统发展相互促进的良性循环。

12月19日，风云二号气象卫星发射在即，孙家栋又一次飞抵西昌卫星发射中心，发射前的一系列工作将逐一按程序进行，一些重大决策需要他参与研究、拍板定夺，他将在发射现场行使风云二号气象卫星工程总师的职责。

发射前夕，中国运载火箭技术研究院李洪院长与孙家栋在发射场又一次相遇，年轻的院长在这里见到老总师分外高兴，老总师见到年轻的院长格外开怀。平常他们各自工作繁忙，现在卫星发射在即，发射场那千钧一发前的气氛让他们感到肩上的担子同样沉重！李洪毕业于国防科技大学飞行器设计专业硕士研究生，历任研究院总体设计部设计员、设计室主任，总体设计部副主任，研究院质量技术部常务副部长、部长，院长助理，副院长，2007年岁末升任院长。他先后荣获国家科学进步奖特等奖、载人航天功臣等称号，2009年被授予全国五一劳动奖章，2011年任中国科协常委。李洪在运载火箭设计、研制、生产方面具有丰富的经验，在多年的领导岗位上锻炼和积累了复合型的组织领导才能，深得孙家栋的赏识。1957年钱学森担任第一任院长，50年后，李洪接过中国运载火箭技术研究院的接力棒，担任了第十一任院长。在担任院长的五年多时间里，中国运载火箭技术研究院在运载火箭和各类导弹武器以及军民融合、资本运作协调发展方面取得了辉煌成就。2012年6月12日，李洪在《人民日报》发表的题为《把成功作为信仰》的文章中写道：“中国运载火箭技术研究院从无到有，从小到大，取得了辉煌的成绩，归结起来，应该是一句话——把成功作为信仰。把成功作为信仰，使航天人飞天的翅膀更加坚强。把成功作为信仰需要历经困难与挫折的磨炼；把成功作为信仰需要优秀精神文化的传承；把成功作为信仰需要掌握科学的方法；把成功作为信仰需要善战的人才团队的支撑。对于航天重大

2008年，孙家栋与中国运载火箭技术研究院新任院长李洪探讨问题

发射任务，成功就是100分，失败就是0分，没有中间值。必须把成功作为信仰，坚守对成功的信仰就是坚守质量，质量是政治、是生命、是效益。研制团队早已把成功融入血脉，当成一种坚定的信仰。一次成功在航天发展的历史长河中只是一瞬间，在追求成功的道路上依然会有许多艰难险阻，但是，团队的精神和价值观是永存的，对成功的不懈追求是永恒的。”此时，李洪见到孙家栋，疾步走上前问候，请孙家栋对他的工作多多支持。孙家栋很喜好也很善于与年轻人交朋友，他紧握着李洪的手说：“你当院长后的工作很出色，希望你们能减少顾虑，尽管放开手脚大胆干，假如出现了问题由我担着。”这也是孙家栋这位航天工程总设计师一贯奉行的准则。

几十年过去了，今非昔比，中国的航天事业随着国民经济的快速增长和国家的强大，呈现出空前的快速度、高质量、高水平。国务院新闻办公室2011年11月29日《2011年中国的航天》白皮书公布的结果令人振奋：2006年以来，中国航天事业实现快速发展，载人航天、月球探测等航天重大科技工程取得突破性进展，空间技术整体水平大幅跃升，空间应用的经济与社会效益显著提高，空间科学取得创新性成果。5年来，长征系列运载火箭共完成67次发射任务，把79个航天器成功送入预定轨道。在对地观测卫星方面，基本建成风云、海洋、资源、遥感、天绘等卫星系列和环境与灾害监测预报小卫星星座。在通信广播卫星方面，突破大容量地球静止轨道卫星公用平台、天基数据中继与测控等关键技术，卫星技术性能明显提高，话音、数据和广播电视通信水平进一步提升。在导航定位卫星方面，全面实施北斗卫星导航区域系统建设，具备了向亚太地区用户提供试运行服务的条件；在科学卫星与技术试验卫星方面，研制发射多颗实践系列卫星和微小卫星，为空间环境探测、空间科学实验和新技术验证提供了支撑平台。在载人航天方面，成功发射神舟七号载人飞船，首次顺利实施航天员空间出舱活动，标志着中国成为世界上第三个独立掌握航天员空间出舱关键技术的国家；之后，又相继发射天宫一号目标飞行器和神舟八号飞船，成功实施中国首次空间交会对接试验，为后续空间实验室和空间站的建设奠定了基础。在深空探测方面，先后成功发射嫦娥一号和嫦娥二号月球探测器，获取大量科学数据、全月球影像图和虹湾区域高清晰影像，为深空

第三颗北斗导航卫星发射成功，孙家栋与中国航天科技集团公司领导和总装、总参测绘局领导合影

探测后续任务的实施奠定了基础，标志着中国已经跨入具有深空探测能力的国家行列，成为继人造地球卫星、载人航天飞行取得成功之后中国航天事业发展的又一座里程碑。

如今，已步入84岁的孙家栋，仍然是会议不断，事务繁多，航天发展战略的研究、应用卫星的发展方向，航天技术对国家科技发展的牵引带动、多项重大科学技术评审、人才培养建设等许多问题都请他亲临现场，坐镇决策和指导。如今，孙家栋除了担任着三项航天应用卫星工程总设计师外，还担任着中国航天科技集团公司高级技术顾问、国家航天局高级技术顾问、国际宇航科学院院士、中国科学院院士、国际欧亚科学院院士，孙家栋每天要做的事情实在是太多了，但他依然按照自己的习惯，周到细致、严肃认真、不知疲倦地拼搏着。

孙家栋如同挂在太空中造福人类的人造卫星，不停地运转、不停地向地球发送着信号，不停地默默为人类做奉献，在中国从航天大国走向航天强国的道路上继续着自己的不懈追求。

孙家栋大事年表

1929 年
4月8日，出生于辽宁省盖县(今盖州市)。

1936 年　7 岁
3月，就读于哈尔滨建设小学。

1942 年　13 岁
6月，考入哈尔滨第一高等学校土木系。

1946 年　17 岁
9月，进入锦州大学先修班。

1948 年　19 岁
9月，考入哈尔滨工业大学预科班。

1950 年　21 岁
1月，参加中国人民解放军，在空军第四航校担任俄语翻译。

1951 年　22 岁
9月，被选派到苏联茹科夫斯基空军工程学院留学，学习飞机设计、维修及管理专业。

1956 年　27 岁
8月6日，加入中国共产党。

1958 年　29 岁
4月，从茹科夫斯基空军工程学院毕业回国，被分配到国防部第五研究院一分院，从事导弹研制工作。

1959年 30岁

8月9日，与魏素萍女士结婚。

1960年 31岁

8月，被任命为一分院总体部总体设计室主任。

1964年 35岁

7月，被任命为一分院总体部副主任。

1967年 38岁

7月，调至中国空间技术研究院，参加组建总体设计部，任总体技术负责人，领导我国第一颗人造地球卫星“东方红一号”的研制工作。

1970年 41岁

4月24日，我国第一颗人造地球卫星“东方红一号”在酒泉卫星发射中心发射成功。

1977年 48岁

9月，被任命为中国第一颗地球静止轨道通信卫星总设计师。

1978年 49岁

3月18日，参加全国科学大会，代表卫星研制单位作了题为《关于人造卫星的成就及展望》的大会发言。

1979年 50岁

4月，被中共北京市委任命为中国空间技术研究院副院长。

8月，被七机部党组任命为东方红二号通信卫星总设计师。

1980年 51岁

9月，获得七机部劳动模范称号。

11月，经中共中央书记处批准，被任命为七机部总工程师。

1982年 53岁

2月，任航天工业部科学技术委员会副主任、总工程师。

1983年 54岁

1月，被中组部任命为中国空间技术研究院院长。

11月，被国防科工委任命为东方红二号通信卫星总设计师。

1984年 55岁

10月，被授予国家级有突出贡献的中青年专家，荣立航天部一等功。

1985年 56岁

10月6日，当选为国际宇航科学院院士。

10月30日，被中共中央任命为航天工业部副部长、党组成员。

1986年 57岁

2月，任资源一号卫星工程总设计师。

4月，任风云二号静止轨道气象卫星工程总设计师。

5月，任东方红三号通信广播卫星工程总设计师。

1988年 59岁

5月，任航空航天工业部副部长。

10月，担任由航空航天工业部、国防科工委、外交部联合组成的中国代表团团长，在北京钓鱼台国宾馆与美国代表团就国际商业卫星发射服务的三个专题进行会谈。

12月，率中国代表团赴美，就签订双方政府协议进行谈判，双方最终签署了《关于卫星发射责任的协议备忘录》《关于商业发射安全的协议备忘录》和《关于商业卫星发射服务国际贸易问题的协议备忘录》。

1989年 60岁

1月，率中国代表团赴美国华盛顿，代表中国政府与美国政府签署《关于卫星商业发射服务的协议书》。

3月，任航空航天工业部科学技术委员会主任。

3月，被选为第七届全国政协委员。

1992年　63岁

10月，被选为中国科学院院士。

1993年　64岁

2月，与美国驻华大使芮效俭分别代表本国政府签署《关于卫星技术安全的协议备忘录》。

3月，被选为第八届全国政协委员。

1994年　65岁

2月，被任命为北斗导航试验卫星工程总设计师。

1996年　67岁

8月，被选为国际欧亚科学院院士。

1998年　69岁

3月，被选为第九届全国政协委员。

1999年　70岁

7月，被聘为中国航天科技集团公司高级技术顾问。

9月18日，被中共中央、国务院、中央军委授予“两弹一星”功勋奖章。

2000年　71岁

2月，被国家航天局聘为特别顾问。

10月，被中国航天科技集团公司授予1998年、1999年度航天奖。

2001年　72岁

1月，被聘为总参谋部军事科学技术研究委员会顾问。

2002年　73岁

3月，被聘为中国人民解放军总装备部科技委顾问。

2003年　74岁

2月，被任命为探月工程筹备阶段总设计师。

7月，被国务院任命为国家中长期科学和技术发展规划总体战略顾问组成员。

2004年　75岁

3月，被任命为绕月探测工程总设计师。

5月，被任命为北斗第二代导航卫星工程总设计师。

2007年　78岁

10月24日，嫦娥一号探月卫星发射成功。

11月26日，参加中国首次月球探测工程第一幅月面图发布仪式。

12月12日，参加庆祝我国首次月球探测工程圆满成功大会，会前受到胡锦涛总书记等党和国家领导人的接见。

2008年　79岁

2月23日，参加"2007中国十大系列英才颁奖典礼"，获创新英才奖。

7月5日，参加"科学中国人——2007年人物颁奖典礼"，获"最受公众关注奖"。

2009年　80岁

4月8日，中国航天科技集团公司副总经理吴卓等代表集团公司，到家中向孙家栋祝贺80岁寿辰，并带去中央政治局委员、中央书记处书记、中组部部长李源潮写给孙家栋的贺卡。

9月30日，出席在人民大会堂举行的中华人民共和国成立60周年国庆招待会。

10月1日，作为"两弹一星"功勋奖章获得者，与胡锦涛等党和国家领导人一起登上天安门城楼，参加中华人民共和国成立60周年国庆阅兵观礼活动。

11月1日，与夫人魏素萍前往钱学森家中吊唁钱学森同志。

2010年　81岁

1月11日，参加全国科学技术奖励大会，荣获“国家最高科学技术奖”“国家科学技术进步奖特等奖”，接受胡锦涛总书记颁发“国家最高科学技术奖”证书，并代表全体获奖单位和人员在大会上发言。

8月，中国航天科技集团公司党组向各院、公司、直属单位党委发出《关于开展向孙家栋院士学习活动的决定》。

12月20日，参加探月工程嫦娥二号任务圆满成功庆祝大会，获得“探月工程嫦娥二号任务突出贡献者”称号。

2011年　82岁

1月18日，参加“2010 CCTV”中国经济人物颁奖典礼，荣获“2010 CCTV”中国经济人物终身成就奖。

1月26日，中共中央政治局常委、国家副主席习近平到孙家栋家中拜年，李源潮、李志勇、王勇、马兴瑞陪同。

6月，荣获“国资委中央企业优秀共产党员”称号。

7月1日，荣获“全国优秀共产党员”称号。

2012年　83岁

6月，参加国家最高科学技术奖获奖者小行星命名仪式，接受全国政协副主席、科技部部长万钢颁发的小行星命名证书，并代表获奖者发言。

10月，在西昌卫星发射中心参加并指导北斗第16颗导航应用卫星发射任务，发射获得圆满成功，北斗导航卫星系统区域性卫星组网建设圆满完成。

2013年　84岁

2月，被选为第十二届全国政协委员。

后 记

应中国宇航出版社之约完成了《孙家栋院士传记》一书的写作。书稿完成那一刻，我却没有如释重负的轻松感，因为应该写的内容实在太多，而我却受写作水平限制和因写作时间断断续续，而总觉得仍没有把孙家栋的精彩人生写出来，尤其是没有完整地将他的性格写出来，没有把他在中国航天发展过程中所起的作用、所做的贡献以及他所参与的事件生动地表现出来，这也许是留给读者的缺憾。

第一次写孙家栋，是2000年宋健同志主编《“两弹一星”元勋传》，那次写的只是23位科学家中的一位；

第二次写孙家栋，是2007年中国探月工程进入关键时刻、嫦娥一号卫星即将发射升空，当代中国出版社出版《奔月 —— 探月工程总设计师 孙家栋》；

第三次写孙家栋，是2009年探月一期工程圆满完成，中华民族嫦娥奔月梦想成真，又恰逢孙家栋80华诞，中国宇航出版社出版《星系我心 —— 著名航天工程技术专家孙家栋》；

第四次也就是这次写孙家栋，除了对《星系我心 —— 著名航天工程技术专家孙家栋》进行修订，延长时间跨度，还补充了孙家栋十多年来为中国北斗导航卫星工程呕心沥血以及荣获2009年度国家最高科学技术奖的内容。此书出版之际，也恰是孙家栋85华诞。

孙家栋70岁后不仅在航天科技领域方面的事务增多，而且在国家发展战略方面所承担的任务愈重。80岁后，他的主要工作内容更是有所侧重，他的身影更加频繁地出现在国家战略发展研究会议上；厚积薄发，他的各种奖励、称号、赞扬，更多地出现在屏幕和报端媒体；身为北斗卫星导航工程总设计师更是事无巨细，每一次卫星发射都会准时坐镇在发射现场的指挥控制室，那个年纪、那么繁忙、那样一种身体状况，他竟然没有缺席过一次。尽管他在亿万民众中的声誉和影响力极大，但他却依然保持低调，淡泊名利，不居功自傲，不屑于做那些凑热闹、出风头的事情。孙家栋的航天界同事评价他为人做事有自己的主见，不投机、不浮夸、不吹嘘自己、不随波起哄，是一位不可多得的航天工程技术专家，他为中国航天事业拼搏奋斗，无私奉献，仿佛是一颗穿云而过的卫星，默默地环绕地球造福于人类……

通过写孙家栋，使我又一次回顾了自己曾经经历的卫星发射、中国航天对外开拓等惊心动魄的航天活动，使我情不自禁地勾起了对参加航天发射活动的许多美好回忆。

如果读者能以此书开阔航天知识视野，能从孙家栋身上获取人生启迪、踏上心想事成的旅途，将是我写作此书最大的希望和心愿。

感谢孙家栋秘书李钢同志精心编撰了较为详尽完整的《孙家栋大事年表》，感谢孙家栋夫人魏素萍对我的鼓励。感谢北京空间机电研究所李颐黎研究员对此书提出的宝贵修改意见。从李颐黎研究员修改的字里行间可看出他的认真，修改意见制成的表格尤如卫星研制中心测试记录。同时对本书提出修改意见的谭邦治同志、周晓飞同志一并致谢。还要感谢封面摄影张建设老师。感谢为本书编辑出版工作付出辛勤劳动的中国宇航出版社张铁钧副社长、黄莘编辑！

2013年12月19日于北京